1940 年的全家福
中间：父亲、母亲
后排右起：大哥、大姐、二姐
前排右起：二哥、我

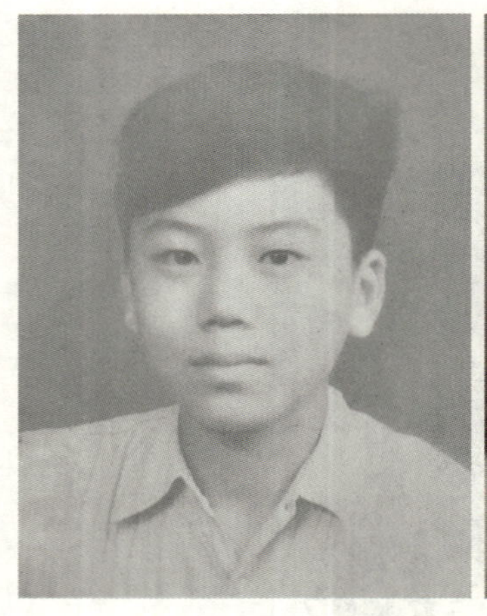

少年的我

青年的我

工作后的我

1962 年的全家福

前排右起：二姐（抱小侄女）、大姐、母亲、大嫂、大侄女

后排右起：二嫂、二哥、大哥、我、我的爱人桂业英

1962 年，在上海结婚

1976 年，和业英、儿子、女儿

为兄为父的大哥钱颂九一直是我的榜样

2009 年刚搬了家，还没来得及整理时拍摄的，是不是很像大哥

和孩子们在一起

风雨一路，都有业英陪伴

杨彭基教授（前排左五）带领西北工业大学飞机制造教研室部分老师和学生在上海

西北工业大学管理学院部分老师，前排左三为顾亚声教授

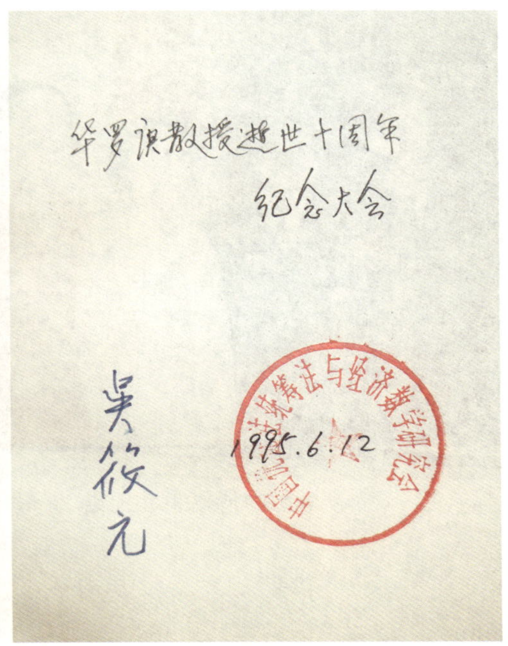

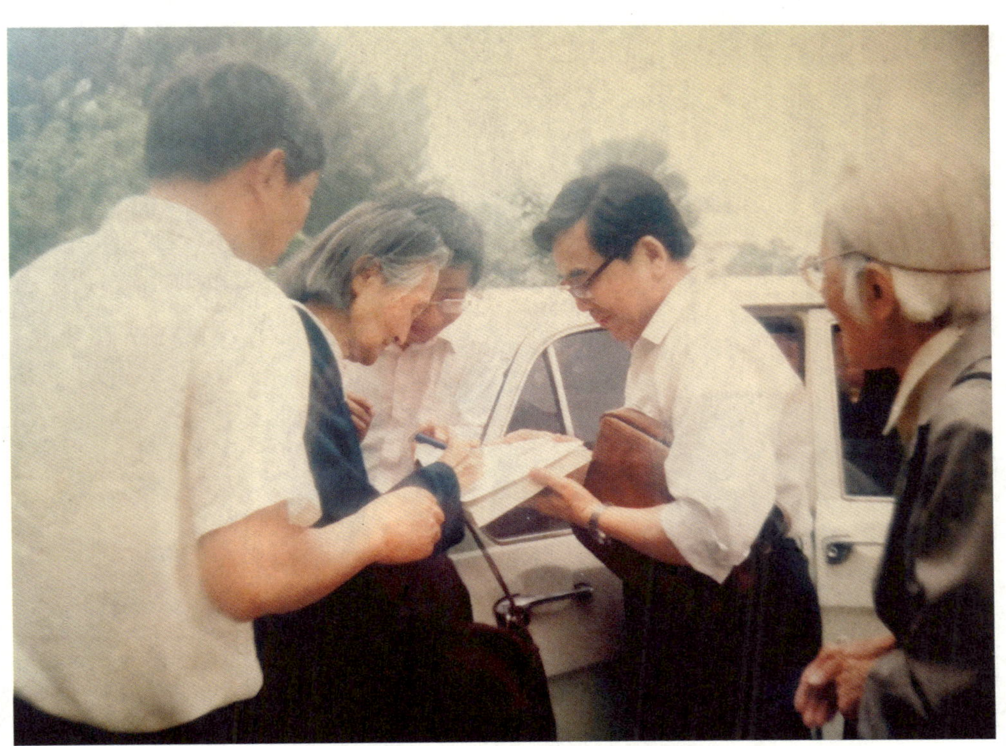

我珍藏的《华罗庚》传记，以及 1995 年请华老夫人吴筱元女士签名

左一计雷，左二吴筱元，左三陈德泉

为欧立雄和张惠琳夫妇证婚

1997 年，在泰山：白思俊（左），欧立雄（右）

1998 年，和欧立雄、张惠琳夫妇，黄新跃、夏南夫妇在一起

1987 年，看望比尔（Bill）的妈妈

2013 年，和儿子一家到南希（Nancy）和比尔家做客

1989 年，比尔和南希与西北工业大学图书馆领导及工作人员合影

我们的芬兰朋友马蒂（Matti）夫妇

2013 年，我和马蒂在他家附近的湖上

1995 年，首届国际项目管理学术会议在西北工业大学召开

2001 年在重庆，参加 PMRC 常委扩大会

2001 年在西安，部分首批 IPMP 评估师

参与编写《中国项目管理知识体系》启动会的部分成员

2002 年，IPMA 认证委员会专家汉斯（Hans）先生和
PMRC 三位首席评估师
左起：景新海、我、汉斯、张玉麟

2002 年参加厦门 IPMP 认证期间，和天和国资控股集团有限公司董事长傅庆阳合影

2004 年在青岛， IPMP A/B 级认证培训班合影

2005 年，来自全国的 23 位各界精英及海外的 7 名专家就“如何应用卓越项目模型追求卓越，提升项目管理水平，获取卓越项目绩效”的 IPMA 大奖评估标准与办法进行了探讨和交流

2005 年，IPMA 第 19 届项目管理全球大会上阿德施 · 贾因（Adash Jian）
与我交换国旗，并进行 IPMA 第 20 届项目管理全球大会的交接仪式

2005 年，和薛岩参加在印度举办的 IPMA 第 19 届项目管理全球大会

2008 年，在罗马参加 IPMA 第 22 届项目管理全球大会，右为卢向南

2005 年，PMRC 和清华大学签订 IPMP 认证合作协议

PMRC 和全国工程硕士专业学位教育指导委员会签署合作协议

PMRC 和建筑业协会签署合作协议，前排左为张青林，后排中为吴涛

2006 年，IPMA 第 20 届项目管理全球大会在上海召开

2006 年，IPMA 第 20 届项目管理全球大会秘书长洪显明

PMRC 代表访问航天五院，推荐神舟六号载人飞船项目参评 IPMA 国际大奖

2008 年，叶金福主任代表 PMRC 授予我“中国项目管理事业发展卓越贡献奖”

河北 IPMP 认证中心促进了评估师论坛的建立，左二为宋蕊

2013 年在武汉，画册《足迹》工作会议，和吴志东、揭津荣及华鼎、高登公司员工合影

2012 年，我和常淑茶与中国青年项目管理者俱乐部（China Young Crew，CYC）的几位年轻人

包晓春董事长给参加 2016（首届）全国高等院校项目管理大赛的老师培训

包晓春董事长给获奖者颁奖

赛后合影

2013 年，和丁荣贵、傅庆阳、法月萍考察斯里兰卡普特拉姆燃煤电站建设项目

薛岩、欧立雄荣获 IPMA 荣誉会员（Honorary Fellow）称号

2013 年，与时任 IPMP 中国认证委员会的成员合影
右起：欧立雄、白思俊、张玉麟、我、吴志东、薛岩和办公室主任贾莉

2011 年，庆祝 PMRC 成立二十周年、IPMP 走进中国十周年、华鼎公司创建十周年晚宴

华鼎公司项目管理团队

三位分别担任过 IPMA 副主席并且都荣获了 IPMA 荣誉会员称号
上排左起：我、薛岩、欧立雄
在 IPMA 大奖、教育、培训、研究和杂志等委员会工作过的 PMRC 专家
下排左起：卢向楠、丁荣贵、戚安邦、王守清、杨青

2017 年，欧立雄（左）和丁荣贵（右）参加 IPMA 研究会议
2021 年 9 月，丁荣贵当选 IPMA 副主席

为推进 IPMP 认证做出杰出贡献的华鼎人

IPMP 认证委员会 6 位评估师及华鼎总部的李琰、李洁和刘利蓉

2021 年 7 月 18—23 日在河南新乡认证时，遭遇河南特大暴雨，在面对千年未遇的大灾情时，

波澜不惊，临危不乱，互相谦让，勇于担当

图为 6 位评估师坐铲车离开灾区

铲车里右起：牛富敏、赵允发，左小德、李兵，后面铲车上站立者前后分别为：董华、谭云刚

2020 年 11 月，《吾心所向》项目组成员到访西安
上图左起：常淑茶、我、桂业英、王晓真

吾心所向

我亲历的PMRC三十年

钱福培——口述
王晓真——撰写

中国电力出版社
CHINA ELECTRIC POWER PRESS

内 容 提 要

在中国项目管理事业发展过程中，有这样一个人，他数十年如一日地奔走在项目管理领域，不遗余力地推动着中国项目管理的发展；他主持创建了中国项目管理专业学术组织——中国优选法统筹法与经济数学研究会项目管理研究委员会（PMRC），并在其建设和发展过程中倾注了无数的心血；他率先提出了我国项目管理知识体系模块化的构思及“项目学”的概念与金字塔模型；他积极参与国际交流、对话与合作，有力地推动了中国项目管理事业的国际化进程；他关心国家命运，强调PMRC的远景要与国家发展战略做好对接；他关心PMRC可持续发展，强调要注重对青年一代项目管理人才的培养……他，就是IPMA前副主席、PMRC名誉主任、西北工业大学钱福培教授。

本书通过钱教授的自述，详细记载了其求学及工作经历，尤其是PMRC从筹划、创办到壮大的30年发展历程，以及项目管理在中国的蓬勃发展过程。书中饱含了作者对中国的项目管理未来发展的期望与寄托。

心之所向，素履以往。本书不仅对个人的成长有所启发，也为PMRC和中国项目管理的发展指明了方向。

图书在版编目（CIP）数据

吾心所向：我亲历的 PMRC 三十年 / 钱福培口述；王晓真撰写. 一北京：中国电力出版社，2021.11

ISBN 978-7-5198-6109-4

I. ①吾… II. ①钱… ②王… III. ①钱福培－回忆录 IV. ①K825.31

中国版本图书馆 CIP 数据核字（2021）第 223300 号

出版发行：中国电力出版社
地　　址：北京市东城区北京站西街19号（邮政编码100005）
网　　址：http://www. cepp.sgcc.com.cn
责任编辑：李　静（1103194425@qq.com）
责任校对：铸　创
装帧设计：九五互通
责任印制：钱兴根

印　刷：北京九天鸿程印刷有限责任公司
版　次：2021年11月第一版
印　次：2021年11月北京第一次印刷
开　本：710毫米×1000毫米　16开本
印　张：22.5
字　数：316千字
定　价：99.00元

自　序

PMRC（Project Management Research Committee，China）即中国优选法统筹法与经济数学研究会项目管理研究委员会，是中国唯一跨行业、跨地区的项目管理专业组织，成立于 1991 年。今年是她的 30 周年诞辰，同志们嘱咐我写一篇 30 年小结，大家商定后取了一个很好的书名《吾心所向——我亲历的 PMRC 三十年》。我觉得这是一个很贴切的书名，因为我确实见证了 PMRC 的诞生、成长和发展壮大，并一路陪伴、一起度过了 30 年！

我是 1953 年高考进入华东航空学院的，地址在南京，那时学制是苏联体制，进校后就分配进入飞机系飞机制造专业，学制 5 年。既然是考取了华东航空学院，又是在飞机制造专业，可是为什么现在所从事的又是项目管理了？学校又是在西北工业大学？这就是我人生动荡的特点，这些内容我在本书中有详尽的介绍，感兴趣的读者可在书中了解。

我在 30 年的项目管理生涯中经历了很多，也思考了很多，初步形成了我的“项目观”。人的一生有各种阅历，会经历各种项目。如何看待、如何处理，离不开自己的人生观，“项目观”便是人生观在各种项目中的反映。

我们可以将人的一生分为若干阶段，幼童时期，少年（小学、中学）时期，然后是青年（大学、研究生）时期，最后走向社会可以说是孔子说的而立之年了。每个阶段有它的起始点和终点，都可以算是一个阶段的项目。只不过幼童时期是父母的项目，他们会安排你的一切。随着年龄增长，你会逐渐增长管理自己的知识，这些实践性的经验是靠自学和父母、老师、同学等帮助习得。人是如此，我想一个企业、一个组织也是如此。项目是有生命期的，我们可以将项目的生命期分为 4 个阶段——概念阶段 C（Conceive）、开发阶段 D（Develop）、实施阶段 E（Execute）和收尾阶段 F（Finish）。每个项目视其大小特点而定，都会有一个团队，有一个项目负责人（我们称为项目经理）在负责这个项目。

回顾 PMRC 自 1991 年成立以来的 30 年里，有许多值得铭记的大事：

（1）自 1991 年到 2020 年，PMRC 在国内组织举办了中国项目管理大会 17 次，国际项目管理会议 5 次。

（2）1996 年，PMRC 加入了国际项目管理专业组织国际项目管理协会（International Project Management Association，IPMA），并引进了其四级国际项目管理专业资质认证（International Project Management Professional，IPMP）和卓越项目管理大奖（Project Excellence Award，PE Award）。

（3）2000 年，PMRC 以“国际项目管理论坛”的形式参加了“西安市 2000 年经贸洽谈会”和“西安市旅游节”。为此，我还以 PMRC 负责人的身份随西安市政府代表团到北京、上海、深圳、香港 4 个城市进行了宣传。

（4）2006 年，PMRC 以 IPMA 的名义在上海主持召开了“IPMA 第 20 届项目管理全球大会”，到会的国内外专家近千人。会前还在西安召开了国际顶级的项目管理学术会议 IRONP Ⅶ（International Research Network on Organizing by Projects）。

（5）为了与国际接轨，学习国际先进的项目管理经验，PMRC 先后推荐了许多专家加入 IPMA 理事会。连同今年刚刚当选 IPMA 副主席的丁荣贵教授，已经有 4 人任职 IPMA 副主席，已经离任的钱福培、薛岩、欧立雄还获得了 IPMA 荣誉会员称号。

（6）2021 年 5 月，IPMA 将久负盛名的“研究终身成就奖”（Research Achievement Award）授予 PMRC 副主任委员、清华大学王守清教授，以表彰他 30 年来在全球项目管理领域，特别是政企合作（Public-Private Partnership，PPP）

领域学术研究、公共服务、教育和培训方面做出的杰出贡献。

PMRC 还推荐了一些优秀项目参与 IPMA 的严格评选，先后有不同领域的专家（如邵靖婷、乐云、李永奎等）获得优秀项目管理论文奖。2009 年，戚安邦及其团队在 IPMA 第 23 届项目管理全球大会上获得 IPMA 研究大奖（IPMA Research Award）；2010 年，薛岩获得 IPMA 杰出贡献奖及中国项目管理成就奖，为中国项目管理在国际上赢得了声誉。

（7）为了跟上中国迅速发展的步伐，PMRC 先后编写出版了《中国项目管理知识体系》，《中国现代项目管理发展报告》2006 版、2011 版、2016 版，相应地对中国“十一五”规划、“十二五”规划和“十三五”规划的发展有所反映，是出自民间学会组织的重要著作。

（8）为了推动我国项目管理的可持续发展，PMRC 组织了年轻一代的项目管理专家成立了 CYC，由 CYC 发起和组织实施了高等学校项目管理大赛，至今（2021 年）已是第 6 届。活动得到了诸多高校的积极响应，也获得了中国科学技术协会（下称“中国科协”）的认可。

（9）为了推动项目管理教育的发展，PMRC 极力促进高校系统项目管理专业教育及自考系统项目管理专业教育与 IPMP 标准接轨，至今已有数万人获得了既有中国特色，又与国际接轨的项目管理专业教育。

（10）为了促进项目管理学科的发展，从 1995 年提出了项目学新学科建设。我们知道这不是个位数的年度可企及的，也许要经过几代学者的共同努力，但我认为这是学科未来发展的方向。正如习近平总书记所说，了解历史才能看得远，永葆初心才能走得远。这是我们编写《吾心所向——我亲历的 PMRC 三十年》一书的目的，希望而立之年的 PMRC 能看得远，走得更远！

是为序。

钱福培

2021 年 9 月

目　录

上篇　钱福培自述

第 1 章

少年意气

美丽的家乡 忧患的祖国

镇江

镇江，长江下游一座有名的滨江历史文化古城。

小城以金山、焦山、北固山三座山的美景闻名，三座山虽不算大，但风景优美，或屹立江中，或雄峙江岸，组合成一幅天然三山图。山上还雄踞着不少的名寺宝塔。金山因金山寺而闻名遐迩，遍山布满金碧辉煌的建筑，殿宇栉比，亭台相连。白蛇传中所述的“水漫金山”说的便是这里。北固山后峰顶上还有一座名寺——甘露寺，则是《三国演义》“吴国太佛寺看新郎，刘皇叔洞房续佳偶”中刘备甘露寺招亲的发生地。这些都是发生在镇江的诸多神话传说、历史典故中的沧海一粟。

正因为这番秀丽美景和深厚的历史渊源，历来文人骚客也对镇江广有赞誉。唐代诗人王湾舟泊镇江时，被平野开阔、大江直流的壮观景象所感染，写下“潮平两岸阔，风正一帆悬”。北宋思想家、文学家王安石曾先后 10 次到镇江，留下了十几首诗作，与镇江结下了不解之缘。他那句“春风又绿江南岸，明月何时照我还？”最为脍炙人口。南宋词人辛弃疾受命担任镇江知府时更是留下诸多佳句。一首《永遇乐·京口北固亭怀古》借景怀古，豪情壮阔。“廉颇老矣，尚能饭否？”这千古一问彰显了这座江南水乡的傲人风骨。

也是靠着这如诗如画的灵山秀水，镇江滋养了一方纯良的乡民。

1935 年 7 月，我在江苏省镇江城民国春街出生。父亲曾为我取号“乐天”。中国有个成语叫作“乐天知命”，《易经·系词上传》中有云：“乐天知命故不忧。”其中无疑包含了一位父亲对儿女深切的爱意与期待。他是在以一位长者的睿智告诉我们，人生如果真正能够做到“乐天”已属不易也。

当时的镇江城，市内街道车水马龙，繁华热闹；巷子里静谧安宁，民风淳朴。乡里乡亲关系融洽，还有很多已是世交。走街串巷的民间艺人，吹糖人、捏面人的，卖梨膏糖的，玩杂耍的，给我们的童年增添了不少欢声笑语。镇江还是有名的美食天堂。街上叫卖的豆腐花、插酥烧饼，茶馆里的水晶蟹粉包、十景饺子配上大名鼎鼎的镇江香醋，让人垂涎三尺。正所谓，人间烟火气，最抚凡人心。儿时味蕾受到的抚慰，往往经久难忘。曾获得诺贝尔文学奖的著名美国女作家赛珍珠，在襁褓中由传教士父亲带到中国后曾在镇江住了较长一段时间。她的获奖小说《大地》便是以中国农村为背景创作的。据说，她在九十多岁弥留之际还在怀念镇江，喃喃言道很想吃镇江黑桥的烧饼。我对她这种难以忘怀的心情感同身受，我何尝不是越来越想念儿时家乡的菱角香呢！

我出生在一个幸福的大家庭，算得上是当地小有名气中医世家。那时家里刚从乡下搬到镇江城里不久，我是兄弟姐妹 5 人中唯一在城里出生的。之前几年，由于祖母病重，全家随父亲住在乡下处理家中事务。后来祖母去世，放下担子的父亲决定举家迁城，回镇江市里行医。父亲在民国春街租下一座楼房作“钱实秋医寓”，供行医和家人生活使用，也就是我出生的地方。

过了两年，“七七事变”发生后，全国大部分地方都被卷入战火，江南也未能幸免。“小乱居城，大乱居乡。”父亲决定举家回乡下的祖居避难。镇江沦陷后，当地的伪军成立了维持会。城里的秩序逐步安定下来后，我们全家又回到了镇江，父亲继续经营诊所。之后几年，父亲在城里名声日盛，家境也比以前殷实许多。之前家道中落时的种种苦楚，我是不曾经历过的。再加上是家中幼子的缘故，我幼年颇得宠爱，衣食无虞。后来大哥结婚后，大嫂贤淑，在我的衣食起居方面照顾得更是无微不至。记得父亲每出诊回来时，总要和我玩一会儿。有时父亲也会教导我们做人之道。父亲引用过范仲淹的一句话：“不为良相，当为良医。”父亲说做医生和做宰相的道理是一样的。做宰相要“先天下之忧而忧，后天下之乐而乐”，作为医者也要时时为病人着想。用后来的话说，宰相与医者都是要“吃苦在前，享乐在后，全心全意为人民服务”。父亲也常说不能把金钱看得过重，否则便成了俗人。我们要学习古代文人那种耐得清寒、不为五斗米折腰的品质。这些话至今言犹在耳，影响了我的一生。

那段日子，和我度过更多时间的还是母亲。母亲是一个严谨的人，她对家里上上下下的要求都是十分严格。那时我们总是衣履整洁，房间也是纤尘不染。她自己也是，头发总是梳得整整齐齐，妆容端正。她也经常教导我各种礼仪与规矩。母亲对我要求虽然严格，但是轻易不会责打。反之，她经常能够留意到我做的一些事情，加以表扬。母亲这是让我们兄弟姐妹学会自爱，也让我们知道了好的名誉来自自己每时每刻行为端正不逾矩。母亲性格刚烈，对于自己的原则毫不妥协，几乎到了“宁为玉碎，不为瓦全”的地步。母亲虽然总是让人感到不言自威，凛然难犯，但是她也有柔软善良的一面。偶尔乡下亲朋来到家里告贫诉苦，母亲常常一掷三五元而毫不吝啬。记得有一次，母亲还为了一根水筹（一种代分币，不值一分钱时可以泡一壶开水）跟女佣唠叨不止。母亲的这些济贫落落大方和用物能省就省的处事待人的风格也正是对我们子女的潜移默化。现在想来我们对她是又敬又爱。

后来，父亲的身体因劳累过度每况愈下。因一次拔牙，血流不止。当时沦陷区医疗条件差，导致了感染，人就病倒了。父亲的面色变得暗黄消瘦，声音也渐渐变弱。另外，由于工作原因，父亲长年累月没有好好休息，营养单调，体质也就变差。最终，他在 1944 年离我们而去。父亲去世后，家人在父亲的床边柜上发现一笺处方，是父亲临危前两天为自己开的药方。父亲虽然神志不清，但是字迹仍然龙飞凤舞，如行云流水。这是一位一生致力于医道的父亲临走时的尊严与坚持——作为医者来，也作为医者离开。这张药方我保存至今（保留在大哥写的《菱塘塔影》中）。父亲这样的职业操守对后来的我影响颇深。

父亲去世时，我还只有 9 岁，家中有老有小，大哥担起了当家之责。没有了父亲的医馆这个重要的收入来源，家计便成了难题。当时家里在乡下有几片土地，回去的话，倒是可以衣食无缺。但是大哥是有远见的人，他坚持认为自己的兄弟姐妹们不应该回乡“混日子”。大哥决定支持我们在城里好好读书，开拓新的人生道路，他负责为全家生计奔波。我是老小，还不懂什么生活困苦，全家又都照顾我，幸运地度过了无忧无虑的童年。而后再想起经年种种，对大哥大嫂的无私付出，让我一直感怀在心。

1945 年抗战胜利后，国民党的军队进驻镇江。士兵们刚进城不久就开始四处抢占比较像样的房子，以供官太太和随军家属居住。我家也没能躲开被封房子的厄运。幸得父亲在世时的好友帮助，我们免于流落街头。看着美丽的家乡一再被战争的硝烟笼罩，祖国饱经苦难，让我从小便有了强烈的民族责任感。那些年的经历也让我下决心立志向上。

随着新中国的建立，人们终于迎来了和平安稳的生活。在中国共产党的带领下建设新中国，让中国人民摆脱积贫积弱的局面，成为我们那代青年奋发向上的动力。

志在青云 航空报国

我是 1953 年参加高考的，当时正是我国开始实行第一个五年计划（1953—1957 年）。那时报考志愿、分配学校都还不像现在这样规范。我们最后公布录取情况也很特殊，华东地区的录取情况是登载在上海出版的《解放日报》上。我被华东航空学院录取还是一位被上海交通大学录取的同学看到了告诉我的。华东航空学院地址在南京，这是由原上海交通大学、南京大学、浙江大学 3 所学校的航空系合并而成的。华东航空学院校区建在南京中山陵对面的一座山上，在校内遥望对面远处可以看到中山陵园，极为美丽庄严。

说来也怪，我小时候总喜欢坐在我们家中的窗台上（类似现在的飘窗），望着经常在我家附近越空飞过的飞机，非常高兴，常常大声高呼“看！飞机！飞机!”。没有想到，大学将我录取在航空学院飞机制造专业，真是有缘啊!

南京华东航空学院校景（1952—1956 年）

当时，国家航空实力亟待增强。1949 年新中国刚刚成立时，战争创伤还没有来得及医治，中央便下决心成立空军。“一五”期间国家上 156 项工程时，毛主席他老人家又说：“我国是一个大国，世界上有的东西，我们不能样样都有，但是重要的东西如飞机和汽车，我们就一定要有。”据不完全统计，截至 1953 年，经毛泽东批阅的空军请示报告高达 124 件，内容既涉及空军建设方针原则，也有开办航校、组建空军机关和部队等具体事项。在国家的重视下，大家为了航空报国的理想从五湖四海而来，赤子情怀，劲头十足。我便从此开始了参与祖国航空事业的数十载。

1956 年，南京华东航空学院迁移西安的校门

从 5 年的大学学习到毕业留校工作，一直到 1983 年的 30 年里，我从事了飞机制造的学习、教学、生产、研究等诸多工作。1956 年学校迁至西安，更名为西安航空学院。1957 年，西北工学院与西安航空学院合并组建成为西北工业大学。大学期间，我学习了基础理论课、飞机生产工艺、飞机零件制造、飞机装配工艺等，也曾经到当时的 172 厂、320 厂、112 厂、132 厂、122 厂等进行生产实习。我有一位老同学写了一本书叫《跨世纪的人生》，他说，有人统计，我们在 5 年的学习中，一共学习了 50 门课程。

1958 年，我毕业留校在飞机制造教研室工作。那时恰好赶上了“大跃进”的浪潮，全国人民革命热情空前高涨，鼓足干劲，力争上游，要“赶英超美”。在这种形势下，中国出现了“全民办航空”的热潮。除航空工厂之外，各航空院校也竞相设计制造飞机。

身为航空院校的西北工业大学师生们深感使命重大，为了洗刷中国落后的百年耻辱，更有必要发奋图强。1958 年年初，西北工业大学飞机设计研究室的年轻教师们贴出了倡议书：“我们也要造飞机。”在倡议书中他们分析了学校自身的优势：有著名且历史悠久的南京大学（原中央大学）、上海交通大学、浙江大学 3 所高校的航空系的文化积淀，有多位著名的航空界老专家的坐镇指导，有全校师生员工的干劲与通力合作，有中国人的志气和智慧，完全有条件依靠自己的力量造出飞机来。这个倡议得到了全校师生员工的热烈响应，纷纷贴出大字报表示支持。经校领导研究决定，支持大家的要求，靠学校自己的力量造出“西航一号”（延安一号）飞机来。我便是“延安一号”制造队伍的一员，参与的是其发动机架的生产。

飞机是一种高科技的综合性产品，制造出来不容易，要安全地飞上天更不容易。学校毕竟不像航空工厂，很多专用设备根本没有，只能绞尽脑汁想出路。对这一批从来没有经历过实际设计和生产过程的年轻师生来说，困难重重。在设计、生产、试验人员的通力合作下，“延安一号”终于总装完成。1958 年 12 月 3 日在西安市西郊机场举行了“延安一号”的正式试飞仪式，并取得了成功。飞机经陕西省政府批准正式命名为“延安一号”，且计划在性能试飞完成后再生产 10 架。《陕西日报》还在当天报纸头版头条进行了大幅报道。

学生自制的贺年卡

延安一号

“延安一号”的试飞成功，极大地鼓舞了全校师生“大跃进”的热情与信心。在当时国家非常困难时期，仅靠一所航空院校的师生员工就能在短时间内造出一架飞上天的飞机，就足以证明中国人有智慧和能力，能够靠自己的力量发展经济！在“延安一号”成功的基础上，1965 年学校又与南京航空航天大学和湖江机器厂共同设计与制造了“延安二号”，我国第一架自行设计并初步试飞成功的轻型直升机。在“延安二号”的制造过程中，我参与的是尾桨的生产。在“延安二号”试车时，我还经历了当时一场试车的惨剧。一位技术人员在一次“地面共振”事故中不幸被桨叶打中牺牲，年仅 33 岁。地面共振是长期困扰直升机设计师的一个难题。直升机中的“地面共振”轻则导致某一机体损坏，重则机毁人亡。当时我国还是第一次对地面共振问题真刀实枪地干，对地面共振的认识很少，导致了事故的发生。事故发生后，所有的研制人员都心情沉重，毕竟一个年纪轻轻的技术骨干就这么没了。大家强打精神从悲痛的情绪中走出来，决心一定要克服技术难题，开始夜以继日地进行分析计算和试验。当时还没有计算机，一切都是靠手工计算。在大家的努力下，终于攻克了这一难题。

任教期间，我还到 122 厂学习了铆接工艺，去 172 厂学习了氩弧焊工艺，还用几年时间参与了大型龙门式自动钻铆机的设计与制造工作。而在教学领域，除了我们本身经历过的大学专业学习的苏联模式，也尝试了我国在“大跃进”时代的大学专业教育，也就是工农兵大学生的教学模式。30 年的飞机制造与教学给我留下了终生难忘的历史印记，那种能吃苦、能战斗、能攻关、能奉献的航空航天精神伴随了我一生。

大型数控钻铆机，由西北工业大学、西安飞机制造公司、北京航空学院、苏州吴县动力机械厂等单位联合设计制造

在飞机制造专业学习工作期间，我还开始接触使用了计算机。教研室杨彭基老教授开创了一个计算机辅助设计和辅助制造（CAD/CAM）课题，那时 CAD/CAM 在国内还未大规模兴起。我也加入了该课题。当时西北工业大学还没有先进的大型计算机，我最开始使用的是用 BASIC 语言编程的微型计算机 PC1500。对于复杂的飞机设计和制造而言，要进行 CAD/CAM 课题研究就需要用大型计算机。为此，我们课题组还曾到上海船舶研究所租用其计算机做课题。直到后来，我们才有了用 FORTUNE 语言编程的大型计算机来进行计算机辅助设计与辅助制造。这些工作都为我后来进入项目管理领域打下了基础。

夜村一年的磨炼

1960 年年初，我在北京出差时，忽然接到教研室电报，要我速回学校。回校后教研室告诉我，五系党总支通知我们教研室有一个教师下放干部劳动的名额，教研室决定派我去。这样我就按此执行，经历了一场改变我人生历程的一年。

这是一批学校教师干部共计 140 多人的下放队伍，我们 501 教研室有 4 人，3 个教师和 1 个实验员。地点是陕西省的秦岭商洛地区，我被分配在夜村公社的四岭生产队。这是一个 4 条山岭组成的生产队，有 4 个生产小队。我第一次是派驻第一生产队，有 4 个下放劳动干部。房主是一位老汉，间或有一位七八岁的孙辈孩子来住。我们睡在一个土炕上。现在从西北工业大学到夜村只需 2 个多小时的车程，1960 年可不行，我们是上午 9:30 离校，下午 6:00 才到夜村，还在夜村公社管区住了一晚。

到生产队后，一般是白天劳动，晚上为社员识字扫盲。到队里后第一件事让我哭笑不得：我带在路上吃的干粮对农村来说都是非常好的美味，我特意放在背包内，挂到一个钉在土墙上的木钉子上，还有一定高度，没有想到第二天竟被老鼠光顾，将我的背包咬了一个大洞，将我带的干粮一扫而光！也不知道老鼠是怎么爬到土墙上的！

一般下放干部都要经过下放三关，生活关、劳动关、思想关。我在夜村下放劳动，也需要过这三关。

首先是生活关。因为下放干部基本都是习惯了城市生活的，到了农村后卫生条件等生活的诸多方面肯定有很多不习惯。例如，你怕蚊子叮咬吗？到农村后更怕的是虱子、跳蚤，虱子相对还好找，跳蚤可是很难抓的。在学校住，那时（1960 年以前）虽然远不如现在的条件，但房间里是不会有老鼠的，可是住在农民家里，都是平房、土墙，老鼠可以说很疯狂。生活更重要的一关就是吃了，到农村以后劳动强度大，但那时每顿饭都是喝玉米糊糊（那里叫苞谷糊汤，特别是 1960—1961 年困难时期），我每次都是用像小面盆的“老碗”喝苞谷糊汤，直到把胃撑饱了为止。生活上还有一关，因为这是四岭生产队，周遭都是山路，要爬上爬下。不过那时到底年轻，锻炼了一些时日后，在我管食堂时也可以挑两桶水走山坡路不带抖了。

其次是劳动关。虽然在学校时，每年夏收季节我们也会去农村支援抢收如割麦之类，来回步行几十里地，每次回来身上晒得脱皮。那时一年只有几天是这样，可是在夜村劳动则是天天如此。我还管过食堂，作为男劳力，还要挑水、砍柴，这些都是货真价实的劳动关。

最后是思想关。那时我们还有一项工作就是扫盲，凡单日或双日晚上要给农民上课识字扫盲，参加识字的农民有老有少，有男有女，也并不好教，有时还教大家唱歌。后来我又被调去搞社办工业，与青年农民一起工作，我那时是厂长兼团支部书记。后来公社也派来一位厂党支部书记，他原来是将军腿生产队党支部书记。我们生活、工作在一起。他文化程度不高，但生活工作要求很高，是我学习的榜样。我认为思想关就是要有群众意识，为农民服务的意识。此外，在农村一年的锻炼中，我也有过独居生产队仓库的经历，在一定意义上也培养了我深思慎独的习惯。

在四岭一队我管理一队食堂时还被评为红旗手，食堂也被评为红旗食堂。从 2 月底到夜村已有 2 个多月，5 月从管区开会回来即按分配去四队工作。时值夏收，参加夏收期间又管理了一段时间的食堂。在四队时，给我安排的是住在仓库中，这是一个堆放生产队杂物的库房，有生产队工具、锣鼓、拜祭用品等，还有社员存放的两口棺材，里面装满了苞谷。我在一角就着一个小窗口搭了一个床铺，并将自己带的一顶蚊帐支起，晚上用一个空墨水瓶装一点煤油，就这样每晚与老鼠相伴度过了一个多月。

在我管食堂时还发生了一件令我难忘的事。有一天，我和两位小脚妇女在用磨子磨面，忽然听到山坡下隐约有人呻吟、呼喊，这时只有我可以下山坡去看看。下去一看，只见一位邻居老人从山坡上滚到了沟里，头也摔破了，脸上全是血。我赶紧将他扶起，靠在我身上，大呼快来人，直等到两位妇女又叫了几位小伙子来才将他背上山送回家。

在四队没有多久，夏收就结束了。从 2 月 26 日到 7 月初夏收结束后，我们这些下放干部集中到管区先学习总结，又调整工作，我被分派转入社办工业，进入了化肥厂。这个化肥厂由我们 4 个下放干部和 1 个当地生产队派来的党总支书记领导，还有 7～8 名当地的年轻男女工人。地点在离管区不远的平地生产队将军腿，我们试制生产的产品是一种叫“胡敏酸”的化肥，为此我们曾先后步行去 60 多里地外的商镇学习、调研，采购物品、化肥原料等，还曾拉着架子车运材料。在将军腿，我们自己砌建烧制胡敏酸的炉灶，经过一个多月的努力，终于试制成功。当时的县委书记还曾来厂参观，地委领导也极为重视，并要求总结推广。在化肥厂工作了 4 个月左右，这时已至 11 月了。管区下放干部组织布置总结鉴定，恰恰这时中央发布了有关文件，要整顿人民公社，需要下放干部参加整风整社，我们又参加了约两个月的整风整社运动。直至次年 2 月，西北工业大学来文通知因下学期教学安排，下放一年的干部应总结鉴定后回校。1961 年 2 月 10 日，我结束了一年下放劳动锻炼又回到了西北工业大学的教师岗位。

回忆这一段下放劳动，虽然时间只有一年，却对当时只有 25 岁、初入社会的我带来了一生的影响。这一年里，我接触到了各种各样的人，他们大部分都是淳朴贫苦的农民和忠于自己职守的基层干部。这些经历塑造了我的世界观、价值观，让我在生活上能随遇而安，劳动上能勇挑重担，思想上能想农民之所想，与农民打成一片。当然这些应该说都是很初步的，人总是在逐步发展、不断成长的。

夜村镇

当年只有 10 岁的杨安民现在已是 70 多岁的白发老人

2021 年夏末秋初，女儿、女婿趁着休息驾车带我和桂老师一起去了我惦记多年的地方——商洛地区夜村公社四岭生产队。在秦岭山区，经过很多个长长的隧道和山区盘道，来到了夜村镇四岭生产队。我们见到一户人家，有一位老人和一位年轻人在门口，女婿便停车稍事休息并想了解些情况。真是再巧不过，问对了人！这位老者还记得曾经有西北工业大学的干部在这儿劳动过！我告诉他，我就在这儿劳动过。他说，那时他 10 岁，家就在食堂旁边，他每天中午都要在食堂打饭，他还记得有一位“老钱”！我这时的激动之情简直无法言喻，忙说我就是那个管过食堂的“老钱”啊！叙谈之下得知，这位 70 余岁老者是当时老支书的儿子，他父亲叫杨德斌，已过世，他叫杨安民，也当过一任支部书记。他身旁的年轻人是他的儿子，叫杨亚平，在城里打工。杨安民说，现在当地已很少有 80 多岁的老人了，即使有个别在世的也已是长期卧床的老病号了。我谈起当时一位有 6 个手指的生产队长，他也知道并告诉那个人叫王世德，也已不在了。现在就只有他弟弟一人在家，靠吃劳保生活……60 年啊，当年的种种往事涌上心头，让人不禁感慨又唏嘘。无奈我们一行人还要驾车返回西安，只能惜别。杨家现在也已搬迁到山下去住了。我女儿和亚平互留了微信，并拍照留念。就此，也算完成了我的一桩夙愿。

第2章

站上巨人肩膀

引路人钱学森

1978年，改革开放春风吹起。从此，中国的思想开始波澜壮阔地解放，经济开始奇迹般腾飞，国家命运迎来大转折。没想到的是，我自己的人生命运也冥冥之中跟随国家命运悄然转向。

钱学森一家

就在这年，上海《文汇报》上的一篇文章引起了我极大的关注——由钱学森、许国志、王寿云 3 人合写的文章《组织管理的技术——系统工程》，这是中国第一篇全面阐述系统工程的功能、理论基础和研究方法的文章，被誉为系统科学发展的一个重要里程碑。文中提到，古代的木匠、泥瓦匠往往是一人独揽设计、配料、施工等全部工作，如何管理各项要素都在他们的脑子里。到了现代工厂中，这一系统和组织管理工作更加复杂。文章称："中央领导同志多次指出，我们现在不但科学技术水平低，而且组织管理水平也低，后者也影响前者。要解决组织管理水平低的问题，首先要认识这个问题，要认识这个问题的严重性。只有充分认识我们的管理水平低、管理工作存在着混乱的情况，我们才能够切实地总结经验教训，不但学习和掌握先进的科学技术，而且要学习和掌握合乎科学的先进的组织管理方法。否则，我们就会继续浪费时间、人力和资金，就不能完成我们在本世纪内要完成的宏伟任务。"文章还提出，提高组织管理水平，一方面必须在上层建筑进行必要的改革，另一方面则要使用一套组织管理的科学方法。"总体设计部的实践，体现了一种科学方法，这种科学方法就是'系统工程'（Systems Engineering）。'系统工程'是组织管理'系统'的规划、研究、设计、制造、试验和使用的科学方法，是一种对所有'系统'都具有普遍意义的科学方法。"

这篇文章当时一经刊发便引起了很大的反响，也让我备受触动。我由此想到了我所学习的飞机制造系统，想到了飞机生产过程中复杂的协调管理问题，这不都是需要科学管理的"系统工程"吗？

恰好不久之后，西安市科委组织了一个系统工程培训班，由西安交通大学汪应洛老师牵头组织，我全程参加了这次培训，了解到系统工程是一个重要发展方向。培训后，我给教研室和系里进行了介绍。当时教研室一位老教授顾亚声老师开了一门企业管理的课，他听了我们的介绍之后（当时参加培训的有 3 人）说系统工程很好，无论是对飞机制造还是企业管理而言都很有意义，他对我说，想在企业管理这门课中增加一些系统工程的内容。随后我在顾老师企业管理课程中增加并介绍一些系统工程相关内容。这门课程也受到了选修学生的欢迎。

先驱华罗庚

钱学森等 3 人的文章中有一部分提到:“我国在科学的组织管理工作中的先行者是华罗庚教授，他在 19 世纪 60 年代初期就对‘统筹方法’进行了系统的研究，并在大庆油田、黑龙江省林业战线、山西省大同市口泉车站、太原铁路局、太钢，以及一些省市公社和大队的农业生产中推广应用，取得良好效果，得到毛主席和周总理的赞许和鼓励。”

华罗庚

提到华老的“统筹方法”研究，大家可能并不陌生，尤其是他解析如何最高效“烧水泡茶”的故事。华老作为著名的数学家、数学教育家，他在诸多纯数学领域的杰出贡献闻名中外，同时他以极大的热情关注祖国的社会主义建设事业，致力于让数学为国民经济服务。在生命的后 20 年里，他几乎把全部精力投身于推广应用数学方法的工作，而“双法”——优选法、统筹法的推广应用便是其中心内容。通过调研，他了解了生产的整体层面的一些管理问题，如生产的安排、进度、工期等。1964 年，他以国外的关键路径法（Critical Path Method, CPM）和计划评审技术（Program Evaluation and Review Technique，PERT）方法为核心，进行提炼加工，通俗形象化，提出了中国式的统筹方法。他于 1965 年出版了一本小册子——《统筹方法平话》（后于 1971 年出版了修订本《统筹方法平话及补充》，增加了实际应用案例）。

华罗庚所举的“烧水泡茶”典型示例

- 甲：先做好一些准备工作，洗开水壶、洗茶壶、洗茶杯、拿茶叶，一切就绪，灌水烧水，等水开了泡茶喝。
- 乙：洗好开水壶，灌上凉水，放在火上，等水开后，洗茶壶、洗茶杯、拿茶叶，泡茶喝。
- 丙：洗好开水壶，灌上凉水，放在火上，在等待水开的时候，洗茶壶、洗茶杯、拿茶叶，等水开了泡茶喝。

以上三种安排，哪种好？为什么？

就是在该书中，华老引用了“烧水泡茶”这一浅显的例子，讲述了统筹法的思想和方法。这样，即便是文化程度不高的人也能懂，联系实际问题也能用。这一则深入浅出的例子还被收录在了教材中，为人所熟知。华老提到，“这好像是废话，卑之无甚高论。有如走路要用两条腿走，吃饭要一口一口吃，这些道理谁都懂得。但稍有变化，临事而迷的情况，常常是存在的。在近代工业的错综复杂的工艺过程中，往往就不是像泡茶喝这么简单了。任务多了，几百几千，甚至有好几万个任务。关系多了，错综复杂，千头万绪，往往出现‘万事俱备，只欠东风’的情况。由于一两个零件没完成，耽误了一台复杂机器的出厂时间。或往往因为抓的不是关键，连夜三班，急急忙忙，完成这一环节之后，还得等待旁的环节才能装配。”“看来这是‘小题大做’，但在工作环节太多的时候，这样做就非常必要了。”因此，我们利用这种方法来考虑问题，是不无裨益的。

华老除了开展优选学、统筹学、经济数学的理论研究，还组织小分队先后到 23 个省、自治区、直辖市结合我国的实际情况推广“双法”工作，“双法”成功地应用于化工、电子、冶金、煤炭、石油、电力、机械制造、交通运输、粮油加工、建材、医药卫生、环境保护、农林牧畜、国防工业和科学研究等方面，取得了丰硕成果。1981 年，华老组织成立了中国优选法统筹法与经济数学研究会（下称“双法研究会”）。而在 9 年之后，我与双法研究会也结下了不解之缘。

钱学森在文中还提到:“在国外常常把复杂工程系统的工程工作和大企业组织的经营管理工作并为一门科学系统，叫作‘运筹学’（Operations Research)。”这就引发了我对运筹学的关注。为了对运筹学有较多的了解，我利用暑假进行了自学。通过学习运筹学，我了解到，华老所推广的统筹方法，从理论上说，就是起源于运筹学中的最短路径问题。我就利用当时飞机工艺教研室正在开展计算机辅助设计与计算机辅助制造（CAD/CAM）的机会，用图像仪来做辅助工具进行最短路径的分析计算。在这一工作的基础上，我后来进入了用计算机辅助网络分析这一领域，并且申请获得了微机图像仪辅助网络系统分析的国家自然科学基金课题。

当年用的计算机

与项目管理由此结缘

在 20 世纪 60 年代华老对统筹法的推广和 70 年代钱老主张的系统工程的强力推进下，全国上下都特别重视科学管理问题，可以说科学管理风潮兴起。西北工业大学也顺势而为，将原来的企业管理一门课提升为一个教研室。新的教研室需要发展，顾亚声教授又再次邀请我加入。就这样，我就在组织上从原来的飞机工艺教研室调到了企业管理教研室。这都是 1983 年 10 月的事了。现在想来，顾老师可以说是我的贵人呢。

我 1983 年 11 月调到企业管理教研室，两年后这个教研室发展成为管理系，管理系后来又发展成为管理学院。在申请成立管理学院的时候，学校又把中国设备管理培训中心这样一个国家批准的机构合并进来，所以当时的管理学院就是一个实体两块牌子。一个实体就是这一班人马，后来也适当扩展了一些；两块牌子就是西北工业大学管理学院和中国设备管理培训中心。我当时就同时担任了西北工业大学管理学院副院长、中国设备管理培训中心副主任。管理学院成立以后，我们的培训任务很重，我和我的同事经常应邀到各种厂长、经理培训班去讲课。由此也可以看出，当时我国对科学管理的需求有多么的迫切和旺盛。

就这样，我的事业乃至人生的轨迹也由此发生了重大的转折，与项目管理的情缘由此展开。

第3章

美国访学

难得的机遇

1983年11月—1987年9月，是我压力很大的时期。之所以说压力大，主要有两个方面。一方面，当时夫人桂老师1985—1987年经过考核参加了航空工业部的一个国家队，和西德航空企业 MBB 公司（梅塞施密特—伯尔科—布洛姆，Messerschmitt-Bölkow-Blohm）共同开发软件，这3年她都在德国。家中事务少了她的照应让我感到十分吃力。另一方面，我当时因为西北工业大学和美国马里兰大学有一个合作协议，要在1987—1988年作为访问学者去访问一年，而参加这样一年的访问一定要经过英语考核，所以我又“脱产”一年参加英语培训班。这个所谓“脱产”其实名不副实，因为当时新组建的西北工业大学管理学院，我是副院长，分管研究生、本科生教学、科研、实验室管理，事情特别多，所以学习只能是断断续续。我在中学时只学了些英语皮毛，大学时学了些俄语，都没有掌握。成年人学习语言实在是难得很，更何况我也没什么语言天赋。倘若考核不通过便不能出国，这让我压力极大。但是当时能够赴美访学机会难得，我自然十分珍惜，更不能辜负学校的期望，怎能轻言放弃呢。尽管在管理学院有一大摊子工作，我还是抽出零散时间学习。最终克服了困难，通过了英语考核。现在回想起来，简直不知道那段日子是如何撑过来的。

那时有几位合作的同志，特别有几个青年教师和研究生，给了我很多帮助。后来也一直参与并为 PMRC 发展做出重要贡献的白思俊便是参加这个课题（国家自然科学基金）的成员之一。当时，因为有了一些成绩，需要参加一些专业活动，比如，要在学术刊物发表论文，还要参加专业学术会议并在会议上发表演讲，等等。为此，白思俊和我共同完成多篇文章。后来白思俊一直坚持在做网络分析，之后又拓展到项目管理。我们师生两人一直合作到现在，实属不易。

1987 年 9 月—1988 年 10 月，在我的专业发展和人生旅途中都是非常重要的一年。我在国内做好一切准备，包括英语的培训、考核，国内一切手续的申请、审批，赴美国的申请、签证，培训、面试等，最终在 1987 年 9 月 30 日怀着激动又忐忑的心情启程赴美。

1972 年尼克松访华后，中美关系开始转暖。1979 年中美正式建立外交关系。20 世纪 80 年代，尽管中美关系还处于"蜜月期"，但也在互相磨合中，我们对美国的认知十分有限。因此，对于美国这个国家，以及生活在那里的人民究竟是什么样的，我还充满了未知。

飞机从北京起飞，经过上海、旧金山、纽约，总计飞行了约 15000 公里，大约花了 16 小时。在纽约住了一晚后，第二天再乘飞机到华盛顿。到美国之后，摆在眼前的头等大事就是解决住的问题。到马里兰大学之后，我暂时住在一个留学生联谊会活动室。因为人多，只能睡地铺，3 天以内每天 3 美元，3 天以上每天 5 美元。10 月 4 日我就搬到另一处留学生住的房子，有卧室和起居室，我便住在起居室。但这样租住总不是一个办法，在对马里兰大学做了一些比较多的了解和适应后，我又开始寻找合适的住房。先是到一位亚当斯（Adams）博士家，她是我校外办主任姜节胜访美时候租住处的房东。亚当斯女士很客气友善，但遗憾的是有人先于我约住了。没有办法，我便只好另寻别处。之后拜访的房东是一位 60 多岁的老太太，名叫格里奇（Greech）。她一个人独居，条件比较合宜。房子一楼是起居室，二楼有两个卧室，一个大间她自己住，我住小间，租金每个月 150 美元。我就此确定了居所。这时已是 11 月 15 日，到美国已经一个半月的时间了。

虽然住处距离学校比较远，但这在美国上学也是常态。马里兰大学有班车可以搭乘，还是比较方便的。因为我们访学项目主要是与马里兰大学的成人教育中心合作，成人教育课程有时是晚上进行，会错过班车。成人教育中心一起上课的同学是来自各行各业的工作人员，与大家熟络之后，也会搭他们的便车回去，大家对我非常关照。

马里兰大学的专业学习

在为住处奔波的同时，我来不及欣赏和感受异国风情，便以最快速度投入访学中。

马里兰大学成人教育中心

我所访学的马里兰大学是一座世界知名学府，美国著名的公立研究型大学。

它始建于 1856 年，位于马里兰州王子乔治郡大学公园市（City of College Park），距离美国首都华盛顿特区市中心仅 13 公里，属于首都华盛顿特区城市圈（Washington Metropolitan Area）。也正是因为靠近首都，华盛顿地区人才济济，精英荟萃，临近的马里兰州政府亦享有各种资源。凭借其地理优势，马里兰大学师生、访问学者及培训人员得以广泛接触到联邦、州、地方各级政府，以及世界银行、国际货币基金组织等跨国机构和行业协会等非政府组织。学校旁边还有很多免费的博物馆，是增长见识、提高文化水平的好地方。校园建筑基本为砖木结构，教学楼多为红色，使得整个校园浑然一体，颇有些“闹中取静”的味道。

我在美国期间的专业活动主要还是围绕国内的课题展开，也就是关于微机图像仪辅助网络系统分析的国家自然科学基金课题。当年，在美国要了解这方面情况，条件还是要好得多。记得看到学校的一些计算机等设备时，不由得感慨其水平之先进。但他们的计算机都是全英语系统，我本身英语水平还不够，也没有老师教导，熟悉这套系统也不容易。我便常与同行的一位西北工业大学英语教师潘幼博老师互相搭伴上机，一边找材料学习，慢慢摸索，一边还抽空听英语提高语言水平。

美国是项目管理发展较早也是发展较好的国家之一。管理学界所熟知的“甘特图”（Gantt Chart）便是由美国机械工程师和管理学家亨利 · 甘特在 1917 年创建的，一直到现在依然是管理中的重要工具。还有人认为项目管理是第二次世界大战的产物，在 20 世纪四五十年代主要应用于国防和军工项目，如美国研制原子弹的曼哈顿计划。曾担任美国项目管理协会 PMP 资格认证委员会主任的项目管理及管理科学专家 J.戴维森 · 弗雷姆（J.Davidson Frame）便认为，是在“战争的无序之中，诞生出了项目管理的有序”。20 世纪 50 年代，美国企业和军方相继开发出 CPM（关键路径法）、PERT（计划评审技术）、GERT（图形评审技术）等。1969 年，（美国）项目管理协会（Project Management Institute，PMI）在宾夕法尼亚州成立。到 20 世纪七八十年代，美国则已经在开始探索项目管理学科建设了。

我在马里兰大学可以选修项目管理方面的课程，也可以利用学校的图书馆等资源，同时马里兰大学还有很多这方面的专家。我在学校图书馆查到一份名为《计算机与运筹学》（*Computer and Operational Research*）的杂志，其中有一篇文章“Project Management Using a Microcomputer”，作者叫阿让·A.阿萨德（Arjang A. Assad）。后来我了解到，他就是马里兰大学商学院的教授，专业主要是运筹学，所以我特地专程前去拜访了他。我还将这篇文章复印下来，介绍给了当时我课题组的白思俊，供我们课题研究参考。另外，我在马里兰大学图书馆还查到一本由美国工业出版社（Industrial Press）出版的有关项目计划方面的书《项目管理软件指南》(*Project Management Software Directory*)，作者名为杰克·吉都(Jack Gido)。他有 15 年项目计划方面的工作经验，收集了 100 多家软件公司的产品，并对其进行分析比较。分析比较的主要内容有计算机型号、软件操作系统、可运用的网络节点、活动时间；输出的图形，如甘特图或者网络图；还有计算结果。他将这 100 多个公司的软件做成了列表。为了节省打印费用，我把这个列表全文抄录下来，这样便可以根据不同需要对不同商家选择运用。

从这些初步调查情况看，20 世纪 80 年代，计算机辅助项目管理在美国已经如雨后春笋一般发展起来，而我们还在为课题研究做着一些基础性的工作。因此，我把在国外所了解的情况汇总起来，写了《美国项目管理软件的应用与发展》一文，发给国内的《软件》杂志并得到全文发表。

在美国时，还有一些其他美国朋友知道我在做计算机辅助网络分析的工作，也热心地帮我查找参考资料和专业书籍，这些都为我后来开展网络研究工作，以及在国内召开网络技术研讨会发挥了重要作用。后来我们在网络技术研讨会基础上，又成立了项目管理研究委员会，因此可以说项目管理研究委员会也是在这个基础上建立起来的。

友谊无国界

访美一年，除了如饥似渴地汲取专业知识之外，还有幸结交了许多美国朋友。无论是在英语学习，还是在适应美国生活方面，他们都慷慨地给予了我很大的帮助，温暖了身在异乡的我。其中有几位与 PMRC 有特别的关系，比如比尔和南希夫妇，还有马里兰大学的哈斯（Huss）和琳达（Linda）。

比尔和南希都是图书馆专家，他们利用自己的专业优势，比如，计算机条件，还有语言和对生活环境的熟悉帮助我开展专业活动，为我省去了许多麻烦。例如，马里兰大学有一个项目叫作国际商务谈判（International business negotiation）。以前马里兰大学是与日本、韩国就这一项目展开合作，当时他们开始计划也与中国合作，在中国做这样的培训。项目方面向我发出邀请，希望我参加他们的培训，并告诉了我时间和地点。那次培训是在一个宾馆进行，马里兰大学给我了一本 130 多页的参考资料。这件事情让我不由得有些紧张，因为这可是要我一个人作为中国的一个企业方单独参加培训。比尔和南希了解到这一情况后非常关注，在这件事情上给了我很大的帮助。在参与国际商务谈判这个项目过程中，应该如何说、如何参加、如何去宾馆等，都讲得很清楚，甚至给我画出了到宾馆的详细路线图。这对人生地不熟的我来说可真是“雪中送炭”。实际上，比尔和南希夫妇提供的帮助还不只对我自己，甚至后来对 PMRC 举行国际会议及与其他单位交流方面所给予的帮助更大。

马里兰大学的哈斯教授则是一位财务方面的专家，对项目管理也比较熟悉。1995 年 PMRC 召开第一届国际学术年会时，哈斯不但自己来参会，还介绍了另外一位温克尔（Winkler）教授来参加我们的大会。1996 年他又邀请我和中央财经大学的李爽教授去美国讲课，让我们介绍了中国的项目管理和中国的财务体制。琳达则是马里兰大学一位哲学专业的女博士，我访问美国时，她正在完成一本专著，对中国古代哲学很有兴趣。我回校后，便将她介绍给了我们学校社科系的水蕴华教授，后来水教授也曾经邀请她来西北工业大学交流。

在那个世界尚未用互联网连接起来的年代，中美民众之间彼此了解还少之又少。我们来自不同的文化社会背景，但美国人民的热情与真诚消弭了我们之间的隔阂，使我们结下了长久的友谊。

在美国的两次旅行

在美国期间，有两次旅行令我印象深刻。到了美国后我发现，美国的高速公路四通八达，私人汽车几乎是家家都有。我曾与两位美国朋友做了两次长途旅行：一次是随着比尔和南希到美国佛蒙特州（Vermont）去拜访南希的弟弟一家，顺便领略美国的田园风光；另一次是随着哈斯到美国东南角的佛罗里达（Florida）。两次旅行都是利用 1988 年暑假时间进行的。

佛蒙特小镇

佛蒙特州在美国的东北，紧邻加拿大。从佛蒙特开车向北只用几个小时就可以到达加拿大的蒙特利尔（Montreal）。佛蒙特人口稀少，而且大城市很少，基本都是规模不大的小镇，最大的城镇人口也不到两万人。绿色山脉从佛蒙特州北部延伸到南部。佛蒙特有许多山林，因为人迹稀少，所以原始的自然风光被很好地保存了下来。这里还有一个在美国仅次于五大湖的淡水湖，与梭罗笔下的瓦尔登湖的景色十分相似。后来经了解发现，佛蒙特州离瓦尔登湖也非常近。

南希的弟弟叫罗伯特（Robert），弟妹叫乔安（Joan），小侄女叫布兰妮（Britney）。他们的家位于山区的一个乡村，是现在影视剧里常见的美式田园风格。他们家有一个很大的庭院，里面种了各种灌木，被修剪得整整齐齐；还种了很多蔬菜，生机勃勃。他们的住房是一座两层的独栋楼房，现代化的设施一应俱全。这竟然是他们的乡村人家？让当时的我大开眼界。

在南希弟弟家

我们 7 月 16 日出发，当天行车 12 小时到达佛蒙特，在那里住了 8 天，到 7 月 24 日才回来。我在那里深入地了解了一个美国普通人家的生活、文化习俗。刚好，我也在那里度过了自己 53 岁的生日。生日那天一早，我被小布兰妮叫到客厅。到客厅后，看到他们已经排成一排，每个人手里拿着礼物，一起唱着生日歌“Happy birthday to you”。我又惊又喜，没想到自己受到这么隆重的接待。欢快热烈的气氛使我非常感动，忙连声道谢。我们还去拜访了他们的一个朋友大卫（David）家。我们去时大卫正在和他儿子两人光着背垒墙，一幅十分有趣的画面。他对我这位远道而来的中国客人也十分热情，相谈甚欢。之后我提出要一块儿拍个照，他们很高兴地答应了，然后立即跑进房间去。我原以为他们是要穿衣服，谁知看到他们首先拿出来了一面美国国旗挂在门框上，然后再回房间穿好了衣服。我被美国普通老百姓的爱国之举深深地打动了。

与大卫父子合影

第二次的长途旅行是与哈斯到佛罗里达，也是在这年暑假。哈斯要到那里去开一个专业会议，他热情地提议我到那里看看，因此便有了这次的长途旅行。佛罗里达在美国东南，是美国很特别的一个州，具有加勒比海的热带风情。佛罗里达的阳光与沙滩世界闻名，被称为“阳光之州”，我也早有耳闻。为了这次长途旅行，南希也为我做了很多准备工作：她与她在奥兰多的朋友联系，要他们来接我，当我的向导。奥兰多还有一座迪士尼乐园，是国内外很多游客来佛罗里达的必玩之地。当时我虽然对迪士尼了解不多，但是米老鼠、唐老鸭等还是知道一些。我们便一起去了迪士尼乐园游玩，当时就被迪士尼乐园的规模震惊到了，因为我还是第一次见到这么大的游乐园。游乐园里还有许多大大小小的公园，也都有不小的规模。“迪士尼乐园”也是在项目管理业内非常有名的一个项目了，能完成这样一个规模宏大的项目，也很了不起。虽然我当时已经 50 岁有余，身处其中也不自觉地被里面欢快热情的氛围感染，感到新奇又开心。尤其是看到他们经典的花车游行时，看着人们装扮成各式各样的角色唱歌跳舞，那一刻也感觉自己找回了年轻童真，充满了热情与活力。

在佛罗里达的旅程结束后，我们要返回马里兰大学了。因为在回马里兰大学的路上要走比较长的时间，所以哈斯还与他的父母联系，请他的父母准备让我们到其家借住两天。总之，为了我的佛罗里达之行，哈斯与南希为我考虑得非常周到，哈斯教授和他父母无微不至的关心使我非常感动。

冲突与收获

访美的一年是我收获满满的一年。

为了这一年的访美，前期进行的英语学习准备经历尽管非常艰难，但受益匪浅。从 20 世纪 50 年代开始，英语或者说外语就是让我深受“折磨”的非专业课程。如前所说，上中学时我学的是英语，上大学时学的是俄语，但两次的学习皆未能入门。访美一年以后，英语水平虽然还不能说达到了较高的水平，但可以称得上是入门了，这对我而言已是十分难得。这也让我领会到，学语言的关键还是要大胆实践。

在计算机辅助网络分析方面，我了解了美国的相关技术应用、研究情况及我们国内存在的差距，这为我回国后在国内召开网络技术会议打下了基础。通过对 PMI、美国国家航空航天局（National Aeronautics and Space Administration，NASA）等重要机构项目管理的研究，以及与国际项目管理专家学者广泛的交流，我认识到，网络技术和项目管理，这种当时在发达国家已得到较为广泛应用的先进管理方式与方法，正是我国谋求高速高效发展急需的管理方式与方法。在中国建立项目管理学科、发展项目管理事业是一项极为重要且刻不容缓的历史使命。

华盛顿国会图书馆

美国的图书馆也令我情有独钟。我粗略估计，在美国访问的一年，我去了二十多家图书馆。经常去的还是马里兰大学的图书馆，那里有很多中文图书报刊资料，像《人民日报》海外版、上海的《文汇报》，还有香港的一些中文报，等等。也去过几家大规模图书馆，像美国国会图书馆，建于 1800 年，坐落在华盛顿国会山上，是世界上最大的图书馆。但遗憾的是由于时间很短，我对这些图书馆了解得还十分有限。去了这么多大大小小的图书馆，让我印象最深刻的还是他们的服务，当时有光盘查询、馆际互借等，这些在现在看来已经不算什么高级服务，但在那个年代图书馆管理能做到如此体系化、便捷化、人性化，让我眼界大开。

刚到美国时对美国的社会情况，特别是对社会安定性了解不多，经常听到马路上警笛长鸣，也分不清是什么情况，颇为疑惑。后来知道鸣笛的有警车、救护车、消防车等。记得有一次我看到一起交通事故，两车相撞，似乎问题并不大，但警车、救护车、消防车都来了，而且还来了不止一部两部。想来这大概是他们法律规定的，心中的疑惑也就解除了。

在美国，我还有了两个“第一次”。第一个“第一次”是游泳。我在国内时曾多次尝试学习游泳，但都没有学成。在美国访学期间我不但学会了游泳，而且蛙泳、仰泳甚至连跳水都学会了，这是我的一大收获。

平生第一次跳水，并学会了游泳

另一个“第一次”是开车。一个星期天的下午，我的一个邻居桑迪（Sandy）带着她 2 岁的儿子小吉托（Kito）与我一同外出。到了一个广场时，她问我有没有兴趣开车。我说我不会啊，她说我这部车是自动挡，非常容易开。“You can try！”我看她如此热情，也起了兴致，便说道：“Ok, let me try！”话音刚落她便下了车，要我来开。可这时小吉托还在车上。大家都知道，在美国，小孩子在车上是坐在后座安放的儿童座椅中，但尽管如此，她就这样放心地下车把车和孩子交给我这么一个没碰过方向盘的新手，回想起来我们真是两个愣头青！美国人也许就是这么胆子大吧！

第一次开汽车

在美国一年，可以说开阔了眼界，扩大了视野。除了课题研究之外，我了解了美国人民真实的生活情况，包括城市生活和乡村生活，还有他们的文化、家庭、教育、宗教信仰等。实际上，我认为美国是一个非常复杂也非常矛盾的国家，很难用简单的几句话表述清楚。

这一年的生活其实并不轻松，要克服种种不适应，尤其是没有桂老师这个贤内助在身边，在家时没怎么做过家务的我完全要自力更生。但好在结识了那么多热心的朋友，给了我慷慨的帮助。与美国社会和国际友人的广泛交往为我带来了慰藉与乐趣，也为后来创建PMRC及PMRC很快融入国际大家庭带来了很大帮助。

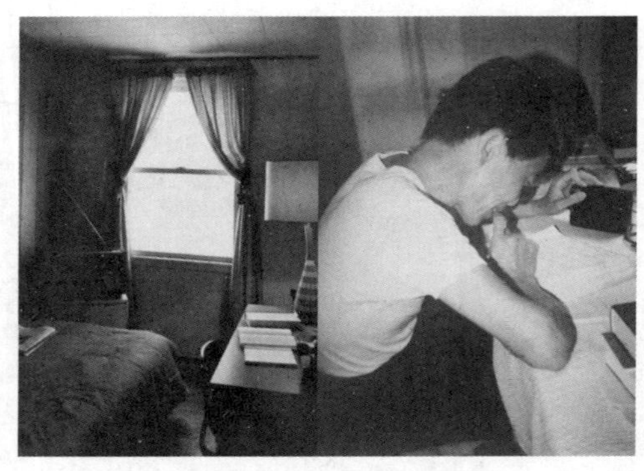

我在美国住的房间

我的房东

1960 年我在农村劳动一年已在前述，虽然下乡与访美这两次都不是我自己的主动选择，但在我人生经历中都是非常重要的两个阶段。在夜村时事过三关，再看我的一年访美，也是努力过三关：生活关、专业学习关和思想关。

首先是生活关。有“一学三宜”，学会了逛超市，那时我是第一次见到超市，在超市专找“三宜”食品——宜吃易处理、便宜而且喜欢吃的食品，例如，便宜的罐头食品。打开就吃，吃完很容易处理，罐头一丢都不用洗。

其次是专业学习关。熟悉环境，学习英语，南希给我布置了每天听录音或 VOA（美国之音）的任务；我在马里兰大学自学计算机应用、自选专业课程，随班听课。

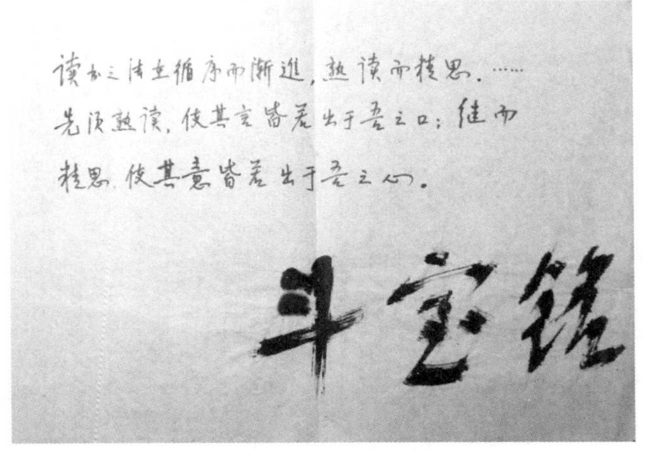

我的手写自励语“斗室铭”

还有思想关。努力自励、自控，努力学习人际沟通。因为是住在格里奇（Greech）老太家里的一个小房间里，我就用一张废纸卷起当毛笔，写了一张“斗室铭”自励。出门我就主动和美国人接触，琳达（Linda）就是这样在校车上认识的。还有一次在等马里兰大学校车时，见到一位 60 多岁的老人也来等校车。我问他到学校干什么，他说去听葡萄牙语课，我很奇怪，问他原因，他说就是不想让头脑老化！只要自己愿意学，这样的环境是随时随地可以学习的。我真正体会到了环境的重要性。这些都为我 1992 年参加 IPMA 许多国家的专业学术会议，为 PMRC 开创国际领域的工作，特别是在 2005—2010 年这 6 年当 IPMA 副主席时频繁的国际活动打下了很好的基础。

个人命运与国家命运是分不开的。想当年初到美国受到的冲击如今仍历历在目，而仅仅二十多年后的今天，我们国家已经作为世界第二大经济体屹立于东方，怎能不令人振奋！这是我们伟大的中国人民创造的奇迹！

第 4 章

归国“创业”

孕育中的 PMRC

1988 年，改革开放 10 周年，我结束了一年的美国访学生活，在金秋十月回到了心心念念的祖国。

20 世纪 80 年代后期，经过多年改革开放，中国正处于蓬勃复兴的发展过程中。大量的建设工程，除了需要关注项目的论证、立项方面，对项目的全过程管理也成为一种迫切的需要。接触到国外项目管理的理念和方法后，我觉得对中国来说，正迫切需要这样的理念和方法，有必要组建中国自己的项目管理专业组织，以推动中国项目管理的发展。

归国以后，虽然我立刻又投身到了西北工业大学管理学院和中国设备管理培训中心繁忙的行政、教学、管理等工作中，但是心中仍放不下网络计划技术的事情。再加上白思俊、曹光明、徐向东等几位年轻人向我汇报了他们在国内开展研究、发表论文、参加会议的情况，有了不少成果，我觉得有必要继续往前推进。

我让当时还是大四学生的欧立雄也参与了进来，他也由此一直参与至今，成为我的左膀右臂，为 PMRC 贡献良多。

1985 年到 1988 年，在我们进行科学基金课题的研究过程中意识到，现代管理方法的应用与推广是一项艰巨的工作。网络计划技术在我国推广应用已有二十多年，虽然很多单位取得了显著的成果，但也有不少单位在应用中遇到了困难和问题。因此，在现有基础上进行交流总结，提炼出更适合我国国情、具有我国特色的方法，使它在我国经济建设中发挥更大作用，是非常必要的。这一想法比较成熟之后，我们就积极地开始了筹备工作。1989 年、1990 年这两年里，我们先后有针对性地发出了数十封征集主办单位的信函，召开了有十个单位参加的第一次主办单位联席会，还进行了公开征文和筹集资金的活动，得到了与会单位的一致支持。有几位代表提出，是否可以成立一个网络计划技术学会的提案，我觉得有必要趁热打铁，从而拉开了我们筹办学会工作的序幕。

事不宜迟，我便倡议并发起了网研会，即网络技术研讨会筹备会议，幸而得到了一些单位的响应与支持，1990 年 5 月我们成功举办了第一次研讨会。

在之后短短的一年里，我们做了大量工作，首先是要沟通组织渠道。利用 1990 年 7 月我在北京参加一个系统工程学术会议的机会，我同北京航空航天大学的邱菀华、清华大学的董长德，与双法研究会的陈德泉、计雷、傅继良等老师取得联系，通报了网络技术研讨会的情况，他们纷纷对此表示认同。同时我又利用 10 月双法研究会召开年会的机会，代表网络技术研讨会筹备委员会，正式向双法研究会提出成立一个分会的申请。

要知道，在中国要成立全国性的一级学会，通常要有相应的一级学科，当时的项目管理还不具备这样的条件，如果能够在双法研究会下成立一个二级学会也是十分难得。令人欣喜的是，双法研究会对此予以了高度重视，并且批准了这一申请！值得一提的是，分会“项目管理研究委员会”的名字，还是时任双法研究会理事长的陈德泉老师提出的，因为项目管理正在兴起，且涵盖范围比网络技术要更广。同时，西北工业大学的领导和管理学院、科研处都非常积极地予以支持，落实了我们挂靠单位的问题。1990 年 11 月 30 日，双法研究会正式批复，同意在其下下成立二级学会“项目管理研究委员会”，挂靠单位为西北工业大学。

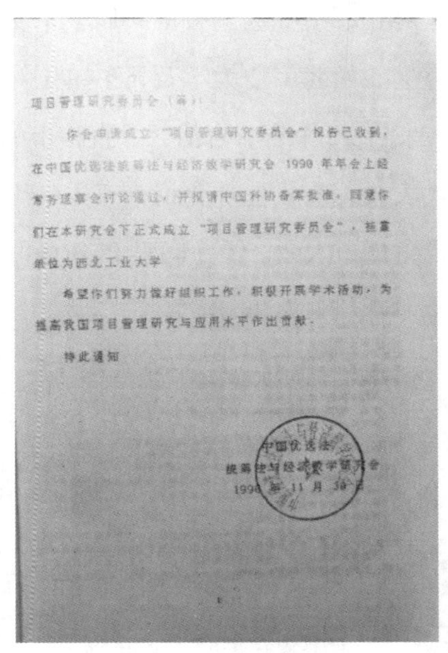

项目管理研究委员会（筹）：

你会申请成立“项目管理研究委员会”报告已收到，在中国优选法统筹法与经济数学研究会 1990 年年会上经常务理事会讨论通过，并报请中国科协备案批准，同意你们在本研究会下正式成立“项目管理研究委员会”，挂靠单位为西北工业大学

希望你们努力做好组织工作，积极开展学术活动，为提高我国项目管理研究与应用水平作出贡献。

特此通知

中国优选法统筹法与经济数学研究会
1990 年 11 月 30 日

双法研究会的批复文件

申请获批后，我们都十分振奋，于当年 12 月在西北工业大学召开了网研会主办的第二次联席会议，这次会议也就是项目管理研究委员会成立筹备工作会议。会议一共有 19 个单位参加，包括山东矿业学院、大连理工大学管理学院、马鞍山钢铁公司、中国人民解放军总参二所、中国设备管理培训中心、中科院科技政策与管理科学研究所、天津大学、北京机械工业管理学院、北京航空航天大学管理学院、西北工业大学管理学院、西安飞机工业公司、西安冶金建筑学院、成都飞机工业公司、阜兴矿业学院、杭州大学、南京航空学院、航空航天部二院 204 所、航空航天部生产调度司、清华大学。筹备工作会议研究决定了分会的组织架构、领导班子、成员构成，以及成立大会召开的时间和地点。

PMRC 就这样在大家期待与呵护中得以孕育，等待着它的诞生之日。

PMRC 诞生了！

1991 年 6 月 15 日，PMRC 成立大会暨第一届学术交流会在西安西北工业大学顺利召开！在双法研究会、西北工业大学及兄弟单位等各方的大力支持下，这次大会开得相当成功，有来自 22 个省、自治区、直辖市的大专院校、研究所、企事业单位和政府部门的代表共 122 人参加会议，有关省市领导出席了会议。西北工业大学副校长吴兴平也参加了大会。领导们对 PMRC 的成立表达了祝贺和殷切的期望。

PMRC 成立大会

我在会上发言，对 PMRC 的筹备工作情况进行了汇报，详细介绍了 PMRC 的成立经历了几个阶段，也就是围绕自然科学基金课题所做的学习与研究工作，也介绍了我访问美国一年所做的调查研究工作，和有关同志们在国内参加会议、发表论文情况，以及后来我们所做的网研会和筹备成立 PMRC 的情况。PMRC 的成立是经历了 3 年的酝酿、两年的积极筹备和一年的紧张努力而获得的成果。俗话说“创业难”，我们在筹备过程中更是深有体会。能够在如此短的时间内把想法变为现实，与筹备委员会各位委员的努力是分不开的。有好几位委员都是年近六旬的老同志，还有几位担负着本单位重要行政职务的领导同志。他们都为 PMRC

的筹建不辞劳苦，尽心尽力。PMRC 成立后肩上的担子很重，要思考如何面向中国实际，面向应用，因为只有面向我国实际应用才有生命力。还要努力开拓新的专业领域，因为项目管理正在迅速发展，这也是世界经济增长形势的需要。美国已经有了硕士学位教育，我们还没有提上议事日程。能否成为一个独立的学科领域，还说法不一。

大会通过了 PMRC 的章程，根据章程选举了本届研究委员会的领导成员，听取了两个学术专题报告，交流了 50 多篇学术论文，演示了 10 余项国内外软件，展览了 100 余种国内外图书资料。会上还明确了 PMRC 之后 4 年的主要任务：一是召开一次全国性学术研讨会；二是召开一次国际性学术交流会；三是开展若干地区性或行业性学术活动；四是努力办好《项目管理通讯》。这为 PMRC 的工作指明了方向。

PMRC 成立之时，学会已拥有单位会员 70 多个，分布在全国 22 个省、自治区、直辖市，覆盖的行业有航空航天、冶金、教育、煤炭、水利、建工、造船、石化、矿产、机电、兵器等，还有政府部门。

从此，PMRC 作为我国唯一跨行业的、非营利性的全国性项目管理专业学术组织，开始了辉煌的征程。

刊物创办

PMRC 的内部刊物《项目管理通讯》并不是其成立后出版的，而是 PMRC 获得双法研究会批文成立后便创刊了。双法研究会的批文是 1990 年 10 月 30 日，这本内部刊物的创刊时间是 1990 年 12 月 10 日，主要宗旨是介绍项目管理基本理论、国外发展情况、国内外的实践案例及 PMRC 内部的沟通。从 1991 年到 2003 年，经过 12 年的普及宣传，刊物在国内产生了一定的影响。然而，因不能公开出版，终究影响面较小。

2001 年 5 月，为了洽谈《中国项目管理知识体系与国际项目管理专业资质认证标准》一书的出版事宜，我曾访问了机械工业出版社，向机械工业出版社的同志们宣传项目管理，介绍 PMRC 成立和发展的情况，也就刊物出版提出了我的一些想法。那时中国还没有一本公开出版的项目管理刊物，这是非常遗憾的。我们希望出版社能够推动这样一件事情。当时接待我们的有时任机械工业出版社副社长李奇（现为机械工业出版社社长）、机械工业出版社机械分社社长范兴国（现为机械工业出版社副社长、华章公司总经理）、《中国项目管理知识体系与国际项目管理专业资质认证标准》策划编辑常淑荼等，他们都非常热情，也非常重视，开始用“项目管理”作为刊名申报，但由于各种原因并没有成功。后来他们改变策略，用“项目管理技术”作为刊名重新申报，经过近两年的努力，2003 年年初，《项目管理技术》杂志获得批准，并于当年 7 月成功创刊。这是我国第一本面向各行各业的公开出版的项目管理刊物，填补了项目管理领域的一大学术空白，可以说是具有里程碑意义的。

也正是由于这本刊物的出版，我接触并结交了不少出版界的朋友。他们在推进我国项目管理教学和国际交流方面做了很多工作，为促进我国项目管理事业发展做出了重要贡献。他们的热情也鼓舞了我在这条道路上不断前行。出版界的常淑荼编审还通过自己的努力，通过 IPMP B 级考核，成为我国出版界第一位 IPMP 项目管理专家。2013 年她又牵头申请和创办了项目管理领域的第二本杂志《项目管理评论》，2019 年 7 月试刊了英文版 *Project Management Review*，让国际交流更进了一步，这些成果令人欣喜。

我与双法研究会

谈 PMRC，就有必要再专门讲一下我与双法研究会的渊源。

双法研究会是在华老倡导下，于 1980 年 9 月 12 日经中国科协批准成立的。

1981 年 3 月 31 日在全国推广“双法”经验交流大会上，华罗庚教授宣布成立双法研究会，并担任首届理事长。双法研究会属于具有公益性、学术性的社会团体，是国家一级学会，是推动我国管理科学与技术发展的重要力量。双法研究会现有会员数万人，设有省市分会 15 个，并有项目管理、计算机模拟、军事运筹、决策信息、工业工程、高等教育、经济数学等二十多个专业分会。主办科技期刊《中国管理科学》、科普期刊《数理天地》。双法研究会成立以来，坚持积极研究和推广应用“双法”为国民经济建设服务的方向，开展企业优选、统筹、管理科学的研究和应用，对国家重大决策项目和宏观决策问题进行研究，有力地促进了我国优选法统筹法与管理科学的发展，并为国民经济做出了重要贡献。

我和双法研究会的交往，也是源于网络。双法研究会挂靠单位是中国科学院科技政策与管理科学研究所。华老的统筹法实际上也是对网络的研究与应用，特别是应用的推广。因此，研究所也是 1991 年网研会的几个主办单位之一。

1995 年 6 月 12 日，我在北京参加了双法研究会举办的“纪念华罗庚教授逝世十周年——华罗庚管理科学思想研讨暨成果交流大会”，并在大会上作了发言。华老的夫人吴筱元女士也参加了纪念大会。我对华老一直十分敬仰，散会以后，我特地向华老夫人吴筱元女士问好，并请她在王元所著的《华罗庚》传记一书上签名留念，这本书也被我一直珍藏。

我与华老的几位弟子，也就是 PMRC 的上级领导陈德泉、计雷、徐伟宣、蔡晨等也有密切交往。他们不愧是华老的高足。作为华老推广双法小分队的主力队员，他们学风严谨，注重实践，而且为人随和，是我们学习的榜样。

陈德泉是华老 1985 年逝世以后接任的研究会第二届代理事长、第三届理事长。我们申请成立学会时，正是陈德泉向我提出成立项目管理学会的建议，并且表达了希望我们努力与国际接轨的殷切希望，之后也一直对 PMRC 倍加关怀。后来他本人也学习 IPMP，还拿到了 B 级证书。IPMA 现场评审 PMRC 认证时，我们还请陈德泉与当时评审的 IPMA 专家交谈自己的体会。现在陈德泉已经退休，成为我们评估师队伍中的一员。

计雷是继陈德泉之后担任的第四届、第五届双法研究会理事长。记得 PMRC 1991 年成立大会时，计雷和傅继良作为上级学会的代表前来参加。傅继良宣读了双法研究会的批复文件，计雷代表双法研究会发表了讲话。计雷后来还郑重地向我提出，PMRC 发表文章、演讲或者对外使用时，应该将一级学会的名字挂在前面，即使用“中国优选法统筹法与经济数学研究会项目管理研究委员会”。

担任第六届、第七届理事长的徐伟宣则是支持我项目学论文的第一位专家。那是在一次会议期间，我们两个在汽车上聊起此事，他对此表示很感兴趣。记得当时他对我说：“你的这篇文章很值得研究，这个话题很有发展前景和研究价值。”后来他们向中国科协提交了这篇文章，中国科协在后来正式出版的《科技进步与学科发展》这本书上全文转载了《时代的呼唤——论“项目学”的创建》这篇文章。

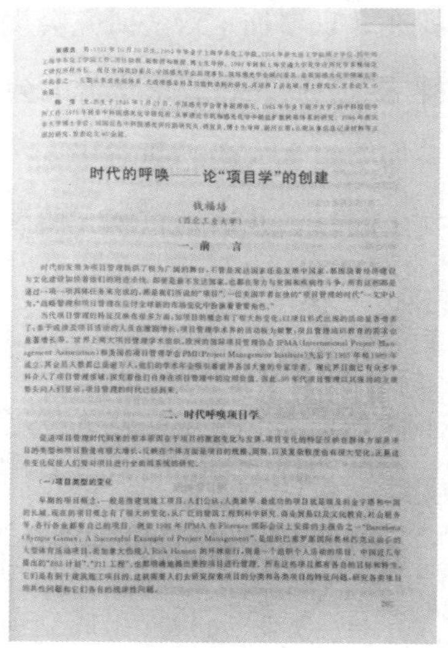

时代的呼唤——论“项目学”的创建

钱福培

（西北工业大学）

一、前 言

二、时代呼唤项目学

文章截图

由此可以看出，无论是我个人的进步，还是 PMRC 和中国项目管理的整体发展，都离不开双法研究会的认可与大力支持。

第 5 章

国际化探索

开始“走出去”

PMRC 成立后，免不了要为其未来发展做规划。1992 年召开的两次会议对 PMRC 今后的发展产生了重要影响。一个是我参加的 IPMA 在意大利佛罗伦萨召开的国际会议，另一个是 PMRC 在湖北宜昌召开的常委扩大会议。

1992 年 6 月 16—19 日，意大利佛罗伦萨要召开“第十一届 INTERNET 项目管理国际会议”。佛罗伦萨会议的主题是“Project Management without Boundaries”，也就是“无边界的项目管理”。这一会议主题顿时吸引了我的注意，因为当时正苦于厘清项目管理的边界、归属和特色等问题。我便给负责人发了邮件，说明了参会意愿。PMRC1991 年才刚刚成立，还没有接触过这种国际性会议。当我接到会议公告时已经是 1991 年 11 月底。会议通告中包括了对专业论文和经费的具体要求。论文可以自己写，经费让我发了愁。会议注册费、到佛罗伦萨的食宿费，还有往返的国际旅费……这些费用加起来少说也要 1 万元到 1.5 万元。这在当时可不是一个小数目啊。作为一个民间组织的代表，要怎样争取这些费用呢。为了这些事情，我着实花了很多时间和精力，想各种办法去找途径。一方面跟主办方说明情况，表达我们去欧洲一趟不容易，经费问题比较大，最终他们同意减免了注册费用；另一方面也利用了学校科研基金作为补贴。那时候写论文也没有太多头绪，只能介绍了些中国的发展情况和我们所做的工作，对方也予以了接收。当时我的教学和行政担子很重，订票、买票等事宜又麻烦得很，不容有差池。但好在由于我有一年的美国访学生活经验，给我壮了不少胆。为了 PMRC 这个尚在襁褓中的"婴儿"的成长与发展，终于硬着头皮努力争取到了经费支持，成功地参加了这次会议。这次会议总计有 32 个国家的 700 名代表出席，其中中国代表有两名。会议期间开展了形式多样的学术活动，同时举办了有 32 个公司、3 个项目管理协会参加的大型展览与咨询活动。我在专题性研讨会上介绍了中国项目管理学会的组织和教育情况。会议也让我打开了眼界，开拓了思路。

佛罗伦萨远景

这次会议对 PMRC 来说非常重要，因为正是这次会议开始打开了 PMRC 与 IPMA 联系的通道，提升了 PMRC 在国际上的影响力。同时，探讨了在中国举办项目管理国际学术会议的有关问题，为在我国举办国际性学术会议创造了条件，也为我国引进和吸收国外先进项目管理经验开辟了道路。

对我而言，这次佛罗伦萨会议还有一个特别的收获，那就是结识了我一生的挚友，也是 PMRC 的好朋友，芬兰项目管理专家马蒂。他告诉我这一年 9 月在芬兰赫尔辛基和爱沙尼亚的塔林要举办一场“北欧项目管理联盟‘92’变化与项目管理”国际会议，并盛情邀请我前去参加。这么好的机遇我当然不能错过，立刻答应下来。因此，这一年我又到了北欧。这次会议的主题是“作为项目的机遇管理”，有来自 11 个国家的 100 余名代表参加。我作为中国唯一一名代表，在大会上作了题为“项目管理在中国”的报告。在那个年代，中国在世界舞台上发声还十分难得，这次学术活动再次帮助扩大了 PMRC 在国际学术界的影响，并与 INTERNET 和 NORDNET 等国际学术组织建立了密切的联系。

芬兰北极圈

第二个重要会议是 PMRC 在宜昌召开的常委扩大会议。这次会议得到了葛洲坝工程局的热情接待，当时很多局领导，比如黄华平、周厚贵等参加了我们的会议。会议经过讨论，一致认为，我们应当充分利用我国改革开放的大好形势，扎扎实实工作，为我国国民经济建设做出贡献。会议做出了 5 项重要决定：一是决定 1993 年 11 月召开 PMRC 第二届学术交流会，会议主题暂定为“中国项目管理实践与方法”，这是非常契合当时中国项目管理发展的一个会议主题；二是积极参与国际学术交流，创造条件加入国际学术组织，争取 1994 年在我国召开一次项目管理国际学术交流会议；三是争取在适当的时候出版项目管理公开刊物，因为当时国内没有项目管理公开刊物，这是需要努力的事情；四是组织有条件的单位和专家编写项目管理的普及读物和案例教材，同时翻译国外项目管理专著；五是积极开展地区性的专业活动，要成立地区性的项目管理组织，修改项目管理章程和补充有关内容。因此这次会议对 PMRC 后来的发展都具有导向性的意义，尤其是再次强调了“国际化”的要求。

按照 PMRC 宜昌常委会决议，1993 年 9 月 15—19 日在沈阳飞机制造公司召开了主题为“中国的项目管理：理论与实践”的学术会议，也就是 PMRC 召开的第二届学术交流会。会议围绕这一主题安排了几个精彩的大会报告，包括“长江干流巨型项目——葛洲坝三峡水利枢纽工程浅析”“沈飞在新机研制中的系统工程管理”“国内外项目管理发展综述”“以建设单位为主体的基建项目管理模式在攀钢的形成、发展及体会”，由国家自然科学基金重点资助项目“大型项目管理的理论与方法”等，会议期间还进行了网络计划管理软件的交流与演示。代表们普遍反映所演示的几个软件有较高的水平，代表了国内网络计划管理软件开发的最新水平。大会修订和通过了新的学会“章程”。会议代表分别来自全国 16 个省、市的 30 多个单位，包括大中型企业、高等院校、研究所和政府部门等，与会代表都是学会工作的积极分子，其中很多代表都是主管项目管理工作的领导与骨干。

在宜昌会后一年时间里，PMRC 为召开沈阳会议做了多方面的准备工作。我们提前去了沈阳飞机公司，与公司总经理唐乾山、主任工程师管理办公室主任张德惠汇报了有关情况，协调开会有关事宜，得到沈飞公司的大力支持。在这一年里，我们与全国有影响的重大项目单位以及研究机构联系，在全国范围内广泛征文、组织会议交流。因此这次年会召开后，与会人员一致认为，这是一次十分成功的项目管理大会。参会者都很满意，代表们也为 PMRC 今后的发展提出了很多宝贵建议，这给予了诞生只有两年的 PMRC 极大的鼓舞。正如时任 PMRC 主任徐德明所说的，时代赋予我们的任务是艰巨和光荣的，要发展项目管理研究，学习国际先进的项目管理理论和方法，为我国经济建设、社会发展做出我们应有的贡献。

初办国际会议

1993 年沈阳会议以后，按照宜昌会议的指导精神，PMRC 便马不停蹄地进入到国际会议的准备工作中。

按照计划，要在 1995 年在西安西北工业大学召开一次国际会议。但不巧的是，在准备这次国际会议时，前面又插入一件事情。在 IPMA 的支持下，由俄罗斯项目管理协会组织在圣彼得堡召开一次国际管理会议，讨论全球项目管理组织的联合等议题，邀请我们参加。PMRC 中有些单位得知消息后，对参加这次在圣彼得堡举办的国际会议非常感兴趣，希望 PMRC 能够组织并带领大家参加。

但这次组织工作非常复杂，因为这个代表团由来自不同地区的不同单位组成，有湖北葛洲坝工程局、四川攀枝花钢铁公司、安徽马鞍山钢铁公司，还有西安市政府的一个单位。共有 6 名代表，包括我，葛洲坝工程局两人（一个总工、一个副总），攀枝花钢铁公司一个副总，马鞍山钢铁公司一个研究所所长，还有西安市政府的一个处长。虽然只有 6 个人，但单单是把这 6 个人组织起来就困难重重，因为需要由不同地方、不同部门审批。他们希望 PMRC 给他们发通知和邀请函，我们便按要求把俄罗斯方面给 PMRC 发来的邀请函转发给了各个地方和各个公司。但各单位认为因为是西安在组织这件事，应该由西安出具证明给当地。整个过程可以说非常艰难，中间经过了各种波折才把关系协调好。当然在会议之前，参加会议的每个人还必须要写一篇文章，才能参加这个会议。此外，参会的一些细节问题，包括出发时间、到达时间、预订旅馆、参会天数和返程时间等，事无巨细。这次虽然是个短期的会议，但为了组织好大家参会，我花费了很多的精力，最后成功组织 6 人到圣彼得堡参加了这次国际会议。

在这次会议上，我做了一个报告，也按照会议要求组织了一个专题讨论会。好在大家表示对行程十分满意，收获颇丰，让我感到付出都是值得的。

会议结束后我们就赶快回国并投入国际会议的准备中。那时我们第一次搞国际会议，连怎么发邀请函都搞不清楚，只得频频向外事部门请教。好在之前参加国外会议跟一些外国朋友建立了联系，有些基础。很多同志参与了这次国际会议组织工作，付出了辛勤的努力，工作做得很好。

1995 年 9 月 12—14 日，以“项目管理的时代——中国和世界”为主题的首届国际项目管理学术会议在西安成功举办。

首届国际项目管理学术会议

这次会议，有来自中国、美国、英国、俄罗斯、芬兰等国家和地区的 120 余名代表参加。能邀请到很多国际友人，很大程度上要感谢 1987—1988 年我在美国访学打下的基础。我在美国认识的几个朋友，除了南希有事无法成行，比尔、哈斯等都前来参会。除此之外，佛罗伦萨开会时认识的马蒂等也来了。正如前面所提到的，比尔是搞图书馆工作的，是做索引的，对会议论文处理等方面比较熟悉，所以我们邀请他过来，帮助我们做一些程序性的工作。他在论文收集、编审等方面不遗余力地给了我们很多帮助。会议还出版了一本约 60 万字的英文版论文集。

1995 年，首届国际会议论文集

这次国际会议的成功召开，为我们进一步开展国际交流与国际合作打下了很好的基础，也为 2006 年 PMRC 有机会代表 IPMA 在上海召开 IPMA 第 20 届项目管理全球大会打下了坚实的基础。

造访 UNESCO

西北工业大学是最早开展中国项目管理研究和活动的高校之一，也是最早推进中国项目管理国际化的高校之一。联合国教科文组织（UNESCO）“产学研”结合计划唯一的中国网点就设立在西北工业大学。

1995 年，联合国有两位官员先后到西北工业大学访问，一个是 UNESCO 的副总干事贝兰德（Barend），另一个是 UNESCO 科技部负责人青岛泰之（Aoshima）。

4 月，贝兰德先生访问西北工业大学时，介绍了联合国教科文组织开展的 UNISPAR 计划（University-Industry-Science Partnership，大学—企业—科学合作计划），该计划旨在促进大学与产业界及研究机构紧密合作，以使科学、教育更好地为经济发展与人才培养服务，也就是常说的产学研结合计划。他还表示，希望西北工业大学能够成为这项计划的范例。

贝兰德到访时我没有见到，但参加了同年 12 月青岛泰之的接待。他再次介绍了 UNISPAR 的内容，并传达了一个信息，便是 UNESCO 计划于 1996 年在巴黎召开一次关于产学研结合计划的国际会议——“工程教育者和工业界领袖世界大会”，推进在发展中国家推行产学研结合。这个国际会议除了 UNESCO 外，还有联合国工业发展组织（UNIDO）。他希望我们学校对这个会议给予支持。会见之后，校方敏锐地认识到 UNISPAR 计划的重要性，认为这是一项对我国产学研都很有意义的计划，同时也是一个重要的项目管理实践机会，应该积极地参与进去。我们不失时机地提出了建立西安网点的建议，得到了青岛泰之的热情支持。

校长戴冠中要求我就此写一篇文章，争取前去参会。我也感到，如果能参与这项计划，无论对推进西安地区产学研工作的进步，还是对促进学校改革、加强与国际联系等，都会产生积极作用。中国作为最大的发展中国家，近年来一直在倡导贯彻“科教兴国”方针。产学研结合无疑是“科教兴国”战略的重要举措，也是新的办学理念和人才培养模式。西安这座城市，不仅是凝结了人类文明的古都，也是当今中国西部地区科技与经济发展中心，有数十所高等院校。因此，如果这一项目能够在西安推行，必将对推动中西部地区建设、进而对促进中国经济发展起到很大作用。

我便根据这个情况，与当时西北工业大学外办工作人员商量后联合写了一篇关于中国西部大开发、西安在中国的地位、产学研对我们的重要性的文章“关于推进 UNISPAR 计划在中国西安实施的建议”。会议方审稿后对这篇文章表达了认可，并发通知邀请我们参加这次国际会议。

这件事情也就顺势落在了我的肩上，学校予以了经费支持，我在 1996 年 7 月以论文作者的身份只身参加了这次巴黎会议。到巴黎后我才得知，实际上，中国被邀请的不止我一人，还有来自国家教委（1998 年更名为教育部）、国家经贸委、天津大学、煤炭工业基金、煤工程技术研究中心等单位的代表。我顿时感觉找到了“组织”，我们这些人便组成了一个中国代表团。

初夏的巴黎风光旖旎，游人如织。我虽是第一次造访这座世界名城，却还有一项重任在肩，无心游玩。除了来做报告之外，出国之前，戴校长找到我说：“老钱啊，你帮我带封信去。”原来是要我带信给贝兰德。我想着不过是带封信，没什么难的，便一口答应了。没想到这封信带的还真不容易。UNESCO 总部是一个庞大的机构，在巴黎有一栋大楼，有 2000 余名工作人员。我望着大楼没有头绪，只能硬着头皮到处打听他的办公地点。贝兰德位居要职，事务繁忙，而我只能在巴黎停留 5 天，时间紧迫。几经打听找到了他的办公室，他的秘书问我有没有预约。我说时间紧，来得匆忙，没有预约，给我几分钟就好。除了信，我还给贝兰德先生带去了当时报道他访问西北工业大学的报纸，他的秘书听了情况，便通报了他，终于成功地见到了贝兰德。我把戴校长的信转交于他，表达了我们学校对这次巴黎大会的支持，并向他介绍了设立 UNESCO 西安网点的计划。他了解之后十分欣喜，当即表示会嘱咐有关部门的负责人对我们的计划予以支持。得知我第二天就要离开，他便让我当天下午再去他办公室一趟。他给戴校长写了一封回信委托我带回。我也如释重负，总算是圆满完成了任务。

一回到学校，我顾不上休整，赶快把这封信转交给了戴校长。戴校长表示机会难得，要把握住。我加班加点“开夜车”，在 3 天内赶出一份申请建立西安产学研结合网点的申报材料，并以最快的速度上报了中国联合国教科文组织全国委员会和联合国教科文组织总部。我们的申报也顺利得到了 UNESCO 的批准。

联合国教科文组织产学研结合计划西安网点成立大会

1997 年 5 月 30 日，“联合国教科文组织产学研结合计划西安网点成立大会暨第一次研讨会”在西北工业大学隆重举行。西安网点首批成员包括高等院校、企业、研究机构和专业性学术机构等 21 个，是中国唯一的由 UNESCO 批准并资助推行 UNISPAR 计划的机构，是 UNISPAR 工作组系列中的第 5 个，任务光荣而艰巨。

UNESCO 产学研结合计划 UNISPAR 中还有一个很重要的项目，即由联合国组织和一些世界知名企业为支持 UNISPAR 计划而提出的一项专业性比较强的“教席”项目（UNESCO Chair Programme）。该教席项目由联合国机构和企业支持发展中国家在专业领域内进行产学研活动，以提高教席设置国的专业水平与能力。教席所设置的领域非常广泛，包括教育、科技、工程、农业、文化等。截至 2000 年 UNESCO 在全球设立的教席已有 411 个。这也是我在巴黎会议上的一份意外收获。我不仅见到了贝兰德先生，还获悉了日本三菱重工将在包括中国在内的亚洲六国设立有关火力发电与环境保护的教席，以支持 UNISPAR 计划的实施。所谓教席，其主要工作就是与发电排污、能源净化相关的一个职位。我感到这是一个值得把握的好机遇。当时中国的电力工业发展迅速，1996 年年末发电装机容量已达 23654 千瓦，位居世界第二；发电量为 10794 亿千瓦时，也位居世界第二。其中，火力发电占了总装机容量的 70%。我国煤炭资源丰富，其中大部分分布在华北与西北。而当时中国的 6 个跨省地区电网中，西北电网是规模最小的，只有 1370

万千瓦，是南方电网的 1/3。此外，在环保方面也存在一系列问题。当时全国正在大力搞建设，工厂的滚滚浓烟成为工业发展的象征，还没有重视到环境污染和治理的问题。我们也曾到发电厂走访，看到排出的污染物随处堆放，当地居民也有苦难言，甚至无法开窗通风。因此，在西安建立这一教席既有近期现实意义，又有长远战略意义。我们联合学校相关专业，如发动机专业、物理专业，以及西安网点其他一些专业机构，如西安发电研究所、发电厂等，共同进行了争取。经过努力，最终在网点成立大会上，UNESCO 同时宣布，日本三菱重工同意资助西北工业大学设立该教席，我有幸担任了教席负责人。经过 3 年的努力，教席计划圆满结束。这个为期 3 年的教席活动，对西北工业大学后来设置“环境保护工程系”有相当大的促进作用。

UNESCO 西安网点成立后，戴冠中校长担任了网点主任，我任网点办公室主任。当时欧立雄从管理学院调到外事办公室，全力以赴地开展网点工作，也出了很大力气。我们展开了一系列深入细致的工作，还把巴黎会议论文集翻译成了中文，得到了多方认可。1999 年 5 月，经中国联合国教科文组织全国委员会批准，西安网点升级并正式更名为“联合国教科文组织产学研结合计划中国网点”。三菱重工的教席工作也做得很好，还受到三菱重工的邀请前去日本访问。学校方面，编制定编工作也通过了审批。学校给了 4 个编制。中国网点的主任由戴冠中校长兼任，不占编制，中国网点办公室主任由我担任，中国网点办公室主任助理由欧立雄担任，还有两位担任秘书的女同志谢静和任中红。

网点办公室主任的工作一直做到 2002 年年底，我就正式退休了，办公室主任的工作交给了从法国留学回国的陶华。这段工作虽然不是 PMRC 的工作，但对我们来说也是十分有价值的实践。在促进网点单位项目开发与发展合作、开展国际交流与联系等方面进行了有益探索。这些探索也能够与 PMRC 的工作有机结合，是一次很好的项目实践案例，对后来项目管理工作很有帮助。

左起：黄卫东、钱福培、戴冠中、陶华应邀访问日本

1995 年，和日本 UNESCO 专家青岛泰之先生

1999 年，UNESCO 成员在药王山

服务西部大开发

2000 年 10 月，西安市将要召开一个西安国际经济贸易洽谈会和西安丝绸之路国际旅游节。当我们得知这个消息后，感到这是一次难得的国际交流机会。PMRC 或许可以参与到这场盛事中来，争取将项目管理国际论坛（IPMF）融入其中，实现强强联手。我们的目的是“让世界了解中国，让中国关注项目管理，促

进项目管理的交流与合作，推动中国西部大开发”，也为西安市的这场大型活动增加一些理论方面的探索。

那时，“西部大开发”的国策刚刚提出，旨在把东部沿海地区的剩余经济发展能力，用以提高西部地区的经济和社会发展水平、巩固国防。2000 年 1 月，国务院成立了西部地区开发领导小组，由时任国务院总理的朱镕基担任组长，时任国务院副总理的温家宝担任副组长。经过全国人民代表大会审议通过后，国务院西部开发办于 2000 年 3 月正式开始运作。在西部大开发战略的实施过程中，西安应该说具有举足轻重的地位。首先，西安是西部大开发的最热点地区之一。开发大西北将是西部大开发的重点，而欧亚大陆桥（中国段）作为一条重要的经济带正在形成，继沿海、沿江之后，会成为第三条经济热点地带，将在西部大开发中起到骨干作用。西安则是大陆桥经济带最大的中心城市，其综合实力和国际知名度在沿桥城市中是最强和最高的，对整个西部地区和沿桥地带都将起到辐射带动作用。西安将成为西部最有发展前景、最具热点的城市。其次，以西安为中心的关中地区是我国大陆桥经济带基础和实力最强的经济区域和最发达地区。以西安为中心的关中经济带，不仅是“八百里秦川”的精华所在，也是西北地区的经济核心地带，在很多领域和方面拥有区位优势并形成了极强的开发能力。据悉，陕西的科教综合实力排在全国第三位、西北地区第一位。西安高新技术产业开发区是国家在西部选定的向亚太经合组织开放的唯一高新技术产业开发区，杨凌农业高新技术产业示范区是全国唯一的高新农业示范区。另外，西安是整个西北地区政治、经济、文化、交通中心和我国沿桥地区最大的中心城市，很多统领西北地区某一行业或某方面业务的部门、单位和大型企业大都集中在西安或纷纷往西安集中。我们想，全球已经进入知识经济时代，西部大开发要达到政府制定的目标，需要大量的基础设施和高新技术项目来改变西部地区的现状。这些复杂的大型项目必定需要优秀的项目管理者来执行。

时任西安市市委书记的崔林涛等参观深圳虚拟大学——西北工业大学

时任西安市市委书记的崔林涛

时任西安市市长的冯煦初

西安市对这次活动非常重视，特地组成了一个由市长和市委书记参加的政府宣传团，到北京、上海、香港、深圳四地去招商引资，也让我跟随一起去。上面这张照片就是在深圳参观深圳虚拟大学园的西北工业大学时，我给市委书记崔林涛和西北工业大学虚拟大学园负责人王少然老师拍的。在参与这些活动的基础上，我也为 IPMF 2000 会刊上撰写了欢迎词。市委书记还问我论坛准备在哪里开，我也正为此发愁，便说还没有考虑，可能是在学校开。他说，这不好，这是和我们西安市共同举办的论坛，还是应该和我们的会一起开。在他的特别关照下，项目管理国际论坛定于在陕西宾馆召开。

IPMF 2000 会议于 2000 年 11 月 3 日在陕西宾馆开幕。西安市市长冯熙初特来为大会致辞。他语重心长地说，西部大开发需要大量高水平的项目管理人才，希望这次论坛对促进我国项目管理人员水平的提高，对促进我国项目管理与国际接轨有所裨益。西北工业大学校长戴冠中和两位副校长也参加了开幕式。其中高德远副校长（也是 PMRC 的第二任主任）致辞时说，同任何学科的发展一样，项目管理学科在我国的发展也经历了学者们艰苦探索和努力奋斗的过程，历时十余载。学无止境，路无尽头，希冀我们与全国有志者继续开拓，共同前进。另一位副校长徐德明也参加了这次论坛，他是准备接任 PMRC 第三届主任的。西安市委书记崔林涛还专门来论坛在开幕午宴上发表了祝酒词，来自芬兰、英国、印度、美国、日本、澳大利亚、挪威、新加坡、中国内地和香港的 200 多位代表参加了这次论坛。

可以说这次论坛是一次为西安增光、为西北工业大学和 PMRC 添彩的项目管理盛会，也真正做到了让更多人了解中国的项目管理。

国际经济贸易洽谈会与西安丝绸之路国际旅游节及国际项目管理论坛之后，兰州也于 2010 年召开了第十六届兰州经济贸易洽谈会，甘肃省项目管理协会也主办了“第二届中国西部国际项目管理高峰论坛”，应甘肃省项目管理协会主席段建玲之邀，PMRC 由叶金福主任及 IPMA 主席布里吉特（Brigitte）率团参加了该论坛。

兰州经贸洽谈会负责人段建玲（右一）和 3 位嘉宾

PMRC 主任叶金福等参加甘肃兰州会议

和时任甘肃省副省长的咸辉互赠礼品

中国项目管理知识体系的提出

自从 1965 年 IPMA 和 1969 年 PMI 成立以来，国际项目管理发展很快。中国 1978 年改革开放之后，经济发展突飞猛进，因此项目管理在中国的发展也相应地十分迅速。在这一势头下，项目管理的实践与理论研究怎能落下。我感到，这应当是 PMRC 可以努力的一个重要方向。

有了这些思考，根据 PMRC 常委扩大会议昆明会议的建议，PMRC 于 1997 年 8 月 16—18 日在山东泰安召开了第三届全国项目管理学术交流会，并将会议的主题是定为“发展中的项目管理：时代与变革”。会上第一次提出了研究建立我国项目管理知识体系、努力提高我国项目管理专业水平的议题。这届年会一共安排了 5 个大会报告。大会报告还包含了我国国家自然科学基金一项重点课题“重大科技工程项目管理：理论与方法研究”，也介绍了三峡工程进展情况，等等。中国项目管理知识体系涉及对国际项目管理发展情况的研究，则是我们在 1994 年申请获准的一项课题，也就是我国项目管理知识体系的分析和研究。

1997 年泰安会议

在诸多探讨的基础上，1997 年 PMRC 第三届全国项目管理学术交流会以后又经过多年的筹备，2001 年 PMRC 组织了 12 人的编委会，来研究、讨论和编写中国项目管理知识体系，以分散+集中的方式，完成了这本书稿，即《中国项目管理知识体系与国际项目管理专业资质认证标准》，由白思俊、戴大双、洪显明、刘荔娟、卢向南、欧立雄、钱福培、唐丽春、王祖和、谢行皓、薛岩、闫植林 12 人完成。该书后续的出版工作则主要是由常淑茶负责。常淑茶是 2000 年前后与我们相识的，她在出版界为中国项目管理做了许多开创性的工作，如前面所述《项目管理技术》杂志的申请，现在的《中国项目管理知识体系与国际项目管理专业资质认证标准》的出版，以及之后的 3 本《中国现代项目管理发展报告》（2006、2011、2016）、中国第一本外文项目管理期刊 *Project Managenment Review*，等等。经过多年努力，2019 年她还参加了国际项目管理协会授权的 IPMP 考试，是中国出版界第一位获得此“国际认可的高级项目经理”称谓的专家。实属不易！

在《中国项目管理知识体系与国际项目管理专业资质认证标准》出版后，其他行业也出版了一些自己的项目管理知识体系标准，如《IT 信息化项目管理体系与国际项目管理资质认证标准》《中国工程项目管理知识体系》《中国国防项目管理知识体系》《项目管理知识体系（大纲）》（通用 1.0 版本）等。可见，项目管理在中国已引起了广泛的关注！

高峡出平湖——三峡工程

三峡水电站

自我们开启项目管理征程以来，一路上见证了许多中国重要项目的发展。以百年大计三峡工程为例，从 1993 年的沈阳会议开始，我们便多次邀请了三峡工程的项目管理相关负责人来共同探讨。

三峡水电站是世界上规模最大的水电站，有航运、发电、种植等十多种功能。三峡水电站 1992 年获得中国全国人民代表大会批准建设，1994 年正式动工兴建，1997 年实现大江截流，2003 年开始蓄水发电，于 2009 年全部完工。

三峡水电站是世界最大的水电站，也是中国有史以来建设的最大型的工程项目。总装机容量 1820 万千瓦，每年发电 846 亿千瓦时。三峡工程预测的静态总投资大约为 900 亿元人民币（1993 年 5 月末价格）。三峡水库防洪库容 222 亿立方米。按三峡水库 175 米蓄水位计算，淹没面积达 638 平方公里，涉及 19 个县，移民迁建期 20 年，移民总数逾百万人。2020 年 11 月 15 日 8 时 20 分，三峡工程发电量已达到 1031 亿千瓦时，打破了此前南美洲伊泰普水电站于 2016 年创造并保持的 1030.98 亿千瓦时的单座水电站年发电量世界纪录。这无疑是一项全民参与、全民奉献的世纪工程！

三峡工程是我国当代诸多优秀项目成就之一，这些项目的管理水平也绝不在其他国家之下，甚至可以说已经世界领先。让这些中国好项目走出国门、走向国际，便成为我们后来工作的一大追求。

和徐德民及葛洲坝的同志在三峡大坝

第6章

让更多中国好项目走出国门

加入 IPMA

IPMA，也就是国际项目管理协会，成立于 1965 年，其总部设在瑞士洛桑，是世界上第一个国际性项目管理协会，也是目前最为权威的项目管理专业组织之一，有来自五大洲超过 75 国家或地区的会员单位。IPMA 在全球推出了 2 个极具影响力的专业产品：针对个人项目管理能力的专业资质认证（IPMP）和针对项目管理成果的国际卓越项目管理大奖。

PMRC 因为自成立之初就致力于在中国推广项目管理的专业体系并且成果斐然，一次在芬兰培训时，IPMA 大奖委员会主席奥托·齐格梅尔（Otto Zieglmeier）向我提出 PMRC 在推进 IPMA 认证和大奖方面做得很好，应该加入 IPMA 成为一员。我回国后便向高德远主任汇报了此事，高主任高瞻远瞩，立刻同意。我们便正式向 IPMA 提交了申请，并在 1996 年作为唯一代表中国的项目管理专业组织被接纳为成员。

熟悉项目管理领域的朋友应该还听说过另一个比较有名的项目管理组织，那就是 PMI。我在美国时对 PMI 有所了解，回国后又在北京图书馆查找了一些有关 PMI 的资料，还加入了 PMI，成为其会员。1998 年 2 月国家外专局介绍了包括 PMI 前任标准化委员会主席在内的几位美国专家来华讲学，之后我们还邀请他们来西北工业大学和我们座谈。1998 年 12 月 10 日，我们召开了一次“关于美国项目管理的发展及专业证书制度”的座谈会，请他们介绍有关 PMI 的证书制。参加这次座谈会的有中国香港理工大学的钟鸿钧教授和沈岐平博士、国家外专局崔燮林先生、陕西省引进办主任候路明女士和雷鹏飞先生，以及 PMRC 的常委、委员和其他企业、高校代表共 30 人。PMI 项目管理专家弗雷姆（Frame）博士和陈燕萍女士介绍了 PMI 及其专业证书（Project Management Professional，PMP）的情况。在我们了解了 PMI 及其证书 PMP 等相关情况以后，我们认为 PMRC 作为非营利性的学术组织，要了解国际项目管理发展情况和水平，选择加入 IPMA 是正确的，因为 IPMA 是一个真正的国际性组织，PMRC 参加 IPMA 时已有 40 个成员组织（现在已有 70 多个国家和地区的专业组织加入），其认证体系也具有多样性，各国（地区）的专业组织可以根据自己国家（地区）情况在自己的认证体系中加入自己的部分内容。

值得一提的是，我们不仅加入了 IPMA，而且成了中国唯一的代表。这就要提到一个小插曲。2003 年，薛岩与我在斯洛文尼亚参加 IPMA 理事会时，我们就关于申请 PMRC 为唯一代表中国项目管理组织的问题进行了以下说明。

PMRC 是 1996 年申请作为代表中国的成员国组织加入 IPMA 的，现为 IPMA 会员组织（Member Association）。依据 IPMA 关于唯一组织（Exclusive Membership）的相关要求，PMRC 作为中国目前最大的、全国性的、跨行业的、专业影响最大的非营利性项目管理组织，现正式提出申请，我们代表 PMRC 向 IPMA 申请作为唯一代表中国的项目管理专业组织。

1. 行业代表性强

PMRC 经中国民政部批准，正式成立于 1991 年 6 月，是中国唯一跨行业的、全国性的、非营利性项目管理专业组织，其宗旨是致力于推进中国项目管理学科建设和项目管理专业化发展，推进中国项目管理与国际项目管理专业领域的交流与合作，使中国的项目管理水平尽早与国际接轨，其秘书处（office）现设在西安西北工业大学。

PMRC 是一个行业面宽，人员层次高的组织。从成立至今规模不断扩大，会员不断增多，专业影响不断增大，会员分布在中国 30 个省、自治区、直辖市，行业覆盖航空、航天、信息技术、冶金、煤炭、水利、建工、造船、石化、矿产、机电、兵器、教育及政府部门等，现有会员 500 多名。PMRC 是目前中国注册会员最多的项目管理专业组织。

2. 专业影响大

PMRC 自成立至今，作为现代项目管理在中国的倡导者和最主要的推进者，做了大量开创性工作，研究开发了既与国际接轨又具有中国特色的中国项目管理知识体系（China-Project Management Body of Knowledge，C-PMBOK）。

PMRC 在中国国内首次跨出了行业界限，研究各行业共性的项目及项目管理理论与实践，组织专家于 1994 年开始着手中国项目管理知识体系的研究与开发，于 2001 年正式公开出版《中国项目管理知识体系与国际项目管理专业资质认证标准》，为项目管理学科与专业在中国的发展及 IPMA 四级项目管理专业资质认证体系在中国的推行奠定了基础。

PMRC 也在内部出版了中国第一份项目管理专业性刊物《项目管理》，及时报道国内外项目管理最新动态，为中国项目管理专家提供沟通交流的园地。

本书于 1994 年开始编写，2001 年正式出版

3．PMRC 经常性地组织国内外专业性活动，为项目管理人员提供专业交流平台

PMRC 自成立以来，先后组织了 4 次全国性的大型学术会议，还组织两次国际性会议，为推动中国项目管理事业及其与国际接轨起到了积极作用。2000 年结合西安市政府的经贸洽谈会和西安旅游节，我们召开了西安国际项目管理论坛，极大地促进了各行业间、地区间的交流，同时也加强了国际项目管理的交流，扩大了项目管理在国内外各专业领域的影响。这些会议均正式公开出版了会议论文集，会议开得非常成功。PMRC 建设了项目管理专业网站，扩大专业宣传，为项目管理工作者提供一个学习与交流的平台，推进项目管理在各行业、各领域的应用；同时 PMRC 开展了大量的专业培训教育工作，组织编写项目管理专业教材，促进项目管理的推广应用。

4．PMRC 组织广泛的国际交流，以推进中国项目管理与国际接轨

PMRC 组织专业人员及企业领导先后共 20 余人次参加了在意大利、芬兰、印度、圣彼得堡、巴黎、美国亚特兰大、伦敦、日本等地举行的国际会议和讲学活动，并多次邀请 IPMA、PMI 等世界著名项目管理组织的领导及专家来华访问及

讲学。特别是自加入 IPMA、同 IPMA 开展全面合作以来，为促进中国项目管理与国际项目管理专业领域的沟通与交流，推进中国项目管理专业化与国际化发展方面起了积极的作用。

5. 在中国引进并正式启动 IPMA 的四级项目管理专业资质认证体系（在中国简称为 IPMP）

PMRC 作为认证主体，根据国际项目管理专业资质认证规则和指南（IPMA Certification Regulations and Guidelines，ICRG）的要求，完成了国际项目管理专业资质中国认证规则和指南（Chinese-National Certification Regulations and Guidelines，C-NCRG）及国际项目管理能力中国基准（Chinese-National Competence Baseline，C-NCB）的转换工作。自 2001 年 7 月在中国正式启动以来，通过多种渠道、多种方式积极在中国推广 IPMP，并建立了有关 IPMP 规范化发展的各种管理文件。PMRC 先后在中国的 30 多个城市进行了 IPMP 认证，中国成为仅有的能够全部进行 A、B、C、D 4 个等级认证的少数几个国家之一。2001 年有 314 人申请参加 IPMP 认证考试，163 人获得了 IPMP 证书；2002 年有 3162 人申请参加 IPMP 认证考试，有 1424 人获得了 IPMP 证书。通过 PMRC 坚持不懈的努力，目前，IPMP 在中国获得了蓬勃发展，发展势头呈直线上升趋势，IPMP 已得到了社会各界的广泛认可。

6. PMRC 与其他行业性组织合作，共同推进中国项目管理专业化发展

PMRC 是目前中国唯一的一个没有行业限制的、共性的项目管理专业组织，正积极地与国内其他行业性项目管理专业组织开展多方面的合作，以促进行业间的交流与合作，促进中国项目管理的专业化。这些行业性项目管理专业组织包括中国建筑业协会工程项目管理委员会（The Construction Project Management Committee Affiliated to the China Construction Society，CPMC）、中国国际工程咨询协会项目管理工作委员会（The Project Management Working Committee of China Association of International Engineering Consultants，CAIEC）、中国工程咨询协会项目管理工作委员会（The Project Management Working Committee of China Association of Engineering Consultants）等，这些组织均是中国国内最有影响力的建筑业行业组织，其涉及面非常广泛。PMRC 已经同它们开展了多方面的合作，并建立了良好的合作关系，共同推动项目管理的应用与发展，并在一些其他行业联合推广 IPMA 的四级证书制度。

IPMA 四级证书体系的推广得到了中国各界的普遍认同，并得到了迅速的发展。在 PMRC 及其他行业性项目管理专业组织的共同推进下，中国项目管理的专业化以惊人、超乎想象的速度在发展着，与此同时，项目管理专业领域资质认证的竞争也日趋激烈。

欧立雄为我们准备报告的 PPT

当时，大会上还讨论了关于中国台湾两个项目管理专业组织申请加入 IPMA 的问题。PMRC 既然是 IPMA 唯一代表中国的组织，那么我们就有义务维护国家的统一，维护祖国的荣誉与尊严。PMRC 领导成员经过认真、严肃的讨论后，一致认为，应该在坚持“一个中国”的前提下，努力增进两岸学术组织的交流。PMRC 副主任薛岩一方面了解国家对台湾的政策，另一方面与芬兰的老朋友马蒂联系，请求他出面相助。最终，台湾项目管理专业组织 TPMA（Taiwan Project Management Association），以“TPMA,China”的名字加入 IPMA。PMRC 也一直是中国在 IPMA 的唯一会员代表。

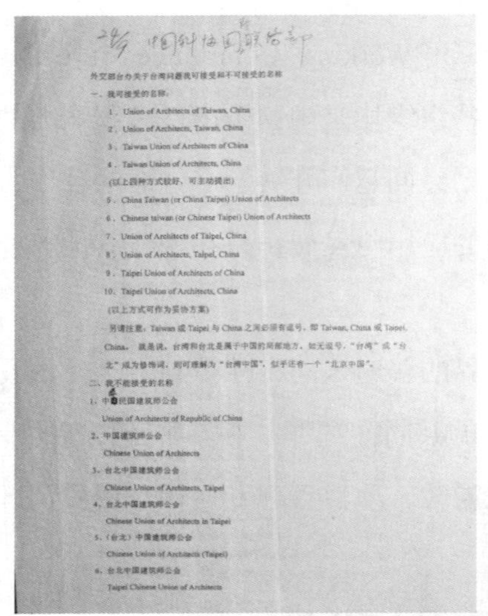

外交部台办关于台湾问题我可接受和不可接受的名称

一、我可接受的名称：

1、Union of Architects of Taiwan, China

2、Union of Architects, Taiwan, China

3、Taiwan Union of Architects of China

4、Taiwan Union of Architects, China

(以上四种方式较好，可主动提出)

5、China Taiwan (or China Taipei) Union of Architects

6、Chinese taiwan (or Chinese Taipei) Union of Architects

7、Union of Architects of Taipei, China

8、Union of Architects, Taipei, China

9、Taipei Union of Architects of China

10、Taipei Union of Architects, China

(以上方式可作为妥协方案)

另请注意：Taiwan 或 Taipei 与 China 之间必须有逗号，即 Taiwan, China 或 Taipei, China。 就是说，台湾和台北是属于中国的局部地方，如无逗号，“台湾”或“台北”成为修饰词，则可理解为“台湾中国”，似乎还有一个“北京中国”。

二、我不能接受的名称

1、中华民国建筑师公会

Union of Architects of Republic of China

2、中国建筑师公会

Chinese Union of Architects

3、台北中国建筑师公会

Chinese Union of Architects, Taipei

4、台北中国建筑师公会

Chinese Union of Architects in Taipei

5、(台北) 中国建筑师公会

Chinese Union of Architects (Taipei)

6、台北中国建筑师公会

Taipei Chinese Union of Architects

TPMA,China 加入 IPMA 后，邀请我和薛岩参加活动

由于国际上仍有不少人对中国台湾问题不甚了解，我们也一直致力于在 IPMA 平台及时发现并加以处理。记得 2015 年，我和薛岩、丁荣贵、马旭晨、马尔航等几位老师在巴拿马开会时就发现了一处错误：在 IPMA 已出版的巴拿马会议宣传册上竟将 TPMA 作为一个国家单独列出。薛岩和我立即向会议主办方提出异议，对方随即纠正了这一错误。原想着这件事已过去了，但薛岩一直在关心 IPMA 的发展情况，因为她现在是 IPMA 顾问委员会委员（Advisory Committee），还经常关注 IPMA 的网站。6 年过去了，她发现 IPMA 网站又出现了 2015 年的错误！她很快给欧立雄及 PMRC 认证委员会同人发微信说及此事，大家都极为重视，在微信群里热烈讨论，各抒己见。立雄与现任 IPMA 主席联系并很快收到他们的回复。这一错误的出现可能是因为 IPMA 换届比较频繁，换届时有些问题未交代清楚。外交无小事，维护祖国统一是我们每一位中国人都应牢记于心的大事！

引进 IPMP

加入 IPMA 是一个重要的里程碑，我想我们应当借这个机会，充分利用 IPMA

的资源，让中国的项目管理与世界接轨，达到世界先进水平。因此，我们于 2001 年将 IPMA 的认证体系引入中国，用国际广泛认可的标准来衡量我国项目管理从业人员的知识、能力与经验。

PMRC 正式引进国际专业资质认证委员会的 IPMP 新闻发布会

IPMA 推行的 IPMP 具有广泛的国际认可度与权威性，代表了当今项目管理资格认证的国际水平与世界潮流，是一项专业化、标准化、现代化、国际化的标准体系，目前已得到美国、英国、俄罗斯、德国、日本、法国、中国、印度等 30 多个国家和地区的互认，被业内奉为圭臬。IPMP 是对项目管理人员知识、能力及经验的认可与证明。IPMP 证书表明了项目管理人员在行业内的能力水平，证明了项目管理人员掌握项目管理知识的程度与在实践中的能力。

2001 年 7 月 16 日，PMRC 在北京友谊宾馆召开的“二十一世纪项目管理的专业化发展——国际项目管理专业资质认证”新闻发布会上，由 IPMA 认证委员会（Certification Validation Management Board，CVMB）委员莫扎尔（Motzel）先生给 IPMP 中国认证委员会（IPMA Certification Management Board China National Body，IPMA CNB）授证，IPMP 中国认证委员会正式成立。委员会的职责是：代表 IPMA 认证委员会在中国行使职责，在中国建立和完善认证体系，对认证程序与内容、资格评定、证书发放等进行管理。

IPMP 是经 IPMA 授权，由 PMRC 正规引进的国际项目管理专业资质认证体系。它的引进不是全盘照搬，而是参照国际项目管理专业资质标准，将 IPMP 认证程序、认证培训、认证考试等全部汉化后，获得 IPMA 的认可和授权，由 PMRC 推广。IPMA 全权授权 PMRC 负责中国的 IPMP 认证，在 PMRC 的指导监督下，由 IPMP 中国认证委员会负责认证申请者的认证考核、证书的发放与管理。认证申请者参加 IPMP 培训与考试，通过认证将获得由 IPMA 颁发的项目管理专业资质证书，证书编号与获得者姓名将在 IPMA 网站向全世界公布。IPMA 依据国际项目管理能力基准（IPMA Competence Baseline，ICB），针对项目管理人员专业水平的不同,将项目管理专业人员资质认证划分为 4 个等级，每个等级分别授予不同级别的证书。

我们先后在全国范围内邀请了 15 位项目管理专家和各行业的领导者，组成了中国认证委员会，并推举我为认证委员会主席。在认证委员会的指导下，还建立了有 50 多人组成的 IPMP 评估师队伍，以及分布在全国 30 多个省市的考点和培训点，形成了完整的培训体系、认证体系和市场体系。至今已有 6 万余名专业人员通过了专业认证获得证书。

IPMA 的认证体系随着时代的变化和项目管理的发展也在不断地发展，其第一版制定于 1998 年，2000 年更新再版，即 ICB2.0，我们引进了这套体系，并在中国推广。同时我们也出版了《中国项目管理知识体系与国际项目管理专业资质认证标准》。

古往今来，任何一个国际化产品从无到有的过程都是十分艰难的，这一次也不例外。引入一个国际化的体系，并不仅仅是翻译材料这一个过程。首先，我们自己的团队成员需要学习，了解这个体系的方方面面。其次，对于这个体系的每一个细节，我们都需要进行认真的研究，研究它是否适用于我国的国情，以及该如何在我国推行。为了让 IPMP 在中国健康有效地发展，我们在 PMRC 之下设立了一个认证委员会，专门负责对 IPMA 认证体系进行研究、消化与改进，使之适应我国的基本情况。除了以上这些，我们又来往于全国各地进行相关内容的宣传普及，在考点、在申请人中进行宣传介绍，让申请人员能够了解新版本的需求及各种需要注意的事项。

到 2006 年，IPMA 的认证标准更新到第三版，即 ICB 3.0；2015 年更新到第四版，即 ICB4.0。随着版本的改进，IPMA 认证标准做了很大的修改。ICB 3.0 后，IPMA 也出版了配套的 ICRG，即国际项目专业资质认证规则和指南，其对 IPMA 各个成员组织推广 IPMA 认证标准很有帮助，我们又在这个基础上编辑出版了《国际项目管理资质认证评估师手册》（下称“《评估师手册》”）。

2002 年 10 月，北京航空航天大学科学决策与项目管理研究发展中心将承担 IPMP A 级首次在中国的认证。2002 年 9 月，在由北京航空航天大学创业管理培训学院主办的项目管理与企业发展专题研讨会上，有与会的专家学者预言，项目管理专业人员这一目前国际流行的黄金职业，将成为 21 世纪首选职业之一。此前，美国《财富》杂志有文章指出，项目经理将成为 21 世纪的最佳职业之一。当时在美国，项目管理初级人员年薪一般可达 4.5 万 ~ 5.5 万美元，中级人员年薪一般可达 6.5 万 ~ 8.5 万美元，高级人员年薪可达 11 万 ~ 30 万美元。项目管理主要是对一个项目的进度、费用和质量进行实时的控制和管理，是一种先进的科学管理机制。第二次世界大战期间，美国研制原子弹的曼哈顿计划和后来的阿波罗登月计划，都是采用项目管理的方法实施的。短短数年后，“项目”已经成为一个炙手可热的名词，“最近在搞什么项目？”这似乎已经成为职场人士谈论的家常便饭。

在引入 IPMP 之后，我深知年轻一代对于这一行业的发展是一股不可或缺的力量，所以我想把更多精力放在年轻一代的培养上面。后来，我们逐步完善起我国的项目管理教学体系，成立了中国青年项目管理者俱乐部，并且开始举办中国青年项目管理大赛。每年，PMRC 也会评选国内的杰出项目与优秀项目经理。

PMRC 的工作得到了 IPMA 的肯定，2004 年，我当选为 IPMA 副主席，薛岩被选为了 IPMA 成员国代表大会的中国代表，欧立雄、丁荣贵、王守清、卢向南等也相继进入 IPMA 各个委员会，薛岩又被选入了 IPMA 认证委员会，成为认证委员会成员。后来，我又成为 IPMA《国际项目管理期刊》(*International Journal of Project Management*，IJPM）的编委。

在我们团队的不懈努力下，我们的队伍不断发展壮大，我国的项目管理认证体系也不断完善。到 2021 年，我们的评估师队伍已经有 100 多人。我国 IPMP 4 个级别的证书的获得者总计 6 万余人。我国的项目管理专业人员在大大小小的项目里，用国际化的管理水平，为国家的开发与建设做出了不可磨灭的贡献。另外，PMRC 也形成了一个勇于开拓、严控质量、勤勤恳恳做认证事业的队伍，涌现出了一些可歌可泣的事迹。今后 PMRC 也一定会继续努力，大踏步前进，将 IPMA 认证这套优秀的体系做得更好，使我们能够紧紧跟上时代发展的步伐。

卓越项目管理大奖

除了要让我国的项目管理水平与世界接轨，我们也想让我国的项目管理走向世界。让世界了解我国的同时，也为这一领域在世界范围内的发展贡献自己的力量。除了 IPMP 之外，我们决定把 IPMA 的卓越项目管理大奖也引入中国。

IPMA 卓越项目管理大奖是 IPMA 从 2002 年开始，每年举办的全球杰出项目管理评选活动，共设有 3 个等级：卓越奖（Award）、优胜奖（Price）和提名奖（Finalist）。大奖是为鼓励和表彰那些通过专业的项目管理而取得卓越绩效的项目团队而设立的，为保证奖项的权威性，IPMA 制定出了一套规范的评估准则——卓越项目模型，通过分模块打分的形式，使项目的评估量化，非常具体和直观。

薛岩、欧立雄与我先是前往芬兰了解学习大奖评选的相关事宜。在芬兰与 IPMA 大奖委员会主席奥托交谈后，结合他的建议，我们制订了引进大奖的相关计划。回国后，我们便在国内开展了 IPMA 大奖的宣传工作。2005 年，我们在《项目管理技术》杂志撰文“基于卓越模型的追求卓越——IPMA 卓越大奖简介”，介绍 IPMA 大奖的相关内容，同时也邀请奥托先生来华参加了 PMRC 在天津召开的第五届全国项目管理学术交流会，请他就 IPMA 大奖相关情况作了主题报告。要知道项目评审能否通过，评估师起着很大作用。当时世界上大奖的评估师有 150 多名，中国还没有。同年 12 月，PMRC 在北京举办了第一期国际项目管理大奖评估师培训班，在广州举办了第二期项目管理大奖评估师培训班。奥托也帮助我们开展了这些培训工作。

为了使我国更多的企业了解大奖的有关情况，让我国更多优秀项目有机会角逐国际项目管理领域的“奥斯卡奖”，我们可以说是不遗余力地借助多种渠道来推广宣传。有些国内企业对大奖很感兴趣，但同时也有些疑惑，我们便努力消除他们的疑虑，让他们了解，通过参加该项活动，项目单位可以很好地收集并总结取得卓越绩效项目管理团队的管理精华，在反映自己成绩的同时也会自动识别出自己需要改进的方面。

要知道，通过“卓越项目模型”进行评估找出项目的问题及需要改进的地方，相比企业自己发现项目的问题，这两者是不一样的。企业也许知道自己项目有问题，但通常并不清楚到底是什么地方出了问题，出了怎样的问题，与国际项目管理水平的高要求相比，自己的差距在哪里，也不知道应该采取何种方式来解决这些具体问题。大奖不是对企业的评审，而是对项目的评估。这个项目做得是否成功，要根据多方面因素来评价。其实，国际上对项目管理的要求、考核的方面与我国企业自己的评审有很大不同，像“卓越项目模型”的那些评估准则，即项目目标的确定、可行性研究分析做得如何；是否系统化地确定、审核、变更和优化了项目过程，客户价值是否实现，其他利益相关方，包括合作伙伴、供应商的满意度，是否达到双赢；团队是否借助这个项目平台有所提升和改进等，我们企业还没有如此细致地应用过。很多企业在谈到项目的实际状况以及先进管理方法时都比较空泛，缺少具体内容。没有明确实际状况到底是什么，运用的先进管理方法到底是指什么，为何要这样做，标准是什么，依据和准则又是什么。做分析和评价时也比较笼统，一涉及深层次问题，就显得有些茫然。通过“卓越项目模型”，可以全面评估整个项目管理过程中的问题和成就。参加这个大奖的评审，最重要的还可以提高项目团队人员的整体素质，这也是企业和项目最主要的收益。

大奖的评审过程大致分为书面申报、现场评估与综合评审 3 个阶段。先是项目申请单位递交书面申请报告到大奖评审委员会去预审；预审通过后，评审委员会将组织至少由 4 名评估师组成的评估小组对项目报告进行评估；评审委员会将根据评估师的书面评估报告决定是否对该项目进行实地考察。如果需要，将委派评估小组进行一至两天的实地考察。通过考察，评估师可以澄清和确认所提出的问题。最后评审委员会根据评估师提供的考察意见和其他项目的情况进行综合评审，确定最终评审结果，并通知入围的项目。但通知时并不具体告诉入围项目获得的奖项是哪个等级，留下悬念，待到一年一度的 IPMA 项目管理全球大会颁奖时进行宣布。整个评审过程很规范、很严谨。另外，无论是否获奖，递交申请的单位都会收到一份由评估小组提供的评估反馈报告。这份报告汇集了国际项目管理大奖评估师的经验和智慧，针对项目的优势方面和需要改进之处提出评估意见和改进建议，这对企业进步很有价值。“卓越项目模型”的 9 个评估准则分成两大部分，项目管理本身（500 分）和项目结果（500 分）。评审委员参照评估准则进行项目的评审，至于如何打分，评估师根据准则要求和自己对项目的具体情况判断来进行。但可以说，像“项目管理”中的“项目目标（140 分）”“过程（140 分）”“项目结果”中的“客户结果（180 分）”和“主要成就和项目结果（180 分）”，这些分值占比较高的部分，对于项目来说，也是项目成功的重要方面，可以反映出项目管理的水平。比如对于“项目目标”的描述，要说明在确定目标时的依据是什么，做了怎样的调查研究和可行性研究分析，即目标本身是根据需求的实际情况制定的，符合现实的发展状况。

对一个特定项目评估团的选派，大奖委员会则一般都要考虑其项目的行业特征，评估师的实践和学术方面的组合，评估师参加评估的经验以及国家的不同。

这些评估师都是项目管理方面和被评审项目所涉及领域的专家，有着丰富的实践经验。

我也一再建议企业提早准备，选择好项目。企业要按照“卓越项目模型”的那些标准，认真衡量是否满足这些要求。还一定要注意，申请报告虽然要有适度包装，但更要注重的还是项目的过程与绩效，要有依据。我深信，国内有很多好的项目和好的项目经理，我们应该让世界了解他们，鼓励高水平的企业能积极参与此项大奖的角逐。

除了这些宣传工作，我们还对国内大量项目进行了调查研究，选取其中优秀的项目参与国际评奖。国内项目参与申报评奖在当时还是首次，无先例可循。我们需要自己开拓道路，研究方案，如“筚路蓝缕，以启山林”。我们的团队需要花费大量时间、物力与人力去准备。行远自迩，我们从申报流程开始，每一步都精细考量，直到完成 IPMA 的考核。最终，在我们的帮助和推动下，中创软件工程股份有限公司（下称“中创软件公司”）的山东高速公路信息系统项目参与了 2005 年度 IPMA 卓越项目管理大奖评选，并于当年在印度召开的 IPMA 第 19 届项目管理全球大会上获得被称为项目管理界奥斯卡奖的 IPMA 项目管理大奖。该项目完工后，建成了当时国内最大的高速公路联网信息管理系统，取得了显著的经济效益与社会效益。2005 年度获提名的入围项目有 9 项，它们之中很多都是由国际知名的大企业集团提出申请的项目，如西门子公司、大众汽车公司、印度电力等，具有很高的项目管理水平。经过大奖评审委员会的最后评定，从这 9 家获得提名的企业中评选出卓越奖 1 名，优胜奖 4 名。中创软件公司的获奖标志着我国优秀项目管理成果已跻身于国际项目管理舞台，得到了国际权威机构的认可，为后面我国的项目大奖申报探索了道路，也树立了榜样！

中创软件公司参加项目评审后，项目团队人员普遍感到收获非常大。从他们的体会来看，进行实地考察的评估师考察的时间虽然不长，只有两天的时间，而且 5 个评估师还来自不同的国家（分别来自瑞典、英国、德国、印度、波兰），但他们都是这一领域极富经验的专家，水平很高，了解项目进行的各个环节，并且有备而来，都已事先熟悉企业提供的资料。通过对山东基建管理中心、外场设备、总中心和收费站的现场考察，以及分别与中创软件公司的高管团队、项目负责人、高速公路信息系统项目成员、人力资源部经理、质量管理负责人等的访谈，特别是与项目客户、项目监理代表、供货方代表等的接触，很快就全面了解了项目的状况，提出的问题很关键也很有针对性，提出的意见对项目和企业的发展也很有帮助和益处。

中国企业其实有很多优秀的项目，只是由于时间原因，以及对该项大奖不知道或不熟悉，未能有其他项目参加这次的评奖。为了让更多的优秀项目走向世界，2005 年旗开得胜后，我们再接再厉。在 2006 年，薛岩和我又走访了大量国内企业，推动优秀的项目走出国门。最终天津天士力制药公司的全面项目化管理组织变革项目与中海外工程公司的项目管理体系建设项目分别获得了 2006 年 IPMA 项目大奖的银奖与铜奖。而我国人引以为傲的中国航天五院的神舟六号载人飞船项目更是蟾宫折桂，一举拿下了金奖。此后，随着国内项目管理领域的蓬勃发展，我国的项目在 IPMA 项目管理全球大会屡屡载誉而归。比如江苏索普集团公司申报的“年产 15 万吨醋酸生产线建设项目”、北京首都信息集团有限公司申报的“北京医疗保险信息平台建设项目”和贵州中水公司申报的“贵州落脚河水电建设项目”等。

在 IPMA 大奖申报启动过程中，除了 PMRC 之外，一些公司也积极参与进来，如青岛谊普公司、北京谊普华和公司、重庆工程监理公司、广州中睿公司、芬兰项目管理公司等都给予了财政方面的支持。在几次大奖评估师培训中，一批专家也获得了大奖评估师的资质，如薛岩、陈德泉、景新海、丁荣贵、马健峰、颜晓维、申莉、包晓春。他们都成为我国国际项目管理大奖这项工作的重要推动者。

国际项目管理大奖于 2005 年引进后，为我国项目管理人员能力的提升及我国项目管理水平的国际认可发挥了重要作用。2006 年，全国工程硕士专业学位教育指导委员会与 PMRC 暨 IPMP 中国认证委员会签订了合作框架协议，全国有 54 所院校基于 IPMP 认证标准的要求开展项目管理领域工程硕士的培养工作。2011 年，北京率先设立了与 IPMP 认证相结合的项目管理自学考试本、专科专业，在北京成功试行后现在正陆续向全国推广。

不平凡的 2006 年

2006 年对 PMRC 来说是有里程碑意义的一年。正是这一年，我们在上海成功举办了 IPMA 第 20 届项目管理全球大会。由于之前积累了一些举办国际会议的经验，我们感到或许可以更大胆地迈出一步了。于是，我们便把目光投向了 IPMA 项目管理全球大会。随着我国加入 WTO，越来越多的国际大型活动走进了中国，这对我们而言既是挑战，也是机遇。若能把大会开到中国的大地上，必将意义深远。

一年一届的 IPMA 项目管理全球大会始于 1965 年，每次大会都有多名世界顶级项目管理专家、政府要员、著名学者和企业领袖参加，是展示全球项目管理理论与实践发展水平和成果的重要会议。作为全球项目管理界最重要的国际盛会之一，其目的在于为项目管理爱好者、项目管理公司及项目管理专业组织提供增强竞争力、分享和交流项目管理研究成果与经验的平台。

其实，在 2003 年于斯洛文尼亚召开的 IPMA 理事会上，我们除了讨论中国台湾项目管理专业组织加入 IPMA 事宜，还讨论了另一个议题，就是 PMRC 申请主办 2006 年 IPMA 第 20 届项目管理全球大会。当时，有个别代表提出，2005 年 IPMA 项目管理全球大会在印度召开，是亚洲国家，2006 年的大会不应再在亚洲国家，应在非洲召开了。但经过我们积极争取，理事们在听取了我们的陈述后，考虑到中国近几年的发展状况，以及开展 IPMP 所取得的积极影响，还是通过了该项议题，决定 2006 年 IPMA 第 20 届项目管理全球大会在中国上海召开。

2006 年上海会议的筹备方案报告 PPT 首页

从那时起，我们便成立了专门的筹备班子，开始了繁重而有序的大会筹备工作。官方报备与人员联络，邀请函发放和协助签证办理，议程设置和网站搭建，论文的收集、整理和出版，参会代表的注册、收费与接待，会议招商，媒体宣传……可谓事无巨细。这一筹备工作何尝不就是一个典型的复杂多项目管理案例呢！我们便发挥专长，用项目管理的方法来进行组织和管理，把这一大项目分解成了几个并行的小项目，分别设置不同的项目经理，定期沟通交流，同时将整个工作流程理顺并不断优化，把比较难做好的沟通管理工作难度降到最低。在这些准备过程中，洪显明、薛岩、胡惠梦等同志都付出很多，洪显明还为我专门提供了办公室来处理相关事务，大家都不计回报，自觉自愿，让我非常感动。

2005 年 7 月，时任 IPMA 主席的阿德施·贾因先生还特地到北京来视察大会筹备工作。他来到北京金投工程公司，与我和薛岩、洪显明等就进一步推动大会在中印两国的顺利开展及合作事宜进行讨论，并与 2006 年 IPMA 第 20 届项目管理全球大会组委会成员和筹划人员进行了座谈。我代表大会组委会对大会前期筹备工作进行了简短的总结，还与他重点讨论了大会中的一些具体问题：第一，关于在印度召开的 2005 年 IPMA 第 19 届项目管理全球大会的参与问题；第二，2006 年即将在上海举行的 IPMA 第 20 届项目管理全球大会与本届印度大会间互相协作、彼此促进的具体落实；第三，阿德施·贾因郑重声明了 IPMA 所坚持和认可的“一个中国”政策。洪显明与阿德施先生还就中印两届大会的规模、费用、时间等问题展开了进一步的交流并达成初步共识。随后，大会组委员的网站负责人员为阿德施详细讲解了 2006 年大会网站。阿德施先生对于网站的前期建设工作给予了高度评价，提出了宝贵的意见和建议，并热情洋溢地讲解和对比了印度的网站。他表示希望中印两国能在今后互相学习，扩大项目管理全球大会的宣传力度，将项目管理专业化、全球化落到实处。

除了大会之外，IPMA 的 IRNOP，一个全球性项目管理研究工作者的协作组织，每两年组织一次研究型学术会议，也要在西北工业大学召开，这是 IRNOP 会议首次在亚洲召开。会前 IRNOP 派了一位瑞典专家前来了解情况并指导工作，最后同意在上海会议前在西安召开。

薛岩、欧立雄、我和 IRNOP 的瑞典专家

2005 年 11 月 5 日下午，我们与 IPMA 共同主办，在北京钓鱼台国宾馆召开了 IPMA 第 20 届项目管理全球大会新闻发布会。这也意味着 2006 年在我国举办的这届大会的各项筹备工作进入倒计时。会上，我作为组委会执行主席，向与会嘉宾介绍了大会的背景及国内组委会工作进展情况。IPMA 第 20 届项目管理全球大会组委会新闻发言人、新华社新华网总裁周锡生宣读了《明年十月在上海召开第二十届项目管理全球大会》的新闻稿，预祝大会圆满成功。

2005 年 11 月 13—16 日，我们奔赴印度，参加在印度首都新德里举办的 IPMA

第 19 届项目管理全球大会。这届大会的主题是“将愿景变为现实的项目管理之路”，旨在深入探讨全球项目管理的最新发展与多元化应用，探讨全球合作中项目管理的价值和作用。11 月 15 日，大会举行了隆重的国际项目管理大奖颁奖仪式。中国尽管有许多优秀项目成就，但之前从未得到过该项殊荣。来自山东的中创软件工程股份有限公司以山东高速公路信息管理系统开发建设项目获得了国际项目管理优胜奖，成为第一个获得此项大奖的中国企业，这也是中国 IT 企业当时在国际上获得的最高项目管理奖项。

这次大会，我们不仅是以大奖申报方的身份，还是以下一届大会主办方的身份参加。大会闭幕式上，我们中国代表团用 3 分钟的宣传片展示了中国项目管理发展的磅礴气势，以及改革开放后中国日新月异的发展和变化，并盛情邀请各国代表及项目管理爱好者参加 2006 年的上海盛会，共同见证项目管理与魅力东方古国结合的特别风采。当我从这届印度大会主办方、印度项目管理协会主席阿德施·贾因手中接过象征交接的旗帜时，心潮澎湃，难以言喻。更让我感到意外的是，在这次大会上，IPMA 还为当时担任 IPMA 副主席的我颁发了项目管理卓越贡献奖。激动之余又深觉愧不敢当，想想这么多年一路走来，仰仗的还是大家共同的努力和付出啊！这一荣誉属于中国，属于为中国项目管理现代化、国际化而拼搏的全体项目管理专家们！

记得在印度开会时，一位外国代表说：“中国的项目之多是欧洲几个国家之和也望尘莫及的，上海这个城市的名字在我耳边不知道出现了多少次，明年我们那里见吧！”这一感慨充分表达了各国各界对中国举办大会的强烈兴趣和满腔期待。是啊，中国的国际影响力越来越大，越来越多的人希望了解中国，了解中国的项目管理。中国投资融资机制的最新进展、中国投资政策与管理、中国项目管理的现状与水平，吸引着更多的人将投资的目光投向中国。我们举办这一盛会，是多么重要的一个窗口！

印度大会可以说给我们又打了一剂强心针。满载荣誉回国后，我们更是丝毫不敢懈怠，继续投入筹备来年的上海大会中。我们的宗旨是要通过大会引进国际项目管理前沿新知，展现中国项目管理的伟大实践和成就，促进中外项目管理科技交流与合作，贯彻落实科学发展观，促进建设和谐社会。

2005 年与奥托先生一起拜访中国科协领导

2005 年 12 月，我们在北京举办完第一期大奖评估师培训之后，PMRC 副主任、IPMA 认证委员会委员薛岩，PMRC 副秘书长、IPMA 第 20 届项目管理全球大会秘书长洪显明和我邀请奥托一起拜访了中国科协。时任有关领导为中国科协程东红书记、科协国际部朱进宁部长、国际部组织处张红副处长等亲切地接待了我们。会上奥托先生向程书记介绍了 IPMA 的概况、PMRC 在 IPMA 的工作，以及 PMRC 在 IPMA 发挥的积极作用。我和薛岩、洪显明也分别介绍了 PMRC 的组织、人员组成、活动情况，上海大会的筹备工作，以及我们在北京的新闻发布会情况，还有国家发展改革委、国资委、建设部、交通部（2008 年更名为交通运输部）、水利部、铁道部领导及项目管理专业组织的积极支持情况。程书记高度评价了 PMRC 十多年来所做的工作，她对 PMRC 的工作模式予以充分肯定，并指示科协国际部要以更直接有效的方式加大对类似 PMRC 这些已经加入国际组织并在其中担任重要职务的各级学会的沟通及支持力度，在服务模式上要有所创新，这对促进我国学会发展和科技发展有重要意义。程书记就如何做好大会组织工作，指出科协要协调好各有关部门的工作，加强对大会的支持力度。她还建议我们从落实科学发展观、构建和谐社会的高度，就如何发展中国项目管理问题进行更深层次的研究。程书记的这次谈话，高屋建瓴，可惜我当时视角不够，2006 年 IPMA 第 20 届项目管理全球大会时间又很紧迫，没能按程书记所说作深入研究。会见后，中国科协还给上海市政府办公厅发了一封公函“关于商请上海市领导出席 IPMA 第 20 届项目管理全球大会开幕的仪式”。此次拜访我们深切体会到科协领导的服务意识、实事求是的工作思路、平易近人的工作作风，熟练的英语交流能力给 IPMA 的专家及第 20 届组委会的同志们留下了非常深刻的印象，大家备受鼓舞。除了科协，国家发展改革委、国资委、建设部、铁道部等相关领导也都对我们的工作给予了支持和指导。

终于，在 2006 年金秋十月，我们迎来了盛事的召开。这场盛会主要由 3 个部分组成。第一个组成部分是 2006 年的 10 月 11—13 日在西安召开的国际项目管理研究联盟第七届研究型学术会议，由国际项目管理研究联盟（IRNOP）、PMRC 和西北工业大学联合主办。这也是 IRNOP 第七届项目管理研究学术会议，前六届分别是在瑞典、法国、加拿大、澳大利亚、荷兰、芬兰召开的。到亚洲来召开国际项目管理研究学术会议，这对 IPMA 来说还是第一次，会议吸引了业界学者纷至沓来，征集了很多高质量论文。会后，经欧立雄和罗德尼・特纳联合编辑，由电子工业出版社出版了足足 1164000 字的论文集！第二个组成部分是 2006 年 10 月 13—14 日在上海同济大学举办的国际项目管理青年发展论坛。这次青年论坛包含了开幕式、分论坛还有案例讨论，并举办了颁奖晚会，为选出的优秀青年项目管理者及其论文颁奖。第三个也是最主要的组成部分，便是 2006 年 10 月 15—17 日在上海国际会议中心举办的主题为“项目管理——创新时代发展的关键”的 IPMA 第 20 届项目管理全球大会。

我们为这次大会设置了极其丰富的议程，除了邀请国际行业领军人物做大会主题报告之外，还融合了国际国内最先进的项目管理经验和最新知识体系，根据当时我国“十一五”规划期间国家经济建设和项目整体战略布局，设置了反映能源、建设、交通、水利、软件等高新技术、教育、航天、国防等各行业项目管理实践经验和理论成果的平行分论坛。这些论坛全面盘点了我国改革开放以来项目建设和管理的伟大成就。通过三峡工程、西气东输、青藏铁路、“神舟”载人航天工程、“嫦娥”奔月工程、南水北调等举世瞩目的重大项目，全方位、立体化地展示了我们国家的项目管理思想、智慧和水平。会议期间，还举办了大型项目管理成果及文化展览，来自国内外的有关项目管理协会，工程、软件公司，专业咨询服务机构，出版社等纷纷参展，为中外来宾展示了近年来我国在项目管理领域取得的卓越成果。

16 日晚，隆重举行了 IPMA 第 20 届项目管理全球大会国际项目管理之夜颁奖晚会。我们设立了 5 个奖项，包括了不同领域项目管理的最高成就，先后颁发了中国第五届国际工程杰出项目经理大奖、第一届中国 IPMP 国际项目经理大奖、（机械工业出版社）项目管理图书金牌作者大奖、首届国际项目管理（中国）大奖，还有最具分量的 IPMA 国际项目管理大奖。最终，我们国家在这次大会上获得了 3 项国际大奖。一项是 IPMA 的金奖，由中国空间研究院，也就是航天五院获得，其获奖项目是“神舟六号载人飞船项目”。这是中国企业首次获此殊荣，无疑证明了我国项目管理在世界的领先地位。银奖由天士力制药公司获得，其获奖项目是“全面项目化管理——组织变革”。铜奖由中海外工程公司获得，其获奖项目是“项目管理组织体系建设”。在大会上，我们还发表了《中国现代项目管理发展报告》（2006）与旨在促进全球项目管理发展的《上海宣言》。而我们在大会中探讨的一些项目管理议题对于之后的 2008 年北京奥运会、2010 年上海世博会及全球节能减排都产生了深远的影响。除此之外，大会还评选了“2006 中国十大杰出项目经理”与“中国 100 项项目管理最佳实践奖”。我国的项目管理人才受到了世界的瞩目。这个盛会标志着中国的项目管理得到了世界的赞许。这是中国的荣誉，也是我们这些项目管理人员的荣誉。

2006 年，参加 IPMA 第 20 届项目管理全球大会的专家与工作人员合影

来自世界几十个国家和地区的项目管理专业组织的代表与全球各行各业的项目管理专家近千人齐聚上海，参加了此次大会。应该说，这次大会是当时我国自新中国成立以来项目管理领域规格最高、规模最大、影响最广的全球性项目管理政、产、学、研交流合作的盛会。会议开创了多个第一，为了争取这次会议在中国举办，PMRC 的领导们做了非常多的沟通和推动工作，对中国项目管理界是具有里程碑意义的。大会把项目管理推向了中国的大江南北，让 2006 年成为中国的项目管理年！

飞天——神舟六号

2005 年 10 月 12 日，我国神舟六号载人飞船成功发射

2006 年，神舟六号载人飞船项目从全球 11 家入围项目中脱颖而出，捧得全球卓越项目管理金奖，这也是我国项目管理领域首次获得的国际项目管理金奖。

神舟六号是中国继神舟五号首次载人航天飞行成功后发射的第二艘载人飞船，主要任务是为中国后续的空间行走和空间飞行器的交会对接进行技术准备，是中国载人航天工程承上启下的关键一步。神舟六号飞船于 2005 年 10 月 12 日发射，承载中国 2 名航天员绕地球飞行 77 圈，10 月 17 日返回地面。

神舟六号载人飞船项目是中国国内组织实施的最复杂的高科技研制项目之一，由中国载人航天办公室统一管理，中国空间技术研究院承担飞船的研制任务。神舟六号载人飞船项目包括 13 个分系统、600 多台/套设备，研制和生产过程涉及 3000 多家协作单位。项目具有技术起点高、关键技术多、系统复杂、规模庞大、安全性和可靠性要求高等特点，同时管理者需要面对工期紧迫、经费有限、队伍年轻、协调面广的挑战。

项目于 2003 年 11 月正式启动，项目管理团队将现代项目管理思想与载人航天器型号研制的特点相结合，组织完成了神舟六号载人飞船的设计、生产、总装、测试、发射、在轨运行、回收各项工作。项目在时间进度上满足载人航天总体进度要求，经费控制在预算指标之内，飞行试验过程成功地验证了工程总体对飞船系统的各项技术指标要求，用户对整个项目的管理过程和管理成果非常满意。项目成员、项目供应商及合作研制方等项目相关方均在项目研制过程中取得预期成果。

神舟六号载人飞船实现了中国载人航天事业的跨越式发展，标志着中国在发展载人航天技术、进行有人参与的空间试验活动方面取得了又一个具有里程碑意义的重大胜利。该项目不仅推动了中国航天工业的发展，也巩固并拓展了中国在国际航天领域的合作；同时对国内基础材料、电子、机械制造、纺织等相关产业的科技进步也起到巨大的拉动作用，带动了系统工程、航天医学等现代信息和工业技术的创新发展，取得了一系列成果。项目的成功在中国引起强烈反响，中国政府为神舟六号的成功召开了庆祝大会，极大地增强了中国人民的自信心。

为了促成神舟六号载人飞船项目的参评，我曾多次到航天五院访问考察参观，协助其准备申报材料，安排 IPMA 专家来现场访问看是否符合接收标准……作为一个老航空航天人，看到我们的载人航天技术已经世界领先，再回想初入学校学习时我们刚刚起步的事业，不禁为我们国家航空航天事业的伟大成就感到无比自豪！

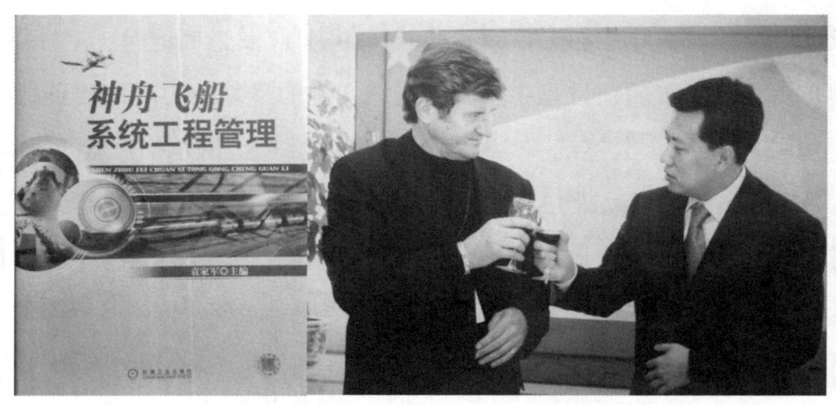

IPMA 专家奥托和时任航天五院院长袁家军

“世界七大新奇迹之首”——凤凰展翅大兴机场

虽然我逐渐退出了在 PMRC 和 IPMA 的工作，但对项目管理一直保持着高度的关注。我高兴地看到，后来陆陆续续有不少中国项目在 IPMA 获奖。其中，北京大兴国际机场建设项目便是一大杰出代表。

2020 年 10 月 31 日，又一届 IPMA 全球卓越项目管理大奖揭晓，“北京大兴国际机场建设项目”荣获超大型基础设施类项目金奖。

北京大兴国际机场由首都机场集团公司为主体投资建设，定位为大型国际航空枢纽。机场本期红线内总用地约 2698.10 公顷，建成 143 万平方米的航站楼综合体（其中航站楼 70 万平方米）及相应的货运、空中交通管制、航空燃油、市政配套、综合交通枢纽等设施。机场共有 4 条跑道、79 个近机位，5 条轨道线路南北穿越机场，航站楼下设有车站，可实现无缝衔接、立体换乘，形成了世界上集成度最高、技术最先进的综合交通枢纽，近期可满足 7200 万名旅客的航空出行。航站楼采用凤凰展翅造型，是世界上最大的单体航站楼，也是世界上最大的减隔震建筑。北京大兴国际机场创造了 40 余项国际和国内“第一”，获得技术专利 103 项，新工法 65 项。

该项目 54 个月完成了投资 800 亿元的空地一体化交通枢纽建设、3 个月实现了从竣工验收到正式投入运营。2020 年 9 月 25 日，北京大兴国际机场建成投运一周年。一年来，机场客流量突破 1000 万人次，联通全球 143 个航点，累计完成航班起降 8.4 万架次。“凤凰展翅，逐梦蓝天”的背后离不开卓越的项目管理保驾护航。该项目被英国《卫报》评为“世界七大新奇迹之首”。

作为大型复杂项目，该项目遇到了诸多挑战。项目体量大，设计难度高，政府和旅客期望高。项目工程量大，子项目庞杂且相互之间存在复杂的搭接关系和相互干扰。项目投资大，合同数量多，成本管控难度高。项目相关方众多，不同相关方之间存在理念、目标上的差异，协调难度大。项目具有巨大的社会影响力，在社会监督和社会舆论等方面面临巨大压力，也容易受到环保、安全和政治等外界因素的影响。项目技术难度高、施工难度大、存在非常多的安全隐患。项目工程量大、建设工期和试运营工期非常短、项目施工工期压力大。

项目组根据各级领导的指示要求和公众的期望，首先明确了项目的使命——“建设空地一体化便捷高效交通枢纽、打造世界一流彰显中华文明新国门”；规划了项目的愿景——“引领世界机场建设、打造全球空港标杆”；基于中国的国情和管理智慧、借鉴西方管理思想和方法，提出了“以人为本、程序为要”的项目管理理念；面向“4+4”项目总体目标，实行“建设运营一体化”管理模式，形成了管理机制、流程和标准，保障了项目的成功。

该项目的诸多亮点也助其拔得了头筹，包括建设了运营一体化机场建设项目管理模式；“指挥部精英管理团队+第三方专业监管团队”的大型复杂系统建设业主方项目管理组织范式；“目标导向+问题驱动”的大型复杂基础设施建设工程项目多层次统筹协调机制；基于四元耦合的大型复杂交通枢纽工程建设进度动态运筹总控方法；全生命周期绿色机场建设管理理念及其标准化；等等。彰显了我国现代项目管理的特色与创造性。

北京大兴国际机场概览

青年项目管理者俱乐部

青年代表了未来，项目管理事业需要从青年抓起。我们在 2006 年 IPMA 第 20 届项目管理全球大会上也对开展青年项目管理者活动进行了探索。

我第一次知道国际青年项目管理者俱乐部（IPMA Young Crew，IYC）是 1992 年我参加 IPMA 在意大利佛罗伦萨召开的国际会议上。当时会议上有一本 *IPMA NEWSLETTER* 第 23 期，其中有一篇文章介绍了 IYC。当时的 IYC 是由 8 个国家的 30 个年轻人组建而成的。1990 年 IYC 成立后召开了 3 次研讨会，分别是 1991 年 4 月在瑞士的苏黎世，1991 年 10 月在奥地利的维也纳，1992 年 3 月也是在瑞士的苏黎世。其 3 次研讨会的情况在 1992 年 IPMA 意大利佛罗伦萨的 IYC 会议上做了总体介绍和讨论。

那是我第一次参加 IPMA 的活动，对当时的 IYC 并没有给予太多注意。后来，2005 年 IPMA 第 19 届项目管理全球大会在印度召开，IYC 经过几年的发展，有了比较大的成长，德国、奥地利、法国、乌克兰、匈牙利、印度等国家先后都成立了自己国家的青年俱乐部（National Young Crew，NYC）。在这次大会上，我和薛岩与来自各国的青年论坛代表拍照留念。因为 IPMA 第 20 届项目管理全球大会即将在我国上海召开，这是与 IYC 交流的很好的机会，作为承办方的 PMRC 也应借机为成立自己的青年俱乐部而努力。为此，我们 2006 年 4 月和 5 月组织了两次 CYC 筹备工作研讨会，取得了很好的效果。

2006 年 10 月 IPMA 第 20 届项目管理全球大会召开前夕，我们提前在上海同济大学召开了 2006 年的国际项目管理青年发展论坛，来自 IPMA 各成员组织（包括 PMRC）的青年项目管理专业人员，以及 IPMA、PMRC 和同济大学相关领导 90 余人参加了这次青年论坛。这次论坛是 IPMA IYC 的第 6 次会议，也是 PMRC CYC 召开的第一次大会，因此受到了各方面的关注。IPMA 董事局主席、英国的迈尔斯（Miles）先生，IPMA IYC 主席米凯尔（Michare）先生，同济大学副校长李国强教授，还有我，代表 PMRC 均在开幕式上致辞。最后，来自上海的项目管理专家梁士毅先生发表了“成长的烦恼”的演讲。梁先生生动、幽默的演讲很快将青年项目管理者们带入了属于他们的论坛世界。13 日上午的开幕式结束后，13 日下午和 14 日上午，又召开了 6 个分论坛，由参加论坛的各位青年项目管理者进行交流和讨论。14 日下午的闭幕大会，上海同济大学建筑与城市规划学院的吴志强院长做了一个关于 2010 年上海世博会项目群管理的专题报告，给与会者留下了深刻印象。在论坛的结束晚宴上，我们为这次论坛 6 位获奖的青年项目管理专业人员颁发了 2006 年 PMRC 首届 CYC 论坛获奖证书，其中有两位来自中国 CYC 的代表。

应该说2006年中国成立的CYC借助IPMA第20届项目管理全球大会的平台，初步取得了一些效果，但遗憾的是没有能很好地继续发展下去。我分析主要原因可能有两点：一是由于时间比较紧，没有形成完善的组织体系，论坛结束后几位负责人各回原单位；二是当时的 CYC 没有一个支柱性的产品或平台可以给青年项目管理者们展示他们的才华。

2012 年，在与常淑茶、赵丽坤、郭雅的一次聚会中，我谈到了 2006 年 PMRC CYC 成功举办了一次青年论坛的事情，表示遗憾的是没有有效地坚持下去。她们几位的积极性很高，纷纷表示这一活动意义深远，应该再次将 CYC 的工作重新提上议事日程。她们几人便牵头重新拾起 CYC 这项工作。她们借鉴 IYC 的工作经验，踏实细致，拟定了 CYC 的章程；结合中国的实际情况，组织了筹备小组，召开了成立大会，还专门组织了一个“拜师行”的活动，也就是向项目管理老专家们学习；又先后开发了自己的网站、设计了 CYC 的 LOGO。特别是在 CYC 主席赵丽坤任职的北方工业大学领导的支持下，通过 PMRC 又和上海普华科技发展股份有限公司联合开发了“全国高等院校项目管理大赛”这样一个产品。经过她们不懈的努力，已经取得可喜的成绩。

2012 年 8 月，我和赵丽坤、郭雅、常淑茶小聚

2012 年 11 月 18 日，CYC 正式成立

CYC 举行拜师行活动

在这里，我想把我在全国项目管理知识大赛指导教师群发的一篇有关 2020 年大赛的微信写出来，让我们进一步了解 CYC，并表示我对中国青年项目管理大

赛的期待和祝贺。我在这条信息中说："我是西北工业大学的一名退休教师，也是PMRC 的一个过来人，我认为任何品牌的产品都是靠自己闯出来的，特别是民间组织机构的产品。像 PMRC 的 IPMP 认证体系，大家可能知道，2001 年开始时只有十几个人，到 2019 年通过培训获证人数已经近 6 万人。我们有一本资料叫《足迹——IPMP 走进中国（2001—2011）》，这本资料介绍了 IPMP 认证体系前 10 年（2001—2010 年）的发展情况。CYC 牵头组织的'高等学校项目管理大赛'，开始就是由北方工业大学赵丽坤、北京大学朱郑州、西北工业大学黄柯鑫和上海普华公司的何盛赟等建立的 CYC 团队努力组织的。2020 年竞赛已经办到第 5 届，竞赛地点也由北京到上海到青岛，现在又到了天津。因此，我希望通过这个大奖赛平台，通过大家的努力，提高我国项目管理教学水平。不仅在我国展示我们项目管理学科水平，也在国际上展示我们项目管理发展水平，希望年轻的项目管理专家们努力努力再努力！"

第 7 章

团队的力量

PMRC 的掌舵人

PMRC 从 1991 年成立以来，先后有 5 任主任委员。由于 PMRC 是全国唯一的跨行业、跨地区、非营利性的项目管理专业组织，又是唯一代表中国项目管理专业组织加入 IPMA 的，其成立时上级组织双法研究会明文通知其挂靠单位是西北工业大学，因此学校对于 PMRC 非常重视且支持，历任 PMRC 的主任都是由学校领导担任的。他们是 PMRC 的掌舵人，目光远大，勤勉敬业，带领 PMRC 同人们一道朝着正确的方向努力。

第一任主任是吴心平副校长。记得西北工业大学筹建成立管理学科的工作就是由他负责的。那时我也是刚刚从飞机制造专业转入企业管理（系统工程）。吴校长非常关心我们正在进行的中国科学基金课题“计算机辅助网络分析”的情况。之后，在他的组织领导下，我们首先成立了由 11 个单位组成的网络技术联席会，讨论了成立学会的问题，包括学会的组织机构和学会的章程。最后向双法研究会申请，成为其下的二级学会。吴心平副校长因工作需要，1992 年 11 月调离西北工业大学，与此同时也结束了 PMRC 的主任工作。他与我们一道经历了 PMRC 从无到有的过程，见证了 PMRC 的诞生。

1990 年西北工业大学管理学院成立，前排右三为吴兴平副校长

PMRC 第二届主任的任期是从 1992 年 11 月一直到 2000 年换届，时间比较长，是由西北工业大学另一位副校长徐德民接任。由于 PMRC 刚刚成立事务繁多，徐主任参加 PMRC 的活动也比较多。1992 年 11 月刚刚上任，他便和我一起参加了在宜昌召开的 PMRC 常委扩大会。1993 年又马不停蹄地去沈阳飞机公司参加了 PMRC 的第二届学术年会。1995 年，我们一起在西安参加了由 PMRC 组织召开的我国第一届项目管理国际学术会议。1996 年 5 月我们又去云南工业大学参加了 PMRC1996 年常委扩大会。1998 年 8 月，我们一起去杭州参加了 PMRC 第二届第四次常委扩大会议。这些会议的成功召开，都离不开徐德民副校长的辛勤付出。也正是由于如此诸多的活动，徐校长与 PMR 及常委们也有较多的接触，关系非常紧密。

1995 年第一届项目管理国际学术会议上
PMRC 主任徐德民副校长与俄罗斯专家交换礼品

2000 年，由高德远副校长接任 PMRC 第三届主任。高校长接任时，也恰逢 PMRC 的几个重大事项。其中之一便是我们获悉西安市将要在 2000 年 10 月召开“中国西安投资贸易洽谈会”和“西安丝绸之路旅游节”。我们抓住这个难得的机遇，向西安市申请召开一次项目管理国际论坛，主题是“21 世纪的项目管理——知识经济和中国西部大开发”。从申请到最后会议成功举行，高校长都参与其中，掌舵导航。高校长还参与了 IPMA 的几项重要活动。2001 年 PMRC 引进了 IPMA 的项目经理专业资质认证体系时，IPMA 专门派了两位代表，德国的莫扎尔和芬兰的马蒂为 PMRC 和中国 3 位首席评估师（钱福培、景新海、张玉麟）颁发授权证书。为此，PMRC 在北京友谊宾馆召开了新闻发布会，高校长专程赴京参加了此次新闻发布会。他还向 IPMA 写信推荐我竞选 IPMA 副主席，争取 2006 年在中国上海召开 IPMA 第 20 届项目管理全球大会，与 PMRC 下一任主任叶金福书记一起为妥善解决中国台湾项目管理专业组织加入 IPMA 的问题提供领导意见，等等。在他的支持和带领下成立了华鼎公司，推进了 IPMP 的市场化运作，并使 PMRC 在国际化发展道路上又向前跨越了重要的一步。

PMRC 主任高德远校长（右三）会见瑞士 IPMA 评审专家汉斯先生

PMRC 第四任主任是西北工业大学党委书记叶金福。2005 年，叶书记率领 PMRC 代表团参加了在印度召开的 IPMA 第 19 届项目管理全球大会，这次大会恰逢 IPMA 成立 40 周年。他还参与组织了 2006 年上海 IPMA 第 20 届项目管理全球大会的承办工作。这场高规格会议是 PMRC 发展历史上一次标志性事件，我们为了准备这次会议做了很多工作。从最初的积极参与申办，到后来申请财政支持、组织邀请、会议内容计划、会议接待等，各个环节都离不开叶书记的努力和推动。记得在大会开幕式上，叶书记和中国科协副主席袁家军坐在一起。袁家军副主席向叶书记称赞说，PMRC 这样一个二级学会能够在上海召开这样一个大会，不容易，不简单！这是对我们工作的积极肯定。袁家军副主席在担任中国科协副主席以前，是航天五院院长。那个时候，我们为了介绍 IPMA 大奖，曾和 IPMA 副主席奥托先生、PMRC 副主任薛岩、PMRC 副秘书长洪显明，还有 PMRC 常委沈建明等一起去航天五院拜访。因此，袁副主席对 PMRC 十分了解。

2006 年上海大会期间，PMRC 也进行了换届改选工作，叶金福书记连任了第五届 PMRC 主任，任期是 2006—2009 年。作为西北工业大学党委书记，叶书记平时事务繁忙，但他对 PMRC 的工作从未懈怠。叶书记处理的几件事情，让我印象深刻。例如，中国台湾曾有两个项目管理专业组织申请参加 IPMA 的问题。虽然在前面我们也做了很多努力，但校内外各种看法不一。直到我和薛岩将去西班牙开会，洪显明送我们到机场后，在机场我给叶书记打了电话请示我们该如何处理。他给我们提出了三点意见：首先强调涉台问题是严肃的政治问题，必须严格执行国家的规定，即台湾绝不能以所谓“国家”的身份加入任何国际组织，此点必须向 IPMA 讲清楚；其次，因为 IPMA 是一个学术性组织，我们欢迎台湾同胞与大陆交流，但使用什么名称和身份出现可与对方协商后再答复；最后，必要的话可向国台办请示和咨询。他让我们坚定地去，有关会议情况及时报告。这下我有了主心骨，安心奔赴西班牙。最后在我们的努力及马蒂等国际友人的帮助下，这个问题得到了妥善解决，在遵循了国家政策、保证了“一个中国”原则的同时，也增进了两岸的学术交流。

叶书记也曾和 IPMA 领导及我们一起去兰州参加了“第十四届中国兰州投资贸易洽谈会”，受到了甘肃省领导的热烈欢迎。

2006 年，IPMA 第 20 届项目管理大会在上海召开，PMRC 主任叶金福书记致辞

还有一次，叶书记参加 PMRC 的常委会，讨论 PMRC 的战略问题。很多常委提出 PMRC 应该争取成为一级学会，希望叶书记多做努力。我记得他在会上说了一段语重心长的话：提升一级学会很重要，但不管学会是什么级别，最重要的是 PMRC 要做实事、做研究，为中国的发展做实事。在我们 2011 年出版的《足迹——IPMP 走进中国（2001—2011）》中，他说得很清楚：“PMRC 迎来了他的 20 岁华诞，在这 20 年的光辉历程中，我们活跃在全国各条战线。各地的项目管理工作者都为此做出了艰辛的努力。在祖国的现代化建设中，项目管理获得了业界和政府

部门越来越多的重视。今天，我们高兴地回顾过去，同时更加充满信心的展望在今后的 10 年，也就是 PMRC 迎来他的而立之年的时刻。那时候我们中国即将全面建成小康社会。我们在经济、科技、军事，以及文化方面对世界上的影响都会比今天有更大的提升。”叶书记这种务实求真的处事态度，让我十分敬佩，也为我们 PMRC 人树立了榜样。PMRC 人就是在这种精神的指引下，迈出了扎扎实实的每一步。

我在 2008 年，也就是在北京举办的第七届中国项目管理大会上卸任了 PMRC 常务副主任，承蒙大家厚爱又推选我为 PMRC 名誉主任，叶书记还代表 PMRC 授予我“中国项目管理事业发展卓越贡献奖”。对于同人们的这份肯定，我感怀在心。

PMRC 第六届主任是西北工业大学党委书记陈小筑，任期是在 2013—2016 年，2017 年陈主任连任一届。为了与上级学会同步，第七届任期改为 5 年，因此第七届任期是 2017—2021 年。由于 2008 年我卸任 PMRC 常务副主任，2016 年 3 月 15 日又卸去 IPMP 认证委主席的工作（仍是认证委员会委员），因此我和她的联系和交集不多。陈书记 2014 年在北航曾参加过 PMRC 的年会，2015 年我们接受 IPMA 的验收时，她接待了两位 IPMA 专家和我们认证委员会 6 位委员。我曾参加这次接见和座谈。

陈小筑主任会见 IPMA 评审代表和 IPMP 中国认证委员会全体成员

2021 年是 PMRC 成立 30 周年，PMRC 新一届也就是第八届领导班子将上任。有前辈们开疆扩土的经验积累和求真务实、勇于创新的精神传承，相信新的领导班子会更上一层楼！

引以为傲的评估师团队

IPMP 认证体系涉及以下几个实体组织：①IPMP 中国认证委员会，是中国 IPMP 认证体系和标准的拥有者，专门负责 IPMP 相关理论研究和评估师的选聘工作）；②PMRC（引进并得到 IPMA 授权认可，在中国 IPMP 认证实施的组织机构）；③华鼎公司（PMRC 授权全面负责 IPMP 市场开发、运行的商业机构）；④IPMP 评估师团队（由 IPMP 中国认证委员会组建，按照 IPMA 认证标准 ICB 评估申请者能力情况的评估师队伍）。IPMP 认证评估师队伍从 2001 年开始至今，先后共有 8 批 100 余名专家，经 IPMP 中国认证委员会考核进入 IPMP 评估师团队。这是 PMRC 一支推进中国项目管理事业发展的精英团队。

IPMP 中国认证委员会是经过 IPMA 授权在中国成立的 IPMP 认证管理机构。2001 年 7 月 16 日，德国专家莫扎尔代表 IPMA 认证委员会向 IPMP 中国认证委员会授证，同时授予中创软件工程股份有限公司总裁景新海先生、西安飞机工业（集团）有限责任公司高级工程师张玉麟先生与我为 IPMP 中国首席评估师。北京会后，我们在西安进行了首次认证，由莫扎尔和我们 3 位新晋首席评估师参加。老朋友、芬兰项目管理专家马蒂对申请者进行了培训。西安的第一次认证之后，我们又相继在多地进行认证，评估师队伍不断发展壮大。

IPMP 认证体系最大的特点就是有 A、B、C、D 4 个级别，每个级别有不同的专业能力要求，每级都有不同的认证标准和程序，都需要有评估师做不同的工作。因此，PMRC 有一批不同级别的评估师：A、B、C 级评估师。这些评估师都是通过一定的程序，从已经获证的项目管理专家中选拔出来的。经过考核选聘成为评估师后，还要经过培训、学习、试用后才能上岗，逐步成为与其本人级别相同的正式评估师（上级可以覆盖下级）。以前在我国多是工程、建筑、航天、国防、IT、高校等领域，2019 年我们就惊喜地爆出一个冷门，在出版业也有一位专家通过了 IPMP B 级考核，获得了 IPMP B 级证书。我相信，经过我们对 IPMP 的宣传与普及教育，各行各业都会有项目管理专家出现，也会有各行各业的 IPMP 评估师出现！

《评估师手册》

为了更好地使评估工作规范化，PMRC 还组织资深评估师，总结、研究和编写了《评估师手册》，先后于 2004 年、2008 年、2014 年出了 3 版。这是根据 IPMA 认证标准 ICB 和认证评估指南 ICRG 及我们自己评估工作特点而编写的，特别是 2014 年版，是 PMRC 组织的课题组成员（包括张玉麟、马旭晨、贾宗元、陶俐言、贾莉）合作完成的，每位评估师人手一册。《评估师手册》明确地提出 PMRC 发展 IPMP 事业的宗旨：靠品牌扩大社会影响；靠质量树立权威；靠服务扩大生源；靠精神开拓项目管理事业。这些绝不是口号，我们的评估师们都是严格自觉地遵守了上述原则。这也可以说是 PMRC 的文化建设。

按照认证委员会的要求，评估师团队每年召开一次会议，总结、学习，讨论认证中发现的有关问题。如评估师有两年不参加将会除名，不能再作为评估师。正是这种严格要求将大家紧密地联系在一起，拧成一股绳。2020 年的评估师会议因为受新冠肺炎疫情影响改为网络视频会议，这应该是参与人数最多的一次，但遗憾的是因线上参与未能留下集体合影。

从 2011 年开始，IPMP 中国认证委员会还组织了一个评估师网上论坛，由认证委员会委员吴志东负责该项工作。论坛有新闻报道、咨询通告、知识共享、评估交流、建言献策、专题讨论、百花园地等多个模块，报道和记录评估认证诸多事项，内容丰富，文风多样。每个模块都有专人负责（或称版主）。吴志东发动众多 IPMP 评估师，集思广益。说起评估师网上论坛，还要特别感谢评估师宋蕊的慷慨赞助，为论坛无偿提供了硬件、软件的支持，还请了一位专家殷立明专职为论坛及各位评估师服务。

从论坛的交流和使用情况可以看出，不同年龄的人有不同的特点和不同的关注点。例如，有评估师比较关注战略问题，如符志民发表的文章《中国项目管理的明天会更好》、洪显明发表的《关于 PMRC 发展战略规划》；有的则是谈参加评估工作的体会，如第六批评估师魏朋义的文章《见习的感受》；也有的是谈自己参加认证过程中的险遇，如陶俐言参加认证时的亲历台风；也有人用优美的文字反映项目管理的事情，如孙梅的《穹顶之下的呐喊》；等等。这些都是评估师用他们的亲身经历和思考传播正能量的好文章，既有启发，也有感动，值得共同学习。

当时，论坛是评估师喜闻乐见的一个好平台。后来由于微信兴起且发展很快，评估师们很快就改为用微信交流和沟通，移动社交平台逐渐代替了网络论坛。如今在微信中也建立了评估师群组，但由于没有版块的划分，且多被碎片化信息充斥，与以往的评估师论坛的感觉还是很不一样的，因此每每想起，十分怀念且对论坛的弃用总有一丝遗憾。吴志东为了系统地留存论坛中这些珍贵的沟通交流资料，还组织汇编了《IPMP 评估师论坛文集》2011—2013 分卷、2014 分卷和 2015 分卷，以供大家查阅，在此也再次对吴志东在论坛运行期间及论坛结束后所做的工作表示感谢。

应该说，评估师团队成员都是各行各业的翘楚，能力之出众常常令我赞叹。就拿我接触较多的第一批评估师们来说。洪显明思想敏锐，十分善于发现商机，与政府部门交流密切；白思俊数学能力和计算机水平高，执行力强、动作快，除了在计算机辅助网络分析研究方面给予我很大帮助之外，为 PMRC 的成立和对外联系方面也做了很多工作；欧立雄治学严谨，做事力求尽善尽美，在 UNESCO 网点建设初期做了很多工作，也在推动项目学和项目管理学科建设方面身体力行；薛岩是留学归国人才，外语好，敢于也善于与人沟通，在 PMRC 打开国际渠道方面功不可没；张玉麟做事稳重踏实，为制定《评估师手册》和推动认证工作开展做了很多工作；吴志东则既热心又有想法，对认证委员会工作十分上心，常常为 IPMP 的发展出主意、想办法，2020 年新冠肺炎疫情期间，还在排除困难开展调研工作，为推动 IPMP 市场发展尽心竭力；宋蕊对 PMRC 工作鼎力支持，出人、出钱又出力，对 PMRC 和 IPMP 发展做出了很多贡献；揭津荣善于培养和提携年轻人，对 IPMP 认证在西南地区的推广做出了贡献，尤其在武汉地区有很大影响；刘荔娟则是在上海推进 IPMP 认证，第一次的 IPMP B 级认证便是在上海进行的，而且她对新晋评估师的培训反应很好，对新评估师尽快投入工作、胜任工作发挥了重大作用；马旭晨对项目管理满怀热忱，还致力于发展项目管理通识教育；傅庆阳对项目管理也十分热心，每次会议能参与的几乎无一缺席，还对 PMRC 30 周年纪念活动出谋划策，并从经济上予以支持。此外，欧立雄、薛岩、王守清、丁荣贵、戚安邦、卢向南等都先后在 IPMA 各专业委员会任职，在大奖评审等工作中做了很多工作，为推进中国企业和中国项目获奖起到很重要的作用。王守清、戚安邦、薛岩同志还因他们的研究论文而获得研究大奖，所有这些都为 PMRC 在国际上赢得了声誉和话语权。

一些年轻的后辈评估师也在崭露头角，成为我们的生力军。像对 PMRC 富有热情的詹伟，为我们提出了很多有益的想法；做蚯蚓养殖和绿色农业风生水起的法月萍，也总想为 PMRC 多做一些事情，一起参与做了 IPMP 大奖推荐和评估；担任了《国际项目管理期刊》编委的杨青，善于把握机遇，做事目标导向；做事高效的孙梅，为我们写了关于 PMRC 战略研究的文章；青岛科技大学管理学院副院长董华，在推进项目学中承担了工作；西北工业大学管理学院现任副院长郭云涛，一边承担着学院的大量教学与行政工作，一边在 PMRC 担任秘书长要职。这些后辈评估师们是 PMRC 的新生羽翼，有他们不断提升自己的能力和水平，PMRC 才得以不断展翅高飞。

和法月萍、盛朝翰在苏通大桥

还有很多很多人和事，不胜枚举。他们中很多人是身兼数职，事务繁忙，愿意为 PMRC 付出精力，实属难得。我们的 IPMP 评估师们是一批文化素质好、项目管理专业水平高的队伍。他们从 2001 年以来经过许多次评估，已吸收了 6 万多名项目管理专家成为国际认可的项目管理专家。这些获证的专家正活跃在各行各业，为国内外项目努力工作着。评估师们则隐在这些证书之后，深藏功与名。

习近平总书记对制定“十四五”规划的工作提出要“顶层设计，问计于民”，许多媒体（人民网、新华网等）都设立了“十四五”规划问计于民的平台，期望我们的评估师们在“十四五”规划的大舞台上各尽所能！谨用吴志东老师在《论坛》下册最后的引用语：“孤举者难起，众行者易趋。”让我们共同努力！

我们的出版工作

趁现在为庆祝 PMRC 成立 30 周年做些总结性工作之际，我认为有必要也将 PMRC 成立以来所做的内部刊物出版工作总结一下。这对我们回顾以往的工作成果，厘清未来的发展思路多有益处。

（1）《项目管理》。这是 PMRC 创办的第一本内部发行的刊物，从 1990 年 12 月开始到 2006 年 12 月，记录了 16 年 PMRC 走过的路程。为了使这 16 年的路程更清晰，PMRC 办公室原秘书高俊发将这 16 年的《项目管理》编写了一本《PMRC 大事记》，现在办公室秘书张志又把 PMRC 大事记续编到 2021 年。

（2）UNESCO/UNISPAR 的出版物。我和欧立雄、谢静等同志整理了 1997—2002 年 UNESCO/UNISPAR 的出版物。这些出版工作为我们后来的 PMRC 培养了优秀的项目管理工作者。

UNISPAR
UNESCO/UNISPAR Chinese Working Group
联合国教科文组织
产学研结合计划
中国网点

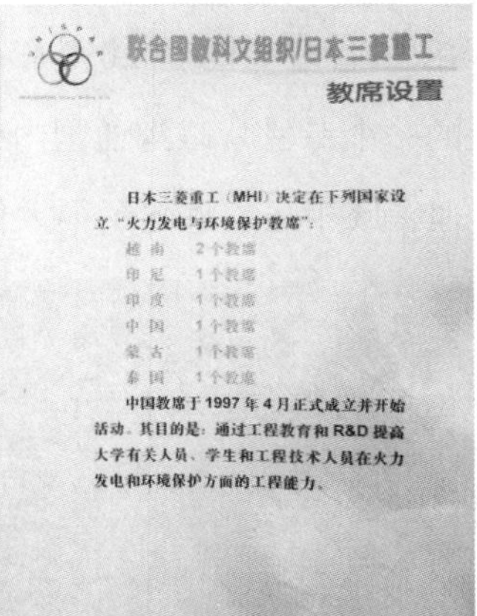
联合国教科文组织/日本三菱重工
教席设置

日本三菱重工（MHI）决定在下列国家设立"火力发电与环境保护教席"：
越南　2个教席
印尼　1个教席
印度　1个教席
中国　1个教席
蒙古　1个教席
泰国　1个教席
中国教席于1997年4月正式成立并开始活动。其目的是：通过工程教育和R&D提高大学有关人员、学生和工程技术人员在火力发电和环境保护方面的工程能力。

NewsLetter
西安网点通讯
UNESCO/XI'AN NET
联合国教科文组织
产学研结合计划
Dec. 1998 No.7
西安网点办公室编
"World Conference on Higher Education" Held in Paris by UNESCO

NewsLetter
中国网点通讯
UNESCO/CHINESE WORKING GROUP
联合国教科文组织
产学研结合计划
Dec. 1999 No.2
中国网点办公室
MHI/UNESCO NPU Chair's 3rd Lecture and Workshop was held in North West China Electric Power Test & Research Institute

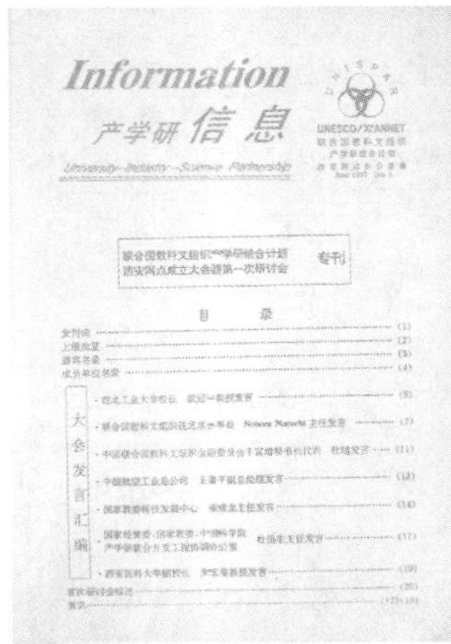
Information
产学研信息
UNESCO/XI'AN NET
联合国教科文组织
产学研结合计划
University-Industry-Science Partnership
联合国教科文组织产学研结合计划
西安网点成立大会暨第一次研讨会
专刊
目　录

WORLD CONGRESS OF ENGINEERING EDUCATORS AND INDUSTRY LEADERS
工程教育者与工业界领导人世界大会
全球产学研结合的现状与发展趋势
——巴黎国际会议专集
UNISPAR
UNESCO/UNISPAR XI'AN NET
陕西科学技术出版社

（3）《国际项目管理专栏》。2012 年创办，到 2017 年共出版 80 期，是当时在 PMRC 网站上的一个专栏，以沟通国内外项目管理活动为主。该专栏对促进我国与国际项目管理领域相互了解起了很大作用。

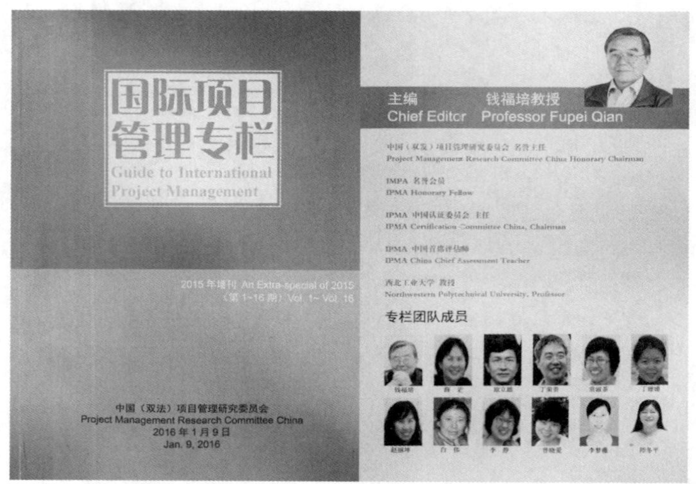

（4）《IPMP 通讯》（2001 年 8 月—2013 年 7 月）。这是在 PMRC 成立 10 周年之际，为祝贺国际项目管理专业资质认证 IPMP 在我国的正式启动而创办的。这也为后面《足迹——IPMP 走进中国（2001—2011）》的出版打下了基础。

（5）《足迹——IPMP 走进中国（2001—2011）》。这是一本讲述 IPMP 走进中国 10 年历程的纪念画册。整个画册共 96 页，分 12 章，以图文并茂的方式介绍了与 IPMP 有关的组织、机构及人员情况，也介绍了 IPMP 的发展历程。感谢吴志东、揭津荣老师，感谢以贾莉、李琰为代表的华鼎团队，感谢以屈莉为代表的高登团队不辞辛劳的努力与付出！

（6）《PMRC 通讯 News Letter》（2003 年 9 月—2008 年 12 月）。这是《PMRC 通讯》改版后的中英文双语版，主要报道 PMRC 的活动，以便于国际交流。

PMRC 通讯
News Letter
2005
第 2 期
No.2

2006 IPMA 项目管理全球大会 特刊
-迎接 2006 项目管理中国年-
项目管理一创新时代发展的关键
SHANGHAI 2006

（7）《评估师论坛文集（2011—2015 年）》。这是认证委员会委员吴志东和评估师宋蕊（瑞和安惠集团董事长）合作，专为 IPMP 评估师建立的网上论坛文章的合集，每年一个分册，每个分册有 7 个栏目，其中绝大部分都是评估师们的原创文章。

（8）《News Letter 通讯——MEng（PM）与 IPMP》（2005 年 1 月—2016 年 3 月）。这是借全国工程专业学位研究生教育指导委员会与 PMRC 在清华大学签订合作协议的东风，为联络全国 56 所项目管理工程硕士培养单位而创办的时事通讯，由我和王守清、白思俊、欧立雄、薛岩组成编委会。

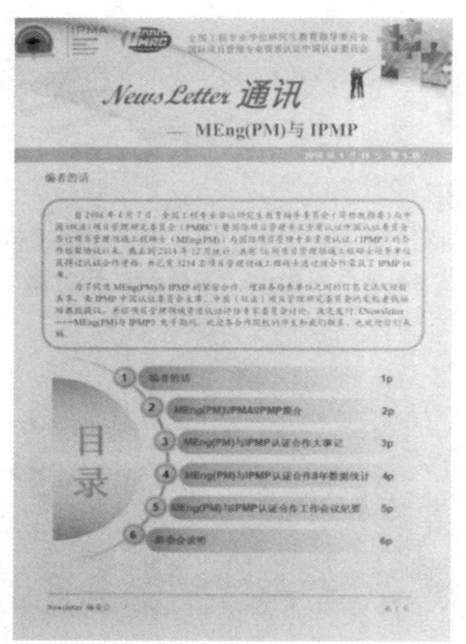

（9）《中国现代项目管理发展报告》（2006 年版、2011 年版、2016 年版）。PMRC 先后编撰了 3 版，2006 年这一版记录了我国第十个五年计划期间的项目管理发展情况，2011 年这一版记录了我国第十一个五年计划的项目管理发展情况，2016 年这一版记录了我国第十二个五年计划的项目管理发展情况。感谢 3 个版本的几百名编委和作者们的辛勤努力和投入的宝贵时间！更应该感谢 3 个版本的策划编辑常淑茶和李静，没有她们娴熟的组织编写能力和忘我的工作精神，要在短短的时间内完成这几十万甚至上百万字的发展报告是令人难以想象的。

真诚地希望年轻一代的项目管理者们和出版界朋友们不要忘记非凡的中国第十三个五年计划的伟大成就，把我国抗疫情况下的经济重启、全面成功扶贫等伟大事业记录下来！如我们 2016 年发展报告前言中所说的那样："我们计划以后每五年发布一次，以保持内容和信息的连续性。"这应该是我国年轻一代项目管理者们的责任和担当！

第 8 章

我的国内外项目管理朋友

那些知名和不知名的朋友们

国内目前可以说是项目管理组织林立，PMRC 的项目管理专家也有很多，有 PMRC 委员会成员，有 IPMP 评估师团队，有获得 IPMP 4 个级别证书的专家队伍，等等。老、中、青朋友都有，有姓有名，不必数说。除了之前提到的诸位，当然也有很多不知名的朋友。例如在苏州认证时有一位怀孕妈妈与她爱人一起参加培训和认证，当时是我和贾宗元老师参加评审，为了给她鼓励和祝福，我开玩笑说：你怀着孕还来参加培训，我们不仅在培训你，连同你的宝宝也一同培训了呢！认证结束时，我还和他们合影留念。后来当我们再次到苏州时，这对夫妇抱着已经出生的孩子一起来看望我们，让我感慨正是这一代一代从业者让项目管理事业生生不息啊！

再次见到那个曾在妈妈肚子里就参加培训的宝宝

现在国外项目管理组织很多，除了国际性机构之外，很多国家也有自己的项目管理专业组织。我所结识的国外项目管理朋友也很多，包括我 1987—1988 年在美国认识的比尔、南希、哈斯等，后来回国后在西北工业大学接待过的 PMI 专家弗雷姆夫妇等。我接触较多的主要的项目管理朋友还是在我进入 IPMA 后结识的专家们。像至今还与我们保持很好联系的马蒂，将 IPMA 认证和大奖引进中国时认识的德国专家莫扎尔和奥托先生。非常遗憾的是，这两位德国专家都已先后离开了我们。

深切怀念莫扎尔先生和奥托先生

莫扎尔先生是 2001 年 7 月 16 日来到北京参加新闻发布会，并在会上代表

IPMA 授予 PMRC IPMP 认证资格的项目管理专家，他在会上宣布 IPMA 授予 PMRC 代表 IPMA 在中国行使职责的权力，自此 IPMP 中国认证委员会正式成立。莫扎尔先生给我们颁发了时任 IPMA 主席签发的证书。当月，PMRC 作为 IPMA 在中国唯一授权认证机构，在西安举行了首次 IPMP 认证。莫扎尔先生作为 IPMA 的首席评估师也参加并指导了此次认证。这是 PMRC 发展中的里程碑事件。

在北京时，莫扎尔先生曾经问我中国的国花是什么。我以为他问的是花朵，结果他指着窗外笑着说："中国的国花应该是那些大吊车。我这次到北京来，沿途看到中国很多地方都在搞建设，建高楼大厦，到处都是林立的大吊车。"他此番别出心裁的比喻着实让我感到意外，同时一股自豪感也油然而生，我深知，这是他来到中国，亲眼看到这些建设场景，受到了巨大的震撼才会发出这样的感慨啊！2001 年 9 月 21 日，莫扎尔先生回德国后特地致函给我，高度评价了 2001 年 7 月在中国的这次 IPMP 认证，他说："中国此次认证，对于 PMRC、IPMA，特别是对参加认证的学员个人来说，都是非常成功的。"这让我深刻体会到，中国在飞速发展，日益强大，PMRC 在国际上的影响力也在不断提高。

有些外国人谈及中国近几十年的飞速发展时，或是半信半疑，因为在他们的认知里，中国还是封闭落后的；或是不以为然，因为他们不相信中国能在保证质量的前提下快速完成大量工程建设。但是莫扎尔先生并没有那些偏见，而是秉持着作为学者的认真态度来到中国亲眼见证。他观察了北京、西安等几个城市，用项目管理的专业视角来客观审视我国迅速发展的城市建设。他还具体了解过我国一些正在建设或者已经完成的工程项目，对这些工程项目也有他自己的视角和评价。也正是这样，他对我国发展的肯定，在我看来十分可贵。另外，我国改革开放以来的建设成果能得到国际项目管理领域顶尖专家的肯定，这让我倍感骄傲。我国的发展变化可谓日新月异，我们国家向着社会主义现代化马不停蹄地前进着。我相信未来总有一天，还会有更多像莫扎尔这样的专家，对我国的发展成果给予肯定和赞许。莫扎尔回国后给我们来过一封信，谈了他对中国的感想，表示很怀念在中国的认证工作。

此后过了两年，获悉莫扎尔过世的消息。他抽烟很厉害，估计是肺部问题。我为失去一位理解和支持我们的好友而难过。

莫扎尔夫妇在西安

奥托先生也是我们的老朋友。我当选为 IPMA 副主席的时候，他也是副主席。我负责研究委员会（Research Management Board，RMB），奥托负责大奖委员会。我当时是初到 IPMA 任职，很多情况都不熟悉，他给予我很多帮助。例如，2004 年 IPMA 理事大会上介绍 PMRC 申请 2006 年在上海召开 IPMA 第 20 届项目管理全球大会时，有代表提出 2005 年 IPMA 第 19 届项目管理全球大会在印度新德里开，2006 年如果在中国开，都是在亚洲，不太合适。奥托先生为大奖之事来到中国多次，对中国和 PMRC 多有了解，因此他鼓励我，要自信。他说，PMRC 在中国的工作做得很好，上海也是很有吸引力的城市，和印度不一样，应该讲出你们的特色！因此我记得在那次会上我发言后，获得了代表们的热烈掌声。薛岩也参加了会议，会后她对我说，你的发言很有激情，讲得很好！奥托先生此后也多次来中国，曾和我、薛岩、洪显明去中国科协拜访过中国科协程东红主席、学会部主任等领导，还和我、薛岩、沈建明一起去航天五院参观，与袁家军、尚志、王卫东等会谈申报大奖的工作。他还在 2006 年上海 IPMA 第 20 届项目管理全球大会开幕式上做了报告。奥托先生为 PMRC 的国际化发展做出了很大贡献。2008 年 PMRC 在太原召开评估师会议时，接到 IPMA 主席韦科（Veikko）先生的来信，沉痛地告诉我们奥托先生去世的消息。我当即给他回复，表达我们的哀悼，我为又失去了一位项目管理领域的国际友人而悲痛。

我 1992 年参加 IPMA 佛罗伦萨会议时结识了时任 IPMA 主席的克鲁斯（Klus）先生，他曾多次想来中国，却总未能成行，非常遗憾。后来担任 IPMA 副主席的印度的阿德施·贾因先生则多次来中国，为 IPMA 和 PMRC 做了很多工作。还有丹麦负责项目管理培训工作的凡格尔（Fangel）先生，也曾来中国为我们开展过项目管理培训。

和我们接触比较多的还有 IPMA 认证委员会的专家，瑞士的汉斯先生和法国的吉尔斯（Gills）先生，在我们引进 IPMA 四级认证体系后，他们来中国对 PMRC 和华鼎公司进行多次严格评审，包括查看考试试卷、面试记录，以及与考生面谈等。他们根据 PMRC 的认证及 IPMA 的认证变化情况，几乎每 1 ~ 2 年就要来评审一次，每次来的评审人员也不固定。2019 年来的就是乌克兰和英国的两位专家，当时陈小筑主任还接见了这两位专家和 IPMP 中国认证委员会全体人员。

我和马蒂的友谊

我和马蒂是 1992 年认识的，至今已经有近 30 个年头了！在这近 30 年中，我因为各种原因到芬兰去过 9 次，他到中国来的次数则比我去芬兰的次数还要多。

我们相遇是在 1992 年的意大利佛罗伦萨，那是我前去参加第 11 届 IPMA 年会。那时，他是 IPMA 的副主席，我是 1991 年刚成立的 PMRC 的常务副主任。我在听完了佛罗伦萨市长报告后，到广场看意大利的舞旗表演。这是意大利一种源于中世纪的传统表演，本是调动部队的一种号令，逐渐演变成了杂技性演出。整个表演整齐壮观，又活泼热情。巧的是，在这里，我遇到了也来观看表演的马蒂。表演十分有趣，我们也看得兴致勃勃。表演结束后，他邀请我与他共进晚餐，我们就这样开始了数十年的友谊。

闲谈中，我问他是否知道有一个小国家叫圣马力诺，就在离佛罗伦萨不远的地方。我告诉他那是世界上少数几个国中国之一，总人口只有 27000 人。那里地方虽小，但是风景优美，建筑别具一格。他很感兴趣，表示想要和我一起去看看。于是第二天早餐后，他租了一辆汽车，我们一起一直开到了圣马力诺。百闻不如一见，圣马力诺有一些中世纪的街区与教堂，还有几座中世纪的城堡与要塞，十分雄伟又有特色。圣马力诺自然风光也久负盛名。登上城堡的高处，可以看到远处山色空蒙，云雾缭绕。圣马力诺是旅游景点，街道上随处可见叫卖的摊贩，以及摆着各种生活用品的店铺。就在这张照片上的这条主要街道上，马蒂买了两本书，送给我一本。圣马力诺的邮票以其图案和色彩世界闻名，于是我买了两张明信片，送他一张留作纪念。他当场用这张明信片写了几句话寄给了他的父亲。

1992 年，与马蒂去圣马力诺

在返程路上，我们相谈甚欢。我向他介绍了很多 PMRC 的情况。他告诉我说 9 月在赫尔辛基（芬兰首都）还有一次 NORDNET（注：1992 年佛罗伦萨国际项目管理组织者的名字叫 INTERNET，因此北欧的项目管理组织者就叫 NORDNET）的会，他想要邀请我去参加。他说可以提供我去参会的费用。这就促成了我的第一次赫尔辛基之行。后来在 NORDNET 会上再次见到了 INTERNET 主席、丹麦人莫腾·范哲尔（Morten Fangel），我们有了进一步交流的机会，我也探讨了 PMRC 加入 INTERNET 事宜。

意大利佛罗伦萨会议是 1992 年 6 月 23 日结束的。1992 年 9 月我去赫尔辛基参加了 NORDNET 会议。在赫尔辛基的会议中还有两个故事令我难忘。会前一天我在餐厅吃早饭，看到门口有几个年轻人在为挂国旗而争执。按照国际会议的规则，要在会议举办酒店门前悬挂参会国家的国旗。虽然这次 NORDNET 组织的会议只有我一个中国代表，但是也应该挂中国国旗。我吃完早饭，到门口一看，他们将中国国旗挂倒了。我立即和这几位年轻人提出来，他们向我表示道歉，并重新悬挂了一次。此事现在看来也令我非常感慨。30 年前中国的国际影响力还是很小的，尤其是在北欧国家，国家间交往还不多。但是现在，随着我国的国际影响力日益增长，外国民众对我国的了解也在增加，这类事情应该不会再发生了！

另一件事是赫尔辛基的会开完，我们要到邻国爱沙尼亚的首都塔林再开两天会。在塔林开会时，马蒂说开完会后我就可以从那里坐火车到莫斯科。在那里，俄罗斯项目管理协会主席弗罗巴耶夫（Vorobayev）会安排我回国的事项。马蒂已经托人帮我安排好了一切，我顺利到达了莫斯科。在那里，一位秘书接待了我，但她告诉我说从莫斯科到中国的飞机票和火车票都没有了。一筹莫展之下，我尝试和中国大使馆联系，向他们寻求帮助。在我说明了情况之后，大使馆的一位工作人员告诉我莫斯科到中国有两条路线。一条是东线，从莫斯科向东坐火车经西伯利亚、贝加尔湖，到满洲里回中国。这条线非常繁忙，一般都很难买到票。但是还有另一条线是从莫斯科向南，经过哈萨克斯坦，从霍尔果斯回中国。这条线对我回西安倒是很合适的，只是时间要长些。我听后很高兴，请他们帮我买好票后就启程回国了。这确实是一条漫长的路，单单从莫斯科到哈萨克斯坦首都阿拉木图就花了 9 天时间！到了阿拉木图后，在当地联系好的人员的帮助下，我出海关，进入中哈边境城市霍尔果斯，再乘汽车到了伊宁。从伊宁再坐汽车到乌鲁木齐，再坐火车从乌鲁木齐回到了西安。这次行程迂回曲折，辗转各地，总共花了约半个月的时间，是我一次难忘而奇特的人生经历。

2002 年在德国召开 IPMA 第 16 届项目管理全球大会时，我和欧立雄、薛岩、戴大双 4 人代表 PMRC 与会。会后应马蒂之邀，我们 4 人又去了赫尔辛基，在马蒂的乡间庭院休息了几天，其间受到了他的盛情款待，还在他的指导下乘海轮去瑞典首都斯德哥尔摩游览。他给我们提供了很多很好的建议，比如，要怎么走，到了斯德哥尔摩住在哪里，有哪些值得游览的地方，等等。马蒂热情好客，我们许多项目管理朋友都曾去过赫尔辛基拜访他，无一不受到他亲切接待。

2002 年，戴大双、薛岩、欧立雄和我参加在德国召开的 IPMA 大会后应邀访问芬兰马蒂的家乡

马蒂不仅和我个人友谊深厚，他对 PMRC 的建设和发展也极为关注。在 2001 年 PMRC 引进 IPMP 时，就是他和德国专家莫扎尔先生一起来中国，在新闻发布会上宣布授权 PMRC 开始运行 IPMA 的专业资质认证，以及由我、景新海和张玉麟任首席评估师。在我们面临中国台湾有两个项目管理专业组织提出申请加入 IPMA 时，他更是专门去芬兰外事部门了解有关情况，并和其他国际朋友一起在 IPMA 理事会上发表意见。他坚持“一个中国”的原则，并与台湾地区项目管理专业组织努力协调，最终使该问题获得圆满解决！因为马蒂对 PMRC 有着杰出贡献，2006 年 PMRC 在上海承办 IPMA 第 20 届项目管理全球大会时，曾给马蒂颁发了“中国项目管理卓越贡献奖”。他获得的这个奖项可以说是实至名归！

陈德泉代表 PMRC 给马蒂颁发“中国项目管理卓越贡献奖”

印度朋友阿德施 · 贾因先生

我和阿德施先生

1999 年 2 月我接到阿德施 · 贾因先生的来信，告知说 3 月 28 日到西安。到西安后，31 日我们就到济南访问，参观了山东中创软件公司并会见了景新海及中创公司的其他领导。当晚，薛岩和我陪同阿德施到北京。1999 年 4 月 1—4 日，在北京与国家计委有关领导座谈，薛岩、洪显明和我也参加了座谈。

2000 年的 10 月 3—6 日，PMRC 在西安召开中国西安国际项目管理论坛时，阿德施作为 IPMA 的副主席参加了大会。

2004 年 5 月 17 日，中国建筑业协会、国际工程合作联盟在北京主办了“中国建筑业企业优秀项目经理表彰大会”，阿德施也应邀前来，还参加了对优秀项目经理的考核，为获证项目经理们颁发证书。

2004 年 5 月 29—30 日，阿德施应邀参加了大连的中国现代项目管理高层论坛。

IPMA 2005 年和 2006 年的项目管理全球大会分别在印度新德里和中国上海召开，印度大会上我们二人进行了交接会旗仪式。两次全球大会都取得了圆满成功。

阿德施还曾说“中国就是我的第二故乡”，他对中国的浓厚感情由此可见一斑！

德国“工匠”

我的国际朋友中还有一位德国朋友名叫拉伊莫（Raimo），他是德国奔驰公司的项目管理专家。我记不清我们相识的具体时间和地点了，但大概率是在某次会议期间的展览会上。我对汽车并不感兴趣，但是对项目管理还是非常关心的。记得我当时看到有一份介绍项目管理路线图（Project Road Map）的资料，觉得很有意思，由此与他开始了交谈。他主动对我说如果我有兴趣，他可以送我一些资料。当时我们的 CYC （中国青年项目管理俱乐部）正在建立，我看拉伊莫比较年轻就与他联系，他也对中国比较有兴趣。拉伊莫后来又陆续送给我几份大的路线图，可以挂在墙上的。这位年轻的德国项目管理专家所做的工作确实令我赞叹，联想到耳闻的青岛下水道、兰州的黄河铁桥等，也许这就是德国工匠所固有的精神和气质。

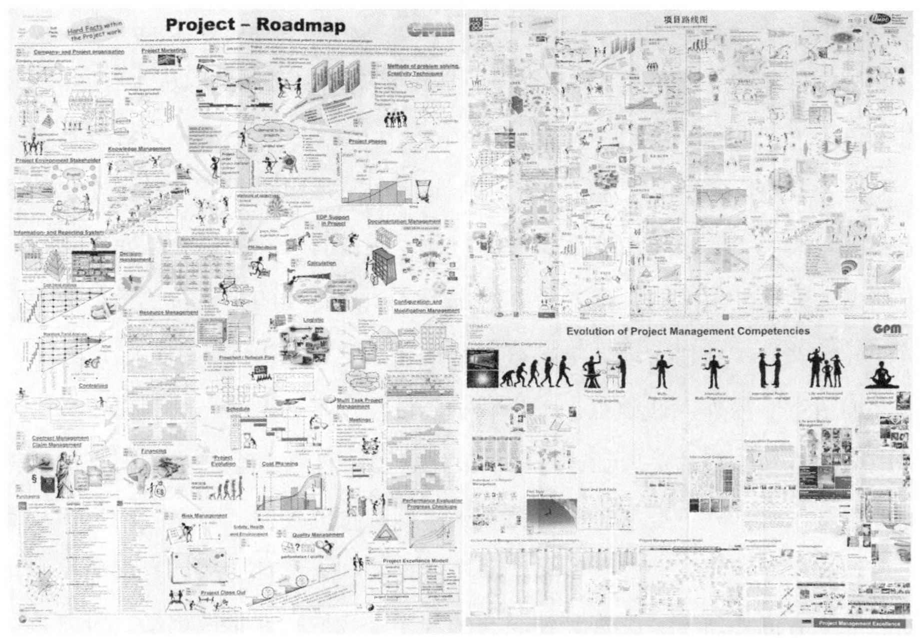

年轻的德国专家拉伊莫送给我的几份路线图

第 9 章

我的项目学愿景

时代之呼唤

虽然项目学的提出是在 1995 年，但是发展项目学这件事我从 1993 年便开始构想了。

那是 1993 年 6 月，与几位同志讨论管理学院发展问题时，时任 PMRC 主任的徐德民教授说，学科发展要有自己的特色，设备管理和项目管理要在学科特色上下功夫。徐主任这次讲话启发了我的思考：项目管理的学科特色是什么呢？因此我便开始关心“项目管理的学科特色”这一话题，在讲课、报告、讨论等活动中都多加留意。另外，钱学森在《科学学、科学技术体系学、马克思主义哲学》一文中有关教育工程的一段话，对我也很有启发。他在这篇文章中提道：“教育工程的理论基础是什么？要实施教育就必须掌握教育的规律，而教育的规律从何而来？不能靠主观想象，要靠总结经验，也就是要把人类社会的教育事业作为社会活动的一个方面来研究，发现其中固有的规律。我想这就是教育学。所以教育学是教育工程的主要基础，前者是科学，后者是技术。”钱学森在该文还有一句：“教育工程当然还要依靠许多其他学科，如运筹学，经济学等。”可见，学科发展不能缺少理论研究，需要不断总结经验，掌握规律。我深感，项目管理的情况与他所讲的极为相似。

20 世纪 90 年代，项目管理发展强劲。面对项目数量的急速增长，有必要研究项目与项目之间、项目与环境之间协调发展的问题，项目的投入产出与项目的效益评估问题等。随着全球新的市场竞争格局形成，项目呈现较大的变化，反映在群体方面是项目的类型和数量有很大增长，反映在个体方面是项目的规模、周期及复杂程度等的变化。项目的变化错综复杂，常常集多种变化于一身，这些变化使人们面临着巨大挑战。但令人遗憾的是，具有广泛的行业覆盖面和悠久实践历史的项目领域，至今却没有一门综合性学科。尽管我们也看到了一些论述项目管理的著作，但它们多从某一特定的行业、管理角度来研究特定的项目问题，而不是研究项目的共性特征。无疑，这种状况对于项目及项目管理的发展是极为不利的。项目管理的这些变化向人们提出了一个迫切需要解决的问题：把项目建设作为人类社会活动的一个重要方面来加以研究，探求并掌握其规律性，研究其有效的管理问题，已经是当今科学发展的一项重要而迫切的任务。正是为了适应时代的需求，我们应该开展项目学的研究，要对已有项目实践的科学进行总结，分析各类项目的属性，研究其发展规律性，研究项目管理方法与工具，等等。项目管理的时代已经到来，项目管理学科要建设好，便不能没有项目学研究。

之后，我便开始着手整理和厘清项目学的相关概念与理论研究。

早期的项目概念，一般是指建筑施工项目。人们普遍认为，人类早期最成功的项目就是埃及的金字塔和中国的长城。而现在的项目概念有了很大的变化，从广泛的建筑工程到科学研究、商业贸易，以及文化教育、社会服务等，各行各业都有自己的项目。时代的发展为项目管理提供了极其广阔的舞台，不管是发达国家还是发展中国家，都围绕着经济建设与文化建设加快他们的前进步伐。即便最不发达的国家，也努力与贫穷和疾病作斗争。所有这些都是通过一项一项具体任务来完成的，都是我们所说的“项目”。项目便是在限定条件下，为完成特定目标要求的一次性任务。任何项目的设立都有其特定的目标。从广义的角度看，这种目标表现为预期的项目结束之后所形成的“产品”或“服务”。因此，项目的外延是广泛的，大到长江三峡工程建设，小到组织一次技术改造之类的活动。

“项目”既可以指一个具体的项目，也可以指一组或一群项目；“活动”既可以泛指项目活动，也可以指某个项目生命周期阶段的活动。正因为如此，人们可以从不同的类别、不同的角度来阐述或理解项目管理。

那么，“项目学”又是什么“学”呢？在我看来，项目学应当是研究项目的属性、分类、特征及项目的形成与发展规律性的学科。它既包括个体项目发展的规律性研究，也包括群体与总体项目发展规律性的研究。项目学的任务除了研究探讨这些规律性以外，还应该研究如何开发与管理项目，即以科学的管理理论、方法指导和管理项目发展。

在明确了项目学的概念后，我开始对项目学内容进行比较细化的研究，分析国内外学术界对项目管理发展动向的研究情况。我发现，综合来看，项目学的基本内容可分为两个分支：基础项目学和应用项目学。

基础项目学研究的是各类项目的共性问题和有关项目发展的理论问题。例如项目的定义、属性与特性分析；项目的分类研究；项目发展的动力机制及其生命周期研究；项目学的学科基础和相关学科研究；项目学的体系结构研究；等等。此外，由于项目本身的实践性很强，世界各国均有悠久的历史和丰富的实践经验与成果，因此，项目史的研究也应划入此范围。

应用项目学研究的着眼点则是在理论研究的基础上如何使项目能协调、健康地发展并按要求完成。从应用角度探讨项目学有极其丰富的内容。从纵向看项目有不同的层次，如国际性项目、国家级项目、地方性项目等；从横向看，项目有不同的规模、复杂程度；从时间段看，项目有不同的生命周期；等等。因此，应用项目学可从不同层次、不同视角、不同时段提出广泛的研究课题。例如，微观项目学研究单个项目的组织机构、实施与控制、环境影响、资源利用、效益分析等。宏观项目学研究可以分为项目总体发展规律性研究和项目群体发展规律性研究。总体是指站在国家或某一地区高度研究如何使国民经济建设中的项目协调发展，群体是指从行业角度（如建筑施工、科技、技术改造等）和专业角度（如计划、成本、质量等）研究项目发展的有关问题。

项目管理这一分支的研究内容极其丰富，综合性也极强。例如，为了管理好项目，要用到各种管理理论和方法；为了提高管理水平，要努力提高管理人员的素质，还有项目管理的标准和政策法规研究等。其他还有项目文化、项目主管等方面的工作。

在这些内容之上，我还尝试搭建了一个描述项目学的金字塔模型。在该模型中，项目学分为两个层次：基础层与应用层。应用层是在基础层基础上发展的，而应用中出现的问题又反馈回基础层各有关领域，使项目学的基础研究更加充实和完善。这两个层次中都有一些空白以待补充与发展新的内容。

这些思考都是 1995 年我在 PMRC 会议上所作报告《时代的呼唤——论“项目学”的创建》的基础。在报告中，我发出了关于发展项目学研究的呼吁。在我看来，一门新学科的创建，必须有本学科特有的定义和研究对象；必须有经过细心研究而建立起来的理论体系；必须有能回答新问题、新情况、新挑战的逻辑起点和学科方法，以及展现新发展领域和科学层次的能力。新学科的建立，是一项艰巨而又进程缓慢的任务，也是一个不断探索、逐步完善的过程，需要几代专家学者的辛勤耕耘。这是时代赋予我们的重任，也是我们对时代应有的贡献！

不断完善 总结规律

在发出这一呼吁之后，收到了很多专家学者的响应。1998 年，由时任中国科协主席、中国科学院院长周光召主编的《科技进步与学科发展》一书也收录了我的报告。从 20 世纪末以来，我带领团队不断为其添砖加瓦。除了继续对项目的概念与特性、项目管理的概念、项目管理的特点、项目管理的内容及核心工作等相关基本概念进一步加以厘清之外，还尝试分析国际范围内项目管理的发展现状与未来趋势，以期为更好地发展我国的项目管理事业提供理论支撑。

21 世纪初，随着经济全球化和知识经济的发展，这类任务越来越多，人们对项目管理越来越重视，项目管理也日益向现代化和全球化发展。国际上项目管理发展的现状和特点是什么，我国应该如何发展项目管理，已成为政府部门和各行各业共同关注的问题。各种专业组织，如学会、教育培训机构、咨询服务机构和研究与开发机构等，如雨后春笋，竞相成长，发展势头非常迅猛。一些国际知名的学术组织和大公司，如 IEEE、IBM、波音等也都特别青睐项目管理知识体系及其证书制。我们便对国际项目管理及学科的发展情况进行了梳理。

管理是无边界的大概念，任何事物都需要管理。管理是使事物的发展从混乱、无序走向有序、有效发展的唯一方法。管理与人类发展并存，人类从原始走向现代，管理也从低级走向高级，从自发走向自觉，从分散孤立的思想和方法走向综合统一的学科体系。这种学科体系的建立是不断探索、逐渐完善的过程。项目管理学科的发展也正在经历着这样一条发展的道路。尽管人类的项目实践可以追溯到几千年前，但是将项目管理作为一门科学来进行分析研究，其历史并不长。从第一个国际性项目管理专业组织 IPMA 1965 年成立后，经过不断努力，国际专业人士对项目管理重要性及基本概念有了初步共识，国际项目管理不断朝着全球化、多元化、专业化的方向发展。

首先是全球化。知识经济时代的一个重要特点是知识与经济发展的全球化，因为竞争的需要和信息技术的支撑，加快了项目管理的全球化发展步伐，主要表现在国际项目合作日益增多，国际化专业活动日益频繁，项目管理专业信息的国际共享更加便捷等。以中国为例，根据统计，截至 2001 年 12 月底，我国累计批准外商投资企业 390484 个。这近 40 万家企业将通过各种各样的项目来寻求企业的发展，包括研究开发新产品、加工制造、引进新技术、转包生产等。此外，还有很多中国的企业和大量工程项目寻求与国际合作，还有许多走出国门的企业在国外进行大量的国际合作项目。每年都有许多项目管理专业学术会议在世界各地举行，少则几百人，多则上千人，吸引着各行各业的专业人士。例如，IPMA 项目管理全球大会，每次会议都有数十个国家、上千名代表参加，2001 年以前是每两年举办一次，从 2002 年开始改为每年举办一次。PMI 也一样，每年都会举办这样的大型项目管理专业国际会议。此外，项目管理专业信息的国际共享更加便捷。随着互联网的发展，许多国际组织相继建起了自己的网站，各种项目管理专业信息可以在网上很快查阅。项目管理的全球化发展既为我们创造了学习机遇，也给我们提出了高水平国际化发展的要求。

其次是多元化。由于人类社会的大部分活动都可以按项目来运作，因此当代的项目管理已深入各行各业，以不同的类型、不同的规模而出现，这种行业领域及项目类型的多样性，导致了各种各样项目管理理论和方法的出现，从而促进了项目管理的多元化发展。在行业性方面，建筑业的项目实践历史最悠久，随后是 20 世纪 40 年代美国的国防工业，继而是各行各业，现在也受到了高科技产业及各种社会大型活动的重视，开始在这些领域发挥它的作用。在项目类型方面有各种不同角度的理解，如宏观、微观，重点、非重点，工程、非工程，硬项目、软项目等。正是因为项目类型的多样化，有的项目是指大类，有的项目则是指一件小的具体任务，很不规范。反映在项目的规模上，也有类似情况，项目的范围有大有小，时间有长有短，涉及的行业、专业、人员也差别很大，难度也有大有小，因此出现了各种各样的项目管理方法。

最后是专业化。项目管理的广泛应用促进了项目管理向专业化方向发展，突出表现在项目管理知识体系（PMBOK）的不断发展和完善、学历教育和非学历教育竞相发展、各种项目管理软件开发及研究咨询机构不断涌现。同时，对项目与项目管理的学科探索也一直在积极进行之中，有分析性的也有综合性的，有原理概念性的也有工具方法性的。例如，针对具体的原理与方法方面的有项目评估、项目可行性研究、项目风险管理，针对行业性的如投资项目管理、建设项目管理、核电站项目管理等。有许多专家针对项目管理共性问题出版了现代项目管理基础、现代项目管理学等相关著作，创建“项目学”的倡议也得到了许多专家的支持。应该说所有这些专业化的探索，也正是项目管理学科逐渐走向成熟的标志。

我们还总结出了 21 世纪初国际项目管理发展呈现出的 3 个热点。

第一个是证书热。这是 PMI 在 PMBOK 基础上发展起来的，它代表了一种专业权威机构对从事项目管理人员的资质认可。这是一种牵引市场需求与学科发展非常有力的举措，从 1984 年开始申报的 50 多人，到 21 世纪初每年申报考试的有数千人，申请者不仅来自美国政府及各大企业，而且也开始扩展到了世界许多国家。IPMA 也推出了国际项目管理资质标准体系，澳大利亚、德国、英国等许多国家也已积极开展这项工作。

第二个是培训热。由于项目管理从业人员日渐增多，培训的需求急骤增长，世界各国的学校、专业学术组织、专业培训机构、咨询公司等，纷纷提出可以满足各种层次需求的培训计划和方案。例如，单是 PMI 从 1998 年 3 月到 11 月就安排了 9 次不同时间不同地点举办的研讨及培训班。一般每个班都有 4~6 门课程可供选择，与专业证书考试相结合，两者相得益彰。其他各种专业机构的培训教育活动就更多了。

第三个是软件热。在激烈竞争的环境下，面对各种复杂的项目有大量的信息、数据需要动态管理，要提高管理水平和工作效率，就必须使用先进的方法和工具。有数据表明，在美国项目管理人员中有 90%左右的人已在不同程度上使用了项目管理软件，有面向计划与进度管理的，有基于网络环境信息共享的，有围绕时间、费用、质量三坐标控制的，有信息资源系统管理的，等等。

综合来看，项目管理发展之快已超过了我们的想象。

项目管理学科则呈现双向探索的态势。也就是说，学术界与各有关专业人士对项目管理的研究基本上在两个方向努力。一方面是各领域的专家们在探讨本学科在项目管理中有无用武之地，如何将本学科领域的专业理论、方法应用于项目管理，如计算机、控制论、模糊数学等；另一方面是各行各业的专家们在探讨如何把项目管理的理论、方法应用到本行业中去，如建筑业、农业、军事工业及近几年呼声很高的 IT 行业等。

这种双向探索尽管均出自外界的需求，但却极大地促进了项目管理向两个方向发展。一是向学科化方向发展。项目管理在吸收各学科的有用部分，逐渐形成一些自己独立的内容体系。二是为了适应各行业发展的需要，项目管理学科也正在向实用化方向发展，包括各种方法、工具、标准、规范。这种跨行业、跨专业、有理论、有实践的学科发展，进一步促进了项目管理专业学科——项目学的建立和发展。

关于推进我国项目管理发展的思考

项目管理历来为我国有关领导所重视，但问题是行业分隔性强，政府部门较多地关注政策性，企事业单位往往把它作为临时性的任务处理（这也确实是项目管理的特点），任务结束也就很少过问了。因此，我们意识到，在分析了当代项目管理发展的特点后，还需要结合我国的现状，形成我们国家自己的发展思路。

例如，我们很高兴地看到，在我国出版业就有项目管理爱好者，经过努力学习，按照新的 IPMP 标准申请获得了 IPMP B 级（高级项目经理）资质，PMRC 在出版界的努力下也出版了《中国现代项目管理发展报告》，我在 2006 年在上海召开的 IPMA 第 20 届项目管理全球大会上就展示了这本书。

2006 年 IPMA 上海大会上，我向与会代表展示《中国现代项目管理发展报告》一书

经济全球化迅速推进，为项目管理的发展提供了一个难得的机遇，如何抓住时机，努力使项目管理与我国社会经济协调发展已经是迫在眉睫的问题。我们对此都有一种紧迫感。人们常常拿以下几个条件来看一门学科是否成熟，即高等学校有没有人开课？可不可以授予学位？有没有专业刊物及专业性的学术团体？总

体来看，我国在这几方面已经有了一些基础，但差距还很大。要真正跟上时代的步伐还需要有极大的投入。为此我们提出了多项建议。

（1）面向市场，面向国际，加快我国项目管理在实践应用、理论研究、教育培训、学科建设等全面发展的步伐。在应用方面，应认真总结我国多年来的项目实践，并结合我国实际，跟踪国际发展水平，建立起我国的项目库、案例库；在理论研究方面要鼓励多学科介入和跨行业交流；在教育培训方面要加快学历教育的步伐，尽早设立我国项目管理的硕士点、博士点，积极开展在职培训；在学科发展上要在认真总结国内外现有研究工作的基础上，积极探索项目管理的学科体系建设。

（2）加大培训力度，以推进证书制为突破口，促进专业人员水平的提高与学科发展。从国外发展经验看，这是一种极为有效的做法，它完全靠专业的权威性吸引着广大项目管理从业人员真正为提高他们的专业水平而努力。由于证书制本身既要结合本国情况又是处于动态发展之中的，因此在这方面我们可以先以引进为主，在引进的同时也组织力量开发既结合我国国情和项目特点，又考虑与国际接轨的项目管理专业证书制。

（3）尽快在政府支持下巩固与发展我国项目管理专业学会组织。学会在专业学科的发展中是一支重要的生力军，特别是像项目管理这样多元化发展的学科。PMI 和 IPMA 及世界各国项目管理专业学会的作用已充分说明了这一点。PMRC 近年也有了可喜的发展。

项目学发展的趋势探析

像任何其他学科的发展一样，项目学学科的成长和发展也需要有一个长期的过程，而且是永无止尽的。对于项目学发展的趋势，我也曾做了一些初步的判断。

1．项目学的主体是应用项目学，应用项目学的主体是微观项目管理

任何学科的发展都离不开时代背景，都有客观环境的制约。当今时代尽管有各种各样的项目，对项目的管理也有各种层次，但最基本的是单一项目的管理，也就是我们所说的微观项目管理。这种单个项目是国民经济发展的细胞。它们的数量、类别、复杂程度、规模大小、周期长短，综合反映了一个国家的经济发展程度和科技发展水平。因此微观项目管理，从大的方面说，是关系到国民经济发展的重要的因素，从小的方面来说，是各个项目相关单位兴衰、存亡的关键，这也是为什么微观项目管理在国内外项目管理专业领域受到特别重视的原因。

2．世界各国研究的项目管理知识体系是项目管理学科发展的重要内容

从 20 世纪 80 年代以来，世界各国专业人员与组织，纷纷提出了 PMBOK 的问题。PMBOK 之所以受到专业学术领域如此的重视，其最主要的原因在于它跨越了行业的界限。它归纳出的项目管理体系，是各行业的项目管理人员所必需的基本知识。就像网络计划技术可以适用于各行各业的计划管理一样，PMBOK 总结归纳出的知识体系，也可以适用于各行各业。有了这一知识体系，对提高项目管理专业人员的水平有极大的促进作用。知识体系与专业资格认证的结合从某种意义上说也反映了知识经济时代的特点。

我国对项目管理专业人员的培训教育启动还是比较早的。例如，中美合作大连工学院的厂长、经理培训班，就设有专门的项目管理课程。由国务院重大技术装备领导小组办公室于 1987 年在天津举办的第一期重大技术装备管理干部研讨班，可以说主要内容也是项目管理的培训。但这些培训教育大多都是由美国专家以讲座的方式进行的，因此并不系统。我很高兴地回忆起，也是在大连，2004 年成立了“大连市项目管理研究会”，中国工程院王众托院士参加了成立大会。

大连市项目管理研究会成立大会来宾合影

我国对项目管理知识的系统研究始于 1993 年，从那时开始，我们比较系统地收集和研究了国外 PMBOK 的发展过程及一些文件资料，同时也对我国的情况做了相应的调查研究，提出了一个我国项目管理知识体系的初步构架方案。但还有许多深入细致的工作要做，更需要在实践中不断补充、修改和完善，以形成既结合我国实际，又便于同国际项目管理专业接轨的一套知识体系。

3．项目学是知识创新与市场相结合的综合化发展

随着世界经济由工业经济向知识经济的转变，人们对劳动价值的衡量与评价也发生了变化。在知识经济时代，人们将知识通过创新劳动，转化为产品，投向市场，从而产生经济效益。其中极其重要的实现方式就是各种各样的项目。因此项目学的研究也将在知识、创新和市场的综合发展中而逐步发展成熟。

4．项目学是科学、技术和艺术等多学科的融合

项目管理专家们正以极大的兴趣关注着项目中的“软”问题，诸如项目过程中人的思维、行为、情感、适应性，项目管理中的多元文化问题、项目经理的领导艺术等。因此，项目管理是将思想转化为现实，将抽象转化为具体的科学和艺术。

这是项未竟的事业

这些年来，项目学的工作一直在不断推进中。例如，2017 年 9 月在西北工业大学举行首届《项目学》学科发展高端论坛，主题为"《项目学》学科建设与发展"。之后也有多次项目学研讨会相继召开。很多专家学者愿意加入进来，也有不少承诺会继续做下去。这让我倍感欣慰！

如今，项目学概念的提出已经二十余载，期间项目管理在我国蓬勃发展，以项目为载体的创业创新、发展变革日益成为组织成长、经济发展和社会进步的主导力量。然而，目前国际项目管理学界普遍认为，项目管理自身的基础理论仍需进一步完善。作为我国唯一跨行业的全国性项目管理专业组织，PMRC 组织开展项目学的研究、推动项目学科建设就有着重要的现实意义。通过进一步推进相关研究，揭示各类项目生成和发展的内在特征和规律，深入认识项目全生命周期各阶段与各学科及所处发展环境的互动关系，为项目管理学科奠定理论基础的同时，也为相关学科的发展呈现新的视角。

项目管理学科的发展，不管在国内还是国外，都进入了一个超乎寻常的发展速度，它对于中国经济的发展将发挥越来越大的作用。我衷心希望能有人来扛起项目学的这面大旗，国内同行们团结一致，为提高我国项目管理水平和促进国内外项目管理的接轨而共同努力。我相信，这门"95 后"学科还将释放无限的潜力！

第 10 章

寄语未来

在 IPMA 做副主席的那几年

2004 年，我当选 IPMA 副主席时，IPMA 执行委员会成员合影

从 2005 年到 2010 年，我在 IPMA 做了 3 届副主席，每届 2 年，总共 6 年，这也是规定的最长任期。当选后，经过 IPMA 执行委员会（Executive Board，ExBo）内部研究协调，我负责研究与发展（R&D）工作。每届任期结束进行换届选举前，IPMA 都会向各成员国发出通知，介绍换届选举情况与要求，请各成员国提出参

选人员名单和他们的简历。最后 IPMA 根据报选情况，通过选举，产生新一届执行委员会，我就是经过这样的程序当选的。

我进入 IPMA 执行委员会时，正好也是 IPMA 更换执行委员会主席，原执行委员会主席、英国的迈尔斯·谢泼德（Miles Shepherd）向印度的阿德施移交了任职标志。

NEWSLETTER

IPMA International Project Management Association

IPMA 的 *News Letter* 的报道

我在 IPMA 第一次任职是 2005—2006 年，当时我已 70 岁，而且我在国内还担任 PMRC 的名誉主任、IPMP 的首席评估师、IPMP 中国认证委员会主席等职务，事情很多。而那时 IPMA 的诸多事务常常又是合并召开的，如成员国代表大会（也可以说是理事会，有表决决策权）、研究管理委员会（Research Management Board, RMB）会议、全球大会（World Congress）、优秀项目大奖颁奖晚会、认证评估委员会（Certivecation Validation Management Board）会议等。因此，这 6 年里我出国极为频繁。

2005—2006 年，我去了荷兰、丹麦、意大利、法国、印度、爱尔兰、英国、斯洛文尼亚 8 个国家和国内很多地区，还作为首席评估师与薛岩特别应邀去了中国台湾。第二届、第三届就更多了。那时，总的来说，交通还是方便的，但通信还是有很多不便。我和国外的联系包括到有关大使馆办理签证，在银行申请外汇，从订购往返机票，与国外旅馆联系吃住等。由于那时与国外联系较少，这些工作大部分都要自己摸索着完成。现在回头查看以前的一些记录，出差是一次接着一次。有的是国内与国外衔接，如刚从国外回来，就接着参加国内的会议；有的是一个国家接着另一个国家，从一架飞机下来接着转上去另一个国家的飞机。真不知道那时是怎么走过来的！

我负责的 IPMA 的 R&D 工作主要有以下几方面。IPMA 有一个 RMB，主任是斯洛文利亚的布莱恩（Brane），他是前一届的副主席，研究工作做得很好。我请他协助我一起做 R&D 的工作，我们组建了一个 RMB 团队，共同商定邀请了下列人员为 RMB 成员：迈尔斯·谢泼德（英国）；玛蒂娜·胡曼（Martina Humaann，奥地利）；拉贾特·K.拜西亚（Rajat K. Baisya，印度）；皮埃特·斯泰恩（Pieter Steyn，南非）；简·贝塔（JanBetta，波兰）；欧立雄（中国）；马蒂·阿赫文哈尔朱（Matti Ahvenharju，芬兰）。[后来人员有所调整。简·贝塔换为美国的莱斯·斯夸尔斯（Les Squires）。]

IPMA Research Management Board

Brane Semolic, Professor and Head of the Project & Technology Management Institute and head of European Master in Project Management (EuroMPM) at the Faculty of Logistics, University of Maribo,Slovenia. He has 30 years of working experience as expert, researcher and consultant. Currently, Chairman of the Research Management Board and particularly responsible for forging strategic alliances in research.

Miles Shepherd, has been involved with project management for more than 30 years in leading roles with British Army, AEA Technology plc where he led a variety of projects in UK, Eastern Europe and Russia and so on. He has held Director level roles in professional associations like Association for Project Management & IPMA. Miles is responsible for academic events and standards.

Martina Huemann, is board member of project management Austria and faculty member of the Project Management Group of the Vienna University of Economics and Business Administration as well as research fellow at ESC Lille. Her motivation is to promote project management research - to enhance the discipline and profession of project management. Martina is responsible for the IPMA Research Awards.

Rajat K. Baisya, Professor of Marketing, Strategy, International Business and Project Management and former Head of the Business School at Indian Institute of Technology, Delhi. He has served in very senior capacities for 28 years in industry with leading MNCs and large corporations. He has over 200 research articles and two books to his credit. He is responsible for marketing of research activities and products.

Pieter Steyn is Founder and Principal of Cranefield College of Project and Programme Management. He was the former President of the Association of Project Management South Africa (APMSA). He is also founder of consulting engineering firm Steyn & Van Rensburg (SVR) and founder Chairperson of the Production Management Institute of South Africa. Pioneered Project Management education at post-graduate level, UNISA. He is responsible for developing IPMA's reference models and concept design.

Jan Betta, responsible for Project Management Program in Wroclaw University of Technology, Poland. Independent consultant, head of PM Group in Lower Silesia region, assessor of IPMA Project Excellence Award. Jan is responsible for international academic network.

Lixiong Ou, Deputy Dean of Management School of Northwestern Polytechnical University (NPU), Xi'an, China. He is also the standing director of International Project Management Institute at NPU. He is Vice Secretary-General and executive director, Project Management Research Committee, China(PMRC). His research work focus on C-PMBOK, Enterprise Project Management (EPM) and Project Management Maturity Model. Responsible for RMB website & researchers' collaboration platform.

Matti Ahvenharju has more than 30 years of experience in international project management business and more than 15 years of experience in project and portfolio management development. Matti Ahvenharju has been active in international project management professional networking and has extensive contact network globally to project management professionals and associations. He is responsible for R&D product development.

我任职后出版的一期认证管理委员会通讯

R&D 还有一项工作就是每年有一次研究工作的奖励，这不是项目奖而是研究奖。我国戚安邦教授、薛岩教授就曾获得过该奖项。研究奖中每年还有青年研究奖。

根据 IPMA 执行委员会的计划，R&D 还要根据其经费预算和分配，做好 R&D 的研究课题和参加会议经费计划，在每个年度工作结束时进行审核，向 IPMA 财务报账。记得在我第二届任职时，IPMA 执行委员会根据当时的经济情况，将 R&D 经费从原来的 40000 欧元缩减为 31000 欧元，还将我们的工作内容固定在约束的范围内。我和布莱恩讨论后提出了我们的意见和建议，执行委员会接受了我们的意见，并按照我们的建议做出了调整。

我们认为和 IPMA 执行委员会及其他各个委员会和会员国之间的信息沟通很重要，拉贾特提出可以出版一份内部通信，这一建议也得到了采纳。

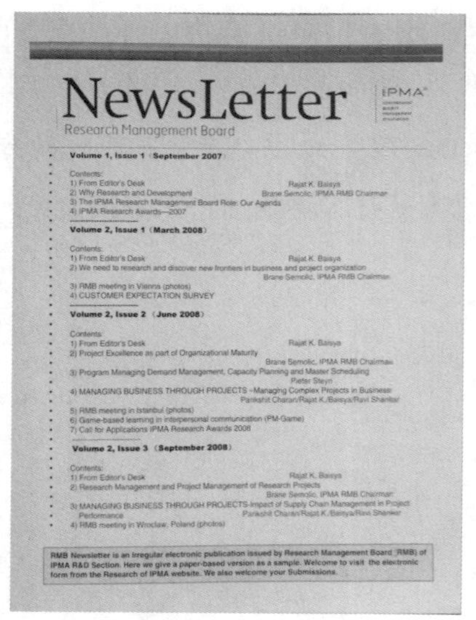

NewsLetter

Research Management Board

IPMA

Volume 1, Issue 1（September 2007）

Contents:
1) From Editor's Desk — Rajat K. Baisya
2) Why Research and Development — Brane Semolic, IPMA RMB Chairman
3) The IPMA Research Management Board Role: Our Agenda
4) IPMA Research Awards—2007

Volume 2, Issue 1（March 2008）

Contents:
1) From Editor's Desk — Rajat K. Baisya
2) We need to research and discover new frontiers in business and project organization — Brane Semolic, IPMA RMB Chairman
3) RMB meeting in Vienna (photos)
4) CUSTOMER EXPECTATION SURVEY

Volume 2, Issue 2（June 2008）

Contents:
1) From Editor's Desk — Rajat K. Baisya
2) Project Excellence as part of Organizational Maturity — Brane Semolic, IPMA RMB Chairman
3) Program Managing Demand Management, Capacity Planning and Master Scheduling — Pieter Steyn
4) MANAGING BUSINESS THROUGH PROJECTS -Managing Complex Projects in Business — Parikshit Charan/Rajat K./Baisya/Ravi Shankar
5) RMB meeting in Istanbul (photos)
6) Game-based learning in interpersonal communication (PM-Game)
7) Call for Applications IPMA Research Awards 2008

Volume 2, Issue 3（September 2008）

Contents:
1) From Editor's Desk — Rajat K. Baisya
2) Research Management and Project Management of Research Projects — Brane Semolic, IPMA RMB Chairman
3) MANAGING BUSINESS THROUGH PROJECTS-Impact of Supply Chain Management in Project Performance — Parikshit Charan/Rajat K./Baisya/Ravi Shanker
4) RMB meeting in Wroclaw, Poland (photos)

RMB Newsletter is an irregular electronic publication issued by Research Management Board (RMB) of IPMA R&D Section. Here we give a paper-based version as a sample. Welcome to visit the electronic form from the Research of IPMA website. We also welcome your Submissions.

认证管理研究委员会通讯封面

如前所述，在 2005 年任 IPMA 副主席时，我已经 70 岁了。孔子云：“七十而从心所欲，不逾矩。”我从 1958 年大学毕业，到 2010 年，也算是健康工作了 52 年！我一直坚持学无止境。当时每年要出国开会七八次，通信没有现在发达，还需要靠邮件联系。我的英语水平也离“从心所欲”的境界差得很远，虽然布莱恩和 RMB 同事们帮我很多，也经常获得 IPMA 执行委员会同人奥托的指点和帮助，但作为副主席，常常是要独当一面的，因此的确是费了相当大的精力、花了很多时间，走完了这艰难又收获满满的 6 年。为了我们在 IPMA 能发出更重要的声音，我认为这些付出都很值得！

2009—2010 年是我最后一届在 IPMA 任职，2010 年我共出国 7 次。

地　点	行　程	日　期	工　作	参与者
南非	西安—北京—迪拜—开普敦 返程	2010 年 2 月 28 日—3 月 12 日	RMB	钱福培
荷兰	西安—北京—阿姆斯特丹—海牙 返程	2010 年 3 月 22—31 日	ExBo CVMB COD	钱福培 薛　岩
希腊	西安—北京—雅典—伊拉克利翁 返程	2010 年 5 月 28 日—6 月 3 日	ExBo	钱福培
奥地利	西安—北京—慕尼黑—维也纳 返程 维也纳—罗马—北京—西安	2010 年 6 月 30 日—7 月 3 日	RMB ExBo	钱福培
俄罗斯	西安—北京—莫斯科—圣彼得堡 返程	2010 年 7 月 21—28 日	RMB	钱福培
冰岛	西安—法兰克福—Reykjavik 返程	2010 年 9 月 21—27 日	CVMB ExBo CoD ExBo	钱福培 薛　岩
土耳其	西安—北京—Istanbul 返程	2010 年 10 月 28 日—11 月 4 日	COD IPMA WC ExBo CVMB RMB	钱福培 薛　岩 叶金福 白思俊等

注：RMB——研究管理委员会；ExBo——执行委员会；CVMB——认证评估管理委员会；CoD——成员国代表大会；IPMA WC——IPMA 项目管理全球大会。

表中冰岛这一次会议既安排了 IPMA 执行委员会会议，又安排了成员国代表大会。成员国代表大会也是一次换届选举会议，2010 年是我第三届任期到期，PMRC 推荐了下一任候选人薛岩，而且在 IPMA 的认证委员会内部也推荐她为认证委员会主席（她以前是认证委员会委员）。这一次冰岛的选举中各成员国共报上来 10 位候选人，结果当选的有 6 位，薛岩是其中之一，以 58 票当选。

在这次冰岛会议上按 IPMA 成员国代表大会的议程，我有两次发言，一个是作为 IPMA 执行委员会副主席的发言，另一个是战略联盟问题（Alliances & Strategic Issues）的自由发言。

在执行委员会的发言中，我代表 R&D 说：“This is the last time CoD meeting in 2010. It is also the last time CoD meeting in my life as the vice president of IPMA . In 2009-2010, even in 2005-2006 and 2007-2008, I have good cooperation with Dr.Brane and his team, Research Management Board. Thanks for Brane and RMB members' good works and efforts in IPMA budget. So I want to ask Brane to report in details.”

因为 IPMA 在 2007—2008 年一届曾为经费问题缩减了 R&D 的预算，R&D 的经费少了 9000 欧元。我们在 RMB 团队成员的努力下，按计划完成了工作。出版了几期 *News Letter*，召开了多次 RMB 会议，特别是南非、奥地利、俄罗斯的几次 RMB 会议，还完成了 RMB 大奖的工作。2006 年在欧立雄的努力下，我们争取到第七届国际项目管理学术会议（IRONP Ⅶ）在 IPMA 上海全球大会前夕在西安召开（也是第一次在亚洲召开）的机会，并出版了论文集。此外布莱恩还提出了研究课题“知识节”（Festiver of Knowlege）活动，这个活动在中国组织和召开了一次。

IRNOP Ⅶ大会在西安召开

IRNOP Ⅶ参会代表合影

在战略联盟问题自由发言中，我主要谈的是 IPMA 在中国的重要影响及与 PMRC 的密切关系。“IPMA developed in China has 3 different levels. Top one is the International, because IPMA is really a big international family. We have 50 countries' PM members in the world. PMRC is proud as the MA in IPMA. The second one is IPMA is really a specialist association, who has certification. IPMA has PE award & Research award. Right now China has almost 20 thousands people who get certification and 10 projects which get PE and Research award. The third level is we have good experts and leaders, they have become foremost persons in China. I just show you a picture. In last July, Lanzhou, the capital of Gansu province, held a successful PM forum. IPMA President Brigitte, General secretary Villko and I as the vice of IPMA, attended this forum. So IPMA is a famous PM international association. IPMA and PMRC experts are important people in PM, in China. IPMA is to promote project management moving forward in China."

2010 年我卸任时，时任 IPMA 执行委员会主席的布里吉特在冰岛首都雷克雅未克召开了一次欢送会，她发表了一篇热情洋溢的讲话，令我感动不已！她说：

"Fupei unfortunately will leave IPMA and the IPMA Executive Board. He did a wonderful job in Research & Development and established a really good connection to China.

We will all really miss him, but hopefully he will still in connection with us and is visiting our World Congresses in the future.

This picture shows Fupei and the ExBo-members when we were in St.Petersburg and celebrating Fupei's birthday.

I won't tell you how old Fupei is because he told me that I should not say it, but he is really old. The T-Shirt he is wearing was made by his grandchild and he wore it that night we all celebrated his birthday!

Thank you Fupei for all the works you have dedicated to IPMA. We will really miss our Chinese EXBo member! Hopefully this CD will remind you of our ExBo and Council meetings! Thanks a lot!"

上述讲话翻译过来就是：

"很遗憾，福培就要卸任离开 IPMA 和执行委员会了。他在科研方面工作出色，帮助我们与中国建立了良好的联系。

我们都万分不舍，希望他能够继续与我们保持联系，以后也常来参加全球大会。

这些照片是我们在圣彼得堡的时候一起为福培庆祝生日。

这里我就不说福培的具体年龄了，因为他叮嘱我要‘保密’，但我可以告诉大家他年纪可是不小了呢。照片中他穿的 T 恤衫是孙女画的，我们在圣彼得堡为他庆祝生日那晚他便是穿的这件。

福培，谢谢你为 IPMA 所做的所有付出。我们都会想念你，我们执行委员会中的中国朋友！希望这盘 CD 能够帮你记住我们委员会和会议。再次感谢你！”

布里吉特讲完后，我上去接受她的 CD，并向执行委员会各位委员对我的帮助及 RMB 成员的支持致谢。与会代表全体起立，会场响起热烈的掌声，令我极为感动。那时是 2010 年 9 月 10 日。

2010 年，IPMA 在冰岛召开成员国代表会议，主席布里吉特发言

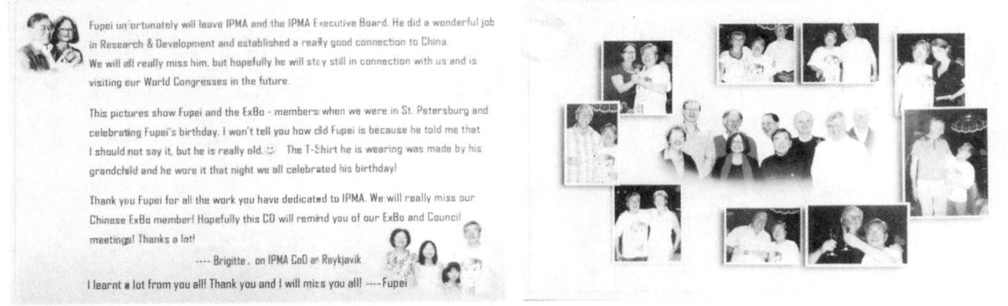

2010 年，IPMA 执行委员会在俄罗斯圣彼得堡开会时，刚巧是我的生日，大家一起为我祝贺

PMRC 教给了我什么

早在 1978 年，我拜读了钱学森先生等人的系统工程学著作，后来自学了华罗庚先生运筹学的有关内容。这些都让我颇受启发，让我下决心从飞机制造转行到了管理。后来，我又结识了华老的弟子陈德泉、计雷、徐伟宣等，在与他们的交谈中，我对于我国的项目管理专业发展有了一些初步的想法。在这个基础上，发起成立了跨行业、跨地区的 PMRC。从一开始只了解飞机制造，到慢慢接触系统工程，再到运筹学，再到项目管理，我对项目管理的认识是一个不断深入的过程。

彭端淑在《为学》中提出，天下事本无难易，重点在为与不为。PMRC 正是秉持着这种不惧困难、力行不怠的精神，朝乾夕惕，兢兢业业，谨终慎始，锲而不舍，一步一步走到了今天，有了现在这样的规模，这与西北工业大学校领导的大力扶持、与我国诸多行业专家们的帮助是密不可分的。当初志存高远的青年学子生出华发，懵懂无知的孩童成长为项目管理领域的中流砥柱，荏苒间，已经度过了 30 个春秋。30 年来 PMRC 可以说硕果累累，让项目管理专业在我国从无到有发展起来，在国内建立了专业的体系，也帮助推动我国的项目管理进入国际领域，让中国在 IPMA 逐步有了话语权。PMRC 的各项工作也给了我们自己锻炼成长的机会，让我们获益良多。

朝菌不知晦朔，蟪蛄不知春秋，斥鴳也不明白鲲鹏为何飞去南海。通过 PMRC，我们见识到了更宽广的世界。这让我们不自持于自己的学识，而是不断地学习、砥砺前行。

我的 LRT 学习之路

回想 1988 年我 55 岁，从那时起我就确定了我之后将走上项目管理这条道路。我在 1993 年筹备沈阳会议前就启用了一个专门用于学习项目管理的笔记本（Learn

Research Think，LRT）。这本笔记本我经常记录和翻阅。内容、记录方式不拘，可以是汉字，可以是英文，可以记录自己所思所得，也可以是摘录、抄录有关材料。每次记录都有标注时间，这样便于查找。

在 1993 年的这本笔记本中，除了项目管理的相关学习，对项目管理工作也有一些记载，还有一些工作中的思考和心得。例如，沈阳会议上我计划报告的内容是“国内外项目管理发展的历史和现状”。但我也反复思考，感觉这个报告主题还是存在一些问题。例如，我定义的是国内外项目管理的历史和发展，国外发展怎么讲？自己对国外历史了解多少？因此我觉得这个报告主题不合适，因为这个主题是以历史为主来展开的，而我对国外历史了解并不够。因此后来我在大会的报告主题改为“国内外项目管理发展综述”，这个题目对当时的我而言要合适多了。我 1995 年提出的项目学的相关想法，从 1993 年 6 月开始发展至今也是用 LRT 记录的。在 LRT 中还记录了 IPMA 邀请我为《国际项目管理期刊》编委及后来我参加该项工作的记录等。

我的 LRT 已经记录了两本，从 1993 年一直用到现在，几乎从未间断。我觉得颇为有用，对我项目管理的学习及如何提高自己有很大的帮助。有这样的一个学习、研究、思考和记录的习惯是很有必要的。

PMRC 的苦恼

30 年前，1991 年 PMRC 成立时，国内还没有其他项目管理组织，只有我们一个跨行业、跨地区的项目管理组织。当时令我苦恼的是，在我向诸多组织和个人介绍项目管理时，由于大家都是初次接触这个概念，提出的一个普遍问题就是：“既然项目是系统，那么项目管理不就是系统工程吗？它们的差别是什么？”我们有事要找上级主管政府部门时，常会碰到“这不归我们管”之类的回应。对于这些，一方面我自己加紧学习，深入了解项目管理，另一方面也不禁会“抱怨”说：

“PMRC 找个婆家可真难啊！”如今，项目管理的学科归属问题也还有待进一步厘清。

而且，我们的 IPMP 认证中一直是“硬”项目多，“软”项目少。现在我们有了来自传媒出版领域获得高级项目经理认证的专家，还有很多软领域是尚未开发的处女地。项目管理的方法是相通的、有共性的，应该争取更大的覆盖面，让每个行业都结合自身特点加以应用。吸纳不同行业的专业观点，也更能保障评估工作的公正客观。例如，现在已有企业探索以党建的方法管理项目，并且取得了非常喜人的成效。这既富有创新精神，又彰显了中国特色，非常值得学习和借鉴。

现在 PMRC 发展历经 30 年，虽然项目管理已经被大家所熟知，但也有新的苦恼。PMRC 和大家一起进入了中国特色社会主义新时代，但是 PMRC 仍然是一个二级学会，没有法人，没有财权，一定程度上限制了 PMRC 自身的发展，同时也限制了 PMRC 对中国项目管理事业的推动作用的发挥。PMRC 到底是应该在市场经济下的自由发展，还是应该在中国特色社会主义制度下的有序、有效发展？如何加以平衡？有类似这种情况的组织可能不只 PMRC，因为这确实也是中国当前面临的服务业供给侧结构性改革所急需解决的重要问题。

除此之外，我们也遇到过不少阻碍，受到过质疑甚至语言攻击。现在说起来，自有一番酸甜苦辣在心头。我们究竟应该怎么做来解决矛盾，无时无刻不牵动着我的心。我坚信，不要惧怕问题和矛盾，反而应当直面问题、化解矛盾。因为这是为了更好地进步，更加可持续地发展。打铁还需自身硬，靠高质量、客观的工作，才能屹立不倒。PMRC 要加强顶层设计，要在完善组织协调、科学划分市场、提高评估师自身水平及加强对评估师的督导管理等方面不断加强自身的能力建设，这便是对问题和质疑最好的回应！

发展 PMRC 之管见

PMRC 发展至今，一茬一茬已经换了几代人，老的老了，年轻的专家们也人到中年，不可回避地要考虑更新换代的问题。老骥伏枥，志在千里。我对 PMRC 就像对我的孩子一样，从未停止挂念，对于 PMRC 的未来发展有一些想法，希望能够供后来者参考。

总体来说，国内处于像我们这样层级的学会如今可能不在少数。习近平总书记多次强调要坚持党对一切工作的领导，如何进一步加强党对 PMRC 的领导，这是急需党务工作者考虑的问题。具体对 PMRC 的发展，我有以下几点期望。

（1）继续组织编写《中国现代项目管理发展报告》，总结自己的经验，这是为了更好地前行。PMRC 已经编写了 3 本（2006 年、2011 年和 2016 年），正好与我国第十一个五年计划、第十二个五年计划和第十三个五年计划相吻合。2021 年是我国实行第十四个五年计划的开局之年，衷心希望 PMRC 继续推进这项工作。

（2）PMRC 应该努力研究制定具有中国特色并具有国际水平的项目经理能力专业标准。这项工作应该说 PMRC 是有基础的，因为 PMRC 已经做了多年的 IPMP 工作。据我了解，有些企业已编制了自己本单位的项目经理能力认证标准。PMRC 应该组织力量，下功夫做些调查研究，将这些工作从企业（点）扩大到行业（面），再跨行业制定全国性的、具有国际水平的“中国项目经理能力标准”。

（3）要普及项目管理教育，特别是对脱贫后的农村干部开展培训。这项工作现在提出可以说恰逢其时。2020 年，我国奏响了一首不朽的战贫凯歌——全国绝对贫困人口全部脱贫，贫困县全部摘帽，人口较少民族全部实现整族脱贫……以习近平同志为核心的党中央全力推动的脱贫攻坚工作取得了重大胜利！当然，这并不意味着扶贫工作结束了，脱贫后的贫困地区还要进一步发展，发展都要落实到一个个项目上，包括发展乡村产业、异地安置及安置后的技能培训等。为了做好这些项目，便需要普及项目管理教育。普及过程首先可以对地方干部们展开，让他们成为当地项目管理带头人，管理好这些项目，进而保证脱贫之后不返贫。

如何普及这项工作呢？我曾向西北工业大学校工会扶贫办了解情况，了解到我们学校也有定向扶贫点，他们还会来西北工业大学展销农产品。是否能将我们的项目管理普及与这些定点扶贫工作结合起来？普及费用从何解决？能否与政府沟通并取得支持？还有很多问题有待进一步探索。我希望能组织一批 PMRC 志愿者队伍参与到这一项目中来。

这项事业意义深远。从世界范围看，联合国提出全球减贫任务非常艰巨。尤其是 2020 年，受新冠肺炎疫情影响，全球减贫事业遭遇了重大挫折。根据世界银行最新预测，2020 年，新冠肺炎疫情可能导致 1.15 亿人重新陷入极端贫困，全球相对贫困问题仍旧凸显。中国政府不仅帮助国内贫困人口脱贫，在减贫方面的独特经验，以及持续向有需要的国家提供的援助，也是助力全球减贫事业和实现可持续发展目标国际行动的重要组成部分。如今国家正在探索如何向世界讲好中国的扶贫故事，分享中国经验。我们可以挖掘中国扶贫事业中的优秀项目来参评国际大奖，由此在为我们项目管理事业赢得荣誉的同时，也向世界贡献中国智慧！

（4）继续推进项目学研究。这是一项开创性的学科建设工作，我们不期望一次完成，也不可能一次完成。学科建设是一项需要几年、几十年甚至几代人的辛勤努力才有望成功的事业。这项事业目前也在进行中，希望后辈们再接再厉！

（5）希望后面历任领导加强 PMRC 档案管理，派出专人建立一套规范化的档案制度。我很高兴，由于认证委员会、华鼎公司，常淑茶、吴志东及其他 PMRC 委员们的努力，我们有了自己的《项目管理》手册、《PMRC 大事记》、《国际项目管理专栏》、IPMP 中国认证委员会评估师论坛、《足迹——IPMP 走进中国（2001—2011）》等，积累了一些资料，这些都是 PMRC 的宝贵资源！PMRC 今后 5 年、10 年、20 年、30 年……还会有更多的资料、信息积累。当然，这也需要不断探索更好的管理方法和手段。

（6）我还要特别感谢 CYC 第一届领导赵丽坤、朱郑州、郭雅，以及普华公司、华鼎公司同人等的努力，创建了 CYC 的品牌活动“全国高等院校项目管理大赛”。可以说 PMRC 后继有人，这是尤为令人振奋的事！年轻人的加入无疑为 PMRC 注入了新鲜血液，增加了活力。如何能进一步提高 CYC 评奖的认可程度？如何培养青年项目管理人才，为 PMRC 培养新生力量？希望能引起更多相关方的重视，推进中国 CYC、PMRC 事业再创辉煌！

以上便是我借着 PMRC 成立 30 周年之际总结得出的一管之见，希望能抛砖引玉。

PMRC 迎来而立之年，中国的项目管理事业也在蒸蒸日上。时代的发展不断为我们带来新的机遇与挑战，赋予我们新的使命，项目管理人大有可为！

2013 年，习近平总书记提出了“一带一路”倡议，强调要高举和平发展的旗帜，积极发展与沿线国家的经济合作伙伴关系，共同打造政治互信、经济融合、文化包容的利益共同体、命运共同体和责任共同体。“一带一路”经济区开放后，承包工程项目突破 3000 个。2015 年，中国企业共对“一带一路”相关的 49 个国家进行了直接投资，投资额同比增长 18.2%；中国承接“一带一路”相关国家服务外包合同金额 178.3 亿美元，执行金额 121.5 亿美元，同比分别增长 42.6%和 23.45%。很多“一带一路”项目管理人员来接受 IPMP 认证，我们的认证工作为中国项目“走出去”提供了有力背书。截至 2020 年 9 月，中国已经与 138 个国家、30 个国际组织签署 200 份共建“一带一路”合作文件。IPMA 成员国中也有很多是“一带一路”沿线国家，加强我们之间的合作亦是为国家顶层设计的切实落地做贡献。

2020 年 5 月，国家还印发实施了《中共中央、国务院关于新时代推进西部大开发形成新格局的指导意见》（下称“《意见》”）。《意见》提出，西部地区经济社会发展取得重大历史性成就，为决胜全面建成小康社会奠定了比较坚实的基础，也扩展了国家发展的战略回旋空间。但同时，西部地区发展不平衡不充分问题依然突出，巩固脱贫攻坚任务依然艰巨，与东部地区发展差距依然较大，维护民族团结、社会稳定、国家安全任务依然繁重，仍然是全面建成小康社会、实现社会主义现代化的短板和薄弱环节。PMRC 立足西安，自西部大开发战略提出伊始便紧跟步伐，贡献力量为之服务。新时代我们要再接再厉，了解新的国家需求，继续为西部大开发工作提供支撑，以助力加快形成西部大开发新格局，推动我们西部地区实现高质量发展。

国家的发展是项目的推进，人的一生何尝不是完成一个个项目的过程呢，有不同的阶段、不同的目标。吾心所向，一往无前。当今世界面临百年未有之大变局，我们则进入了中国特色社会主义新时代。期待后辈们不忘初心，胸怀天下，以梦为马，不负韶华！

中篇　业界声音

第 11 章

媒体访谈实录

莫道桑榆晚，为霞尚满天

——记中国项目管理学科方向的引领者钱福培教授

薛　岩

2004 年 10 月 9 日，在西班牙首都马德里举行的 IPMA 2004 年理事会议上，当被要求暂时回避而离开会场的钱福培教授被再次请入会场时，来自全球 34 个国家的理事代表们肃然起立，以长时间的热烈掌声对钱福培教授以全票的形式获得了 IPMA 荣誉会员称号表示热烈的祝贺。

钱福培教授是当时唯一获得该项殊荣的亚洲人。在同一天，钱福培教授同时当选为 IPMA 副主席。

这是对钱福培教授数十年如一日坚韧执着开拓、引领、推动中国项目管理发展的高度认可，也是对中国项目管理崛起于世界东方的无上荣誉。

全场起立向获得 IPMA 荣誉会员称号的钱福培教授表示祝贺

↗ 始探项目管理之路

童年在抗日战争硝烟中度过，目睹祖国饱经苦难岁月的钱福培，从小就有着强烈的民族责任感。1953 年，钱福培怀抱着要设计制造中国自己的飞机，为新中国争光的志向考入了华东航空学院飞机制造专业。1958 年，钱福培毕业留校，此时，华东航空学院已从南京迁到了西安，并与其他院校合并成了今日的西北工业大学。

在西北工业大学，钱福培做了一段时间的飞机的教学工作。西北工业大学是一所集航天、航空和航海于一体的国防科工委重点院校，学校参与了很多国家重大国防项目的研制工作。钱福培在教学和与这些大型项目的接触中，感到了运筹学、系统工程等现代管理科学的重要性。自 20 世纪 80 年代起，钱福培开始将注意力转向了项目管理关键技术——网络技术和系统工程的研究工作。1983 年，钱福培正式调入企业管理教研室；1985 年，钱福培担任了西北工业大学管理系副主任。随后，任西北工业大学管理学院副院长、中国设备管理培训中心副主任等职务。

1987 年 9 月，钱福培教授登上了去美国的飞机。作为国家高级访问学者，钱福培教授在美国马里兰大学开始了为期一年的学术交流访问。在马里兰大学，钱福培教授如饥似渴地翻阅文献、查阅资料，做的笔记足有厚厚的十几本。通过对美国 PMI、NASA 等重要机构项目管理研究和应用的深入分析，通过与国际项目管理专家学者广泛的交流，钱福培教授对国际项目管理发展的趋势有了较全面的掌握，对项目管理的理论和方法有了更深入的研究。钱福培教授清醒地感到项目管理已成为发达国家的一种先进的管理方式，应用领域也已从最早的建筑行业、国防行业发展到了医药、制造、IT、航空航天、金融、政府等更为广阔的领域。钱福培教授认定：项目管理正是我国谋求高速高效发展急需的管理方法，在中国建立项目管理学科、发展项目管理事业是一项极为重要而又刻不容缓的历史使命。

1988 年 10 月，钱福培教授毅然踏上了回国的征程，开始了在中国建立并推进项目管理的事业。

1997 年钱福培教授在印度新德里举办的项目管理亚太论坛上发表演讲

钱福培教授与项目经理在项目现场

↗ 创建中国项目管理专业组织

回国后，钱福培教授积极投入筹备中国项目管理专业组织的工作。在著名数学家华罗庚先生组建的全国性一级学会双法研究会的支持下，在西北工业大学各级领导的关怀下，1991 年 6 月，钱福培教授协同国内项目管理专家，主持创建了中国唯一的跨行业、跨地区的项目管理学术组织——PMRC，并担当常务副主任。

自 1992 年，PMRC 开始编辑出版内部发行期刊《项目管理》，这是我国最早，也是在很长一段时间内唯一出版的一份跨行业、跨地区的项目管理专业期刊。它像一颗火种，在全国范围内普及和传播现代项目管理的知识和理念方面发挥了重要作用。期刊自创刊起，钱福培教授就担任主编，但事实上，钱福培教授承担的何止是主编的工作。钱福培教授曾为这些期刊稿件的审阅、校对熬过多少夜，曾为期刊的制作、印刷、发行操过多少心，曾为这些期刊经费的募集怎样地四处奔波，现在已无法考证。也许，只有这些期刊本身以及期刊的读者可以见证了。

PMRC 于 1991 年成立，同期召开了首届主题为“网络计划技术及其应用”的中国项目管理学术论坛。以后，PMRC 坚持每两年召开一届项目管理学术交流大会，并分别于 1995 年、2000 年和 2004 年召开了三届国际项目管理学术交流大会。至此，PMRC 共召开了 7 届国内、国际学术交流大会，有效地促进了大学、科研单位与企事业单位的交流，促进了各行业间的沟通，也促进了中国与世界的相互学习和了解。

2000 年 10 月，PMRC 与西安市政府联合在西安主办第二届中国国际项目管理学术交流大会，大会的主题为“21 世纪的项目管理——知识经济与中国西部大开发”。为了扩大会议的影响，吸纳更多的人士关注项目管理、关注祖国西部大开发，钱福培教授不辞辛劳，与西安市政府代表团一起辗转北京、上海、深圳、香港等地召开新闻发布会，宣传项目管理，介绍国际会议，吸引了大量项目管理专业企业和人员与会。

14 年来，PMRC 始终以推进我国项目管理的发展为己任，并伴随着我国项目管理事业的蓬勃发展而发展壮大。目前，PMRC 会员几乎覆盖了全国各行各业；拥有包括 4 名首席评估师在内的国际项目管理资质认证评估师 46 名；PMRC 已在全国 30 个省市自治区建立了项目管理的培训和认证机构；PMRC 还积极支持大连、南京、甘肃、河北、武汉、陕西等省、市成立了区域项目管理专业委员会，使项目管理的工作更加落在实处；PMRC 已为国家输送国际认可的、通过 IPMP 认证的各级项目管理专业人士近 6000 名。PMRC 还直接参与了多个国家重大项目的管理系统的建设和评估工作；PMRC 已与中国建设项目管理协会、中国工程咨询协会、中国国际工程咨询协会、中国勘察设计协会等兄弟协会或学会建立了密切的合作关系，并多次联合举办活动，以共同促进中国项目管理的发展。

PMRC 已成立 14 年了。作为一个相对松散的非营利的二级学会，它与日俱增的影响力和对社会所做的贡献是有目共睹的；它从零开始而发展壮大的艰辛历程也是不可言喻的。主持创建并连续 4 届、14 载身为学会常务副主任，钱福培教授十年如一日地只问耕耘，不问收获，像一个父亲一样在 PMRC 的建设和发展上无私地倾注了无数的心血和汗水，对 PMRC 有着血浓于水般的深厚感情。

↗ 开辟中国项目管理知识体系与项目学

1985—1987 年，钱福培教授主持完成了国家自然科学基金项目“微机图像系统辅助网络分析”，率先将计算机图像系统融入项目管理的关键技术——网络技术中，实现了网络分析的可视化和自动化。该课题的研究不仅实现了技术和方法上的突破，还锻炼了队伍，培养了人才。当年曾参加该研究课题的年轻教师白思俊，现在已成为我国项目管理领域的中坚力量，并自 2000 年起，挑起了 PMRC 秘书长的重任。

1995—1997 年，钱福培教授主持完成了另一项国家自然科学基金项目“我国项目管理知识体系结构的分析与研究”，可以看出，该课题不仅是关心项目管理的技术和方法，而是从更宽广的角度，在综合分析了世界各国项目管理现状和趋势的情况下，首次针对中国的实际情况，提出了中国项目管理的体系结构。该课题的研究成果在 1997 年的全国项目管理学术会议上进行了发布，引起了与会代表的高度关注。当时参加该课题的主要成员，还是钱福培教授硕士研究生的欧立雄，现在也已是中国国际项目管理资质体系认证标准与培训工作组的组长，并兼任 PMRC 的副秘书长。钱福培教授可以说是又出成果又出人才。

而后，在钱福培教授及其课题组研究成果的基础上，PMRC 成立了专门的编委会深入工作，并于 2001 年 5 月正式出版发行了《中国项目管理知识体系与国际项目管理专业资质认证标准》。该体系为我国项目管理学科和专业在体系上奠定了基础。中国项目管理知识体系和国际项目管理专业资质认证标准的研究成果也受到了国际同行的密切关注，目前，体系中的部分内容还被吸收到了国际项目管理协会的 ICB 中。

1995 年，钱福培教授就曾提出了项目学的概念，并于 1995 年中国首届国际项目管理论坛上作了题为“时代的呼唤——论‘项目学’的创建”的重要发言。钱福培教授提出：时代的发展为项目管理提供了极其广阔的舞台，不管是发达国家还是发展中国家，都围绕着经济建设和文化建设加快着他们的前进步伐。即使是最不发达的国家，也都在努力与贫穷和疾病作斗争。所有这些都是通过一项一项具体任务来完成的，都是我们所说的“项目”。钱福培教授在项目学的论述中列举了当代项目管理的特征反映的多个方面，并提出促进项目管理到来的根本原因在于项目的激烈变化与发展，项目变化的特征反映在群体方面使项目的类型和项目数量有很大增长，反映在个体方面使项目的规模、周期及复杂程度也有很大变化，正是这些变化促使人们要对项目进行全面而系统的研究。最后，钱福培教授提出了描述项目学的金字塔模型。在该模型中，项目学分为两个层次：基础层与应用层。应用层是在基础层基础上发展的，而应用中出现的问题又反馈回基础层各有关领域。在这两个层次，钱福培教授还从总体、群体、个体，宏观项目学、微观项目学、项目文化，项目发展的动力机制，项目学的学科基础及相关学科等各方面进行了论述。钱福培教授认为，一门新学科的建立，必须有本学科特有的定义和研究对象；必须有经过悉心研究而建立起来的理论体系；必须有能回答新问题、新情况、新挑战的逻辑起点和学科方法，以及展现新的发展领域和科学层次的能力。新学科的建立是一项艰巨而又进程缓慢的任务，也是一个不断探索、逐步完善的过程，要有几代专家学者的辛勤耕耘，这是时代赋予我们的重任，也是我们对时代的贡献。其实，钱福培教授一直在为这历史的重任而忙碌着。

1998 年，钱福培教授有关项目学的研究成果被收进由时任中国科协主席、中国科学院院长周光召主编的《科技进步与学科发展》一书。

2004 年，钱福培教授联合国内 30 位著名专家学者，主编了项目管理系列教材，该系列基本上涵盖了现代项目管理的知识领域和应用领域，为中国的本科生和硕士生项目管理教育提供了丰富的食粮。

↗ 推动中国项目管理国际化进程

钱福培教授一直认为，中国的项目管理，要在借鉴国际项目管理优秀成果的基础上，与中国的具体国情相结合。从 20 世纪 90 年代初开始，钱福培教授就不遗余力地推动中国项目管理的国际交流、对话与合作，其中既有与 IPMA 的交流、对话与合作，也有与 PMI 的交流、对话与合作。

1994 年的春天，时任国家外国专家局培训中心主任的胡新渝先生访问了钱福培教授所在的西北工业大学，钱福培教授向胡新渝主任汇报了我国项目管理的开展情况，并就我国项目管理国际化的问题提出了自己的建议。胡主任对这些建议非常重视，返京后不久就再次邀请钱福培教授进京，并组织国内其他几位专家一起共同讨论中国项目管理发展大计。钱福培教授在该次座谈会上，提交了关于“引进 PMP 推进中国项目管理事业发展”的书面建议并得到认可。随后，钱福培教授及其所领导的团队，在国家智力引进项目的支持下，多次邀请 PMI 专家在全国各地广泛开展了项目管理及 PMP 认证体系的推广工作，为 PMP 引入中国做了大量的工作。

1996 年，钱福培教授带领 PMRC 融入了 IPMA 这个大家庭，并成为其会员国和理事单位。IPMA 成立于 1965 年，是国际化的项目管理专业组织，其 34 个会员国分布于世界 5 个大洲。

PMRC 于 2000 年取得了 IPMA 的授权，在中国开展 IPMA 国际项目管理资质认证。该项认证具有广泛的国际性和权威性，根据国际项目管理能力基准，从能力的 3 个不同方面对项目管理从业人员进行综合认证，已得到国际社会的普遍认可。

要把国际这套项目管理资质认证体系引入中国，需要做大量的工作并面临巨大的挑战。首先，需要完成从 ICB 到 C-NCB 的转化，即在保留 ICB 核心要素的前提下，对可替代的要素进行转化，使认证既能符合国际标准，又考虑到中国特色（如中国的法律及相关政策等）。为了尽快把这套国际体系引入中国，2001 年五一节期间，西北工业大学招待所灯火通明，钱福培教授与上海财经大学刘荔娟教授、大连理工大学戴大双教授、浙江大学卢向南教授等 13 位项目管理专家经过连夜奋战、协同工作，终于完成了该项重要工作。迄今，《中国项目管理知识体系与国际项目管理专业资质认证标准》已重印了 11 次。

而后，钱福培教授先后在全国范围内邀请了 15 位项目管理著名专家和各行业的领导者，组成了中国国际项目管理专业资质认证委员会，钱福培教授任中国国际项目管理专业资质认证委员会的主席。中国国际项目管理专业资质认证委员会下设三个专业工作组：认证组、标准与培训组、市场与推广组。由中国国际项目管理专业资质认证委员会对工作总体把关和指导，以保证国际项目管理专业资质认证在我国健康发展。

为了更好地进行市场推广，在钱福培教授的积极支持下，专门设立了西安华鼎公司，西安华鼎公司在中国国际项目管理专业资质认证委员会的授权范围内，按市场机制进行具体的市场开发和组织工作。市场机制的引入，为认证工作的推进带来了极大的活力。

另外，在认证委员会的指导下，还建立了强大的 IPMP 培训师队伍、评估师队伍及分布在全国 30 多个省市的考点和培训点，形成了完整的培训体系、认证体系和市场体系。

IPMP 资质认证的推广，受到了参加认证人员和社会各界的好评。陈德泉教授是我国首批获得 IPMP B 级认证的项目经理，其实，陈教授早期一直跟着华罗庚先生推广优选法、统筹法，现在还担任着华罗庚实验室的主任，陈教授还曾担任双法研究会的理事长，一直关心和指导着 PMRC 的发展。他对这套体系和采用的评价方法非常赞赏，认为具有很强的科学性。陈教授通过认证后担任了 IPMP 评估师的工作，身体力行地为该体系在中国的推广辛勤耕耘着。

应该一提的是，该项认证也得到了我国军方的充分认可，特别是在型号项目管理方面的应用。中国空军装备部副部长张鹏将军也带头参加了认证，并成为我国 4 位首批 IPMP A 级获证者之一。

JQHV 联盟的建立是钱福培教授充当我国项目管理国际交流使者的又一佐证。2002 年 12 月 5 日，日本项目管理协会和论坛主席田中浩（Hiroshi Tanaka）在印度召开的第 11 届国际项目管理论坛上提出了建立 JQHV 联盟的倡议。该倡议中提到的 J 、Q、H、V 是中国、印度、日本、俄罗斯 4 个国家项目管理专业组织领导人姓氏首位字母的组合[Q—Qian Fupei（钱福培），中国 PMRC 常务副主席；J—Adesh Jean（阿德施・贾因），印度项目管理协会主席；H—Hiroshi Tanaka（田中浩），日本项目管理论坛主席；V—Vladimir Voropaev（弗拉基米尔・沃罗帕耶夫），俄罗斯项目管理协会主席]。田中浩提出建立联盟的初衷是基于 4 人在各自所在国家项目管理领域的领导地位，基于 4 人多年来所建立的信任和友谊，通过 4 人的纽带和桥梁作用，推动中、印、日、俄间项目管理方面的交流和合作。该倡议一经提出，就得到了 4 位老朋友的一致赞同并就此达成共识，2002 年 12 月，JQHV 联盟正式签字生效。目前该联盟已在 4 个国家项目管理交流和合作方面发挥了应有的作用，相信今后在加快亚太区域经济发展方面会发挥更大的作用。

其实，在钱福培教授获得 IPMA 荣誉会员称号之前的 2002 年 12 月 2 日，就获得了由印度项目管理协会颁发的 2002 年度 CEPM-PMA 项目管理荣誉奖。该奖项是由印度项目管理协会于 1995 年设立的，至今共有二十多人获得过该项奖项。印度项目管理协会将 2002 年度荣誉奖颁发给钱福培教授，主要是表彰钱福培教授在国际项目管理领域和印中项目管理合作方面所做的贡献。

为中国首批通过 IPMP A 级认证人员颁发证书

↗　他有清晰的价值观

“他有自己清晰的价值观。”这是芬兰项目管理协会主席、IPMA 前副主席马蒂先生对钱福培教授的理解和评价，正是基于这样的理解，马蒂先生曾在国际项目管理协会讨论台湾问题的时候，更改自己原定不参加该次会议的日程，并自费提前一天赶到会议现场，积极在欧洲的理事国中宣传“一个中国”的政策。为了取得更好的宣传效果，马蒂先生在赴会之前还联系了芬兰大使馆，查阅了联合国和一些国际学会的案例做法，并在理事会的发言中从一个西方人的角度引用了这些资料，取得了很好的效果。马蒂先生的真诚使钱福培教授非常感动，其实，又何尝不是钱福培教授在用自己的真诚和行动感动了他人呢。

二十多年来，无论是项目管理在我国还未被广泛接受，处于低潮期的 20 世纪八九十年代，还是项目管理已形成一定气候的今日，钱福培教授始终认真地、执着地、全力以赴地投入，不计个人名利得失、不计一事一时之成败，强烈的事业心和使命感是其动力所在。20 世纪 90 年代初期，为了节省经费，钱福培教授参加国际会议后曾经自带干粮，乘坐火车三天三夜从莫斯科坐火车返回西安。去年，钱福培教授还经常一次出差十几天，辗转几个省市，不知疲倦地四处交流推动。在家时，钱福培教授也经常是一天工作十几个小时以上，已成为他的习惯。正是钱福培教授的这份奉献和感动，在他的身边聚集了一支为中国的项目管理事业而努力的专业队伍，而且，这支队伍正在逐年发展壮大。

谈到感动，不能不在此泄露一个钱福培教授的秘密。2003 年 9 月，在前去斯洛文尼亚参加 IPMA 理事会议前夕，钱福培教授因疲劳过度患了带状疱疹，医生和夫人都劝他要悉心休养，钱福培教授考虑到该次会议上有关于中国台湾申请参加 IPMA 的议程，对这样重大问题的讨论，我们绝对不能缺席。于是，钱福培教授瞒着同事来到了北京，直到买药时才被同行者发现，但无论如何也劝他不下，硬是忍着剧痛坚持出国参加了会议。通过积极的工作，维护了我国关于“一个中国”的严正立场，并与中国台湾的项目管理专业组织建立了友好的合作关系。但那趟出差，确让知情者捏了一把汗。

“只要有一线希望，就不要放弃努力，做，就要做好。”这是钱福培教授的人生信念。1995 年 4 月，联合国教科文组织总干事贝德兰先生访问了西北工业大学，初次介绍了联合国教科文组织正在开展的一项 UNISPAR 计划，该计划皆在促进大学与产业界及研究机构紧密合作，以使科学、教育更好地为经济发展与人才培养服务。同年 12 月，联合国教科文组织科技部负责人青岛泰之先生访问西北工业大学，再次介绍了 UNISPAR 计划的内容，并提到教科文组织 1996 年要在巴黎召开会议，推进在发展中国家推行产学研结合。钱福培教授敏锐地认识到这是一项对我国产学研都很有意义的计划，应该积极地参加进去。1996 年 7 月，钱福培教授以论文作者的身份参加了在巴黎召开的“工程教育者和工业界领导人世界大会”。在大会期间，钱福培教授几经周折拜访了 UNESCO 的副总干事贝德兰先生，并得到了其关于在西北工业大学开展 UNISPR 计划的支持。回西安的第二天，钱福培教授不顾旅途疲劳，在西北工业大学学校领导的大力支持下，根据巴黎会议获得的信息，在 3 天内形成了一份申请建立教席的材料，并以最快的速度上报了中国联合国教科文组织全国委员会和联合国教科文组织总部。1997 年 5 月 30 日，“联合国教科文组织产学研结合计划西安网点成立大会暨第一次研讨会”在西北工业大学国际会议中心隆重举行，钱福培教授担任该网点办公室主任。同年，钱福培教授还主持建立了由日本三菱重工资助的 UNESCO/MHI 火力发电与环境保护教席，并任该教席主持人。1999 年 5 月，基于网点的出色工作，经中国联合国教科文组织全国委员会批准，该网点正式更名为“联合国教科文组织产学研结合计划中国网点”。从“西安网点”到“中国网点”，是国际组织对网点工作的充分肯定。钱福培教授就是靠着这样一种精神，努力把要做的事情做成、做大的。

钱福培教授是一个谦虚谨慎、睿智的学者，也是一个心态平和、慈祥的老人。他很关心身边年轻人的发展，积极鼓励、引导大家持续学习提高。钱福培教授说：时间是挤出来的，时间可以安排得更有价值、利用得更有效率；一定要注意学习，要稳得住，深得下。现在，我们国家在项目管理的研究方面与国外相比还有差距，我国经济改革中出现了很多项目管理的新问题要研究，已有的研究领域也有待深入。项目管理需要项目管理的实践者，也很需要高水平的研究人员。在他的鼓励下，很多和他在学会共事的中青年人都给自己提出了更高的奋斗目标，不少人都已完成或正在攻读在职博士研究生。钱福培教授每次听到大家进步的好消息，总是感到由衷的高兴。

钱福培教授对生活要求很简单，衣、食、住、行都很随意，认为只要能让他干事就行。至今，钱福培教授还住在老式教师宿舍楼的 5 层上，非常俭朴。钱福培教授总是乐观地说：老家具用惯了顺手，5 层也有 5 层的好处，比方说，光线好，每天上下楼也是个锻炼。钱福培教授的夫人桂业英也是西北工业大学的退休教授，桂教授对钱福培教授的事业很支持，但有时对他这样不知黑不知白地忙碌也有些担心，经常提醒他说：不要忘了你的年龄，年纪不饶人啊。为了关心钱福培教授的生活，桂教授有时也陪伴钱福培教授一同外出活动，但这时，钱福培教授总是坚持自己支付桂教授的旅费。

自 2005 年 1 月 1 日起，钱福培教授已正式上任担任 IPMA 副主席的工作。根据分工，钱福培教授主要分管国际项目管理的研究和教育方面的工作。“莫道桑榆晚，为霞尚满天。”已 70 岁的钱福培教授还是那样平和，他希望自己能为中国和国际项目管理事业再多做些事情。我们也衷心地祝福他，引领中国项目管理事业走向更加美好灿烂的明天！

与外孙对弈

（本文原载于《项目管理技术》，2005 年第 6 期，有删改）

高山仰止，景行行止

——访 PMRC 名誉主任钱福培教授

师冬平

在中国项目管理事业发展的过程中，有这样一个人，他数十年如一日地奔走在项目管理领域，不遗余力地开拓和推动着中国项目管理的发展；他主持创建了中国的项目管理专业学术组织，并在其建设和发展过程中倾注了无数的心血；他积极参与国际交流、对话与合作，有力地推动了中国项目管理事业的国际化进程。他，就是 IPMA 前副主席、PMRC 名誉主任、西北工业大学钱福培教授。

在接受本刊记者采访的过程中，钱福培教授始终精神矍铄，笑容可掬，在他身上，看不到一丝 80 岁老人的耄耋之态，相反，他的思维清晰、态度谦和、心胸开阔。“老骥伏枥，志在千里”，钱福培教授的远见卓识和宏大胸怀，敢于开拓、甘于奉献的精神仍在感染着他身边的每一个人。

↗ 成果喜人，问题尚存

当被问及中国项目管理领域至今已取得的成果时，钱福培教授认为，中国的项目管理国际化程度日益提高，近年来在与国际接轨方面做得比较好，中国的项目管理已经走向国际。具体表现在以下几个方面：一是中国有很多杰出的项目，其项目管理成果在国际上获了奖，有一些甚至获得项目管理领域的“奥斯卡奖”，即 IPMA 国际项目管理大奖；二是中国有很多项目经理在国际上有了名气，比如 PMRC 和 IPMP 中国认证委员会每年都评选杰出国际项目经理和优秀国际项目经理；三是中国本身的项目管理最近几年有很大发展，由于项目越来越多，越来越大，越来越复杂，项目管理的实践水平也有了很大提高；四是项目管理图书的出版越来越多，包括外版图书和本版图书；五是项目管理教育蒸蒸日上，项目管理本科生、硕士生和博士生教育越来越完善。

钱福培教授补充说，尽管中国在项目管理领域取得了这些显著成果，但现在发展并不均衡。应该加强努力的地方有很多，其中一个方面就是科研。从项目管理研究论文的发表情况来看，中国真正有水平的研究成果还远远不够。中国有项目成果，但在国际会议上或者《国际项目管理期刊》上发表的论文比较少。作为 IPMA《国际项目管理期刊》的编委，钱福培教授发现，中国人在该杂志上发表的文章还不多。

“所以在项目管理的研究方面，力度还不够，还需要时间。而要与国际进一步交流，我们需要的是真正有水平的东西。”钱福培教授最后总结说。

↗ 创建中国项目管理专业学术组织

1991 年 6 月，钱福培教授主持创建了项目管理专业学术组织——PMRC，如今 PMRC 已经走过了 23 年的历程，在 PMRC 的建设和发展过程中，钱福培教授付出了无数的心血和汗水。成立 23 年来，PMRC 开展了很多卓有成效的工作，主要包括以下几个方面。

（1）学科建设。PMRC 研究建立并公开出版了既具中国特色又与国际接轨的《中国项目管理知识体系与国际项目管理专业资质认证标准》，为我国项目管理学科的发展奠定了基础。

（2）专业教育。PMRC 推动设置了我国高校项目管理专业和项目管理本、专科自学考试专业，组织编写了项目管理专业教育系列教材，并成功地实现了项目管理专业学历、学位教育与国际项目管理专业资质认证的有机结合，为我国高层次、实用型项目管理专业人才的培养做出了贡献。

（3）国际合作。作为唯一代表中国的项目管理专业组织，PMRC 加入 IPMA，搭建了国际项目管理专业交流的平台；每 4 年组织一次在中国召开项目管理国际会议；为国内项目管理专业人员与机构开展国际合作建立渠道；将优秀的中国项目管理专业人才推上国际项目管理舞台，将中国各行业的优秀的项目管理成果推向国际。

（4）职业认证。PMRC 引进并在全国推行 IPMP 认证，有力地促进了我国项目管理的职业化及项目管理人才的国际化。

（5）学术交流。PMRC 创立了一年一度的中国项目管理大会和中国项目管理应用高峰论坛两个系列活动，至今已召开过国内外学术会议 20 余次，为国内外学术界与实践界项目管理专业人员的交流与合作搭建了很好的平台。

（6）信息平台。PMRC 开通了由其全面负责运营和维护的、由广大项目管理专业人员共同参与缔造的项目管理专业信息平台——中国项目管理在线（Project Management China Online）。PMRC 还组织出版了历届会议的中英文论文集、《项目管理》、《PMRC 通讯》和《国际项目管理专栏》等内部发行的纸质和电子刊物。

（7）应用推广。PMRC 引进 IPMA 国际卓越项目管理评估模型并同时结合中国特色研究开发了国际项目管理（中国）大奖模型，为我国企业项目管理能力的提升及我国项目管理水平获得国际认可发挥了重要作用。

↗ 国际交流使者

1987 年，钱福培教授作为访问学者在美国马里兰大学进行了为期一年的学术交流访问，在此期间，他对 PMI、NASA 等机构的项目管理研究和应用进行了考察。1992 年，钱福培教授赴意大利参加 IPMA 第 11 届年会；同年参加了在芬兰举办的北欧项目管理会议。1996 年，钱福培教授又赴法国巴黎，回国后组建了联合国教科文组织中国网点（UNESCO Xi’an Net）。1997 年，他在印度新德里举办的项目管理亚太论坛上发表演讲。1998 年、1999 年和 2000 年他又分别在法国、波兰和日本参加了 UNESCO 会议。2002 年，他赴德国参加 IPMA 第 16 届年会。2004 年钱福培教授获得 IPMA 荣誉会员称号，这是钱福培教授为中国及世界项目管理的发展所做出的贡献得到国际社会高度认可的体现。

钱福培教授连任了三届 IPMA 副主席（2005—2010 年），负责 IPMA 的研究与发展事务。在 IPMA 工作期间，钱福培教授不辞辛苦，经常从西安到北京，再到德国、荷兰或者英国等地参加项目管理国际交流会议。根据欧洲人开会的习惯，早上 9 点开会，中午不休息，中间只有休息时间，可以喝点咖啡。虽然工作比较辛苦，但钱福培教授甘之若饴，他所做的工作得到了 IPMA 的高度认可。其中 2006 年在上海召开的 IPMA 第 20 届项目管理全球大会获得了极大成功，得到了 IPMA 成员的一致赞许。

↗ 建立中国自己的项目管理知识体系

2001 年 7 月，《中国项目管理知识体系与国际项目管理专业资质认证标准》正式出版发行，这标志着中国人在项目管理领域开始尝试开发自己的标准。中国出版自己的知识体系和能力标准，这件事本身就具有重要的意义和价值。

钱福培教授谈到，最近 IPMP 评估师里有一些呼声，希望尽快把中国项目管理知识体系和中国项目管理能力基准真正做起来，不过工作要一步步开展。IPMP《评估师手册》2014 年修订的第 3 版，2015 年实施。ICB 是国际项目管理能力基准，实际上可以结合中国特点，制定我们自己的知识体系和能力基准，而这是对企业和项目进行评估的依据。根据行业的不同，也可以制定符合行业特色的项目管理知识体系。

↗ 项目管理对组织的价值

钱福培教授认为项目管理对组织的价值主要体现在两个方面：一方面是人，因为任何组织都离不开人，一个人在项目管理中的价值如何很重要；另一方面是体系，即项目管理体系。

从人的角度来讲，就是要提高人的项目管理能力。钱福培教授说，推广 IPMP 资质认证的目的，就是提升人的项目管理能力。从体系的角度来讲，很多组织（包括企业、政府、非营利组织）都在制定自己的项目管理体系。在有些组织中，项目管理也要分级，这样就形成了自己的体系结构。那么如何考核组织的项目管理能力呢?钱福培教授谈到，项目管理成熟度模型、Delta 模型等都是对组织项目管理能力的考核标准。目前国际上越来越重视组织级项目管理，中国也开始启动组织级项目管理体系的建设。企业有了获得项目管理资质认证的人员，到国际上就有了竞争力，企业的项目做得好，在国际上获了奖，这两方面都能体现出项目管理的价值。

钱福培教授说，对于企业，可以用金三角 IPO 这个体系来衡量。I 指的是个人（Individual），P 指的是项目（Project），O 指的是组织（Organization）。通过个人认证，拿到证书；通过项目评奖，拿到奖项；通过 Delta 模型评估企业，表现出企业实力。金三角 IPO 体系能够全面提升企业的项目管理能力。

↗ 项目管理对个人的价值

谈到项目管理对个人的价值，钱福培教授提到了三点：首先，对于做项目的人来说，学习了项目管理知识，就可以了解到项目运营的全过程，做一个更好的项目经理，更加自如地管理项目，取得项目成功；其次，取得 IPMP 资质认证在国际上能够得到认可，再加上国内公司的品牌，个人的价值就得以体现出来；最后，当个人掌握了项目管理理念和方法后，不仅能在本企业里体现出价值，而且在企业外面也能得到认可。

如何提升个人的项目管理能力呢？钱福培教授谈到，IPMP 认证是按照能力进行考核，分为 A、B、C、D 4 个级别，每个认证级别的角色都有来自实践的典型活动、职责和实践的要求。目前国内有一个培训的过程，或者学习过项目管理课程，获得工程硕士学位。这个阶段主要是学习的过程，很重要。如果你能按照考核标准来要求自己，就能通过考核，达到相应的能力水平。尤其对于工程领域来说，许多项目经理的经验很丰富，如果用项目管理知识来充实自己，真是如虎添翼。除了学习，最重要的还是要实践。对个人来讲，学习和实践缺一不可，只有这样，才能真正提升自己的项目管理能力。

↗ 机遇和挑战

钱福培教授谈到，项目管理发展的机遇很多，但是面临的挑战也很大。目前经济发展迅速，中国如此，全球亦如此，这是机遇。而最大的挑战是速度。一方面，时间不会等人，如果你想做一件事，然后慢慢腾腾地做准备，那就可能错过好时机；另一方面，只有速度也不行，速度必须建立在务实的基础之上，如果没有这个基础，再快的速度也是枉然。

钱福培教授又谈到，现在数字化发展特别快，新技术特别是移动互联网技术的发展为项目管理的发展带来了机遇，也带来了挑战。活到老，学到老，钱福培教授说自己需要学习的东西很多，所以他依然每天都在学习。他这种对新事物保持开放和学习的心态，也让我们由衷地敬佩。

↗ 未来发展的趋势

钱福培教授认为，项目管理发展的趋势包含两个双向发展。一个双向发展是指向内和向外的发展。向内的发展是指各成熟或较成熟学科能否在项目管理中得到运用，如何将其他学科领域的专业理论、方法应用于项目管理，如计算机科学、控制论、模糊数学等，即其他学科从外部到项目管理中来探求它本身的使用价值；向外的发展是指项目管理向外发展，即将项目管理的理论、方法应用到各行各业中去，如建筑业、农业、制造业、国防、IT 业等。这个双向发展需要有一定的基础，包括项目管理学科的成熟和其他学科的成熟。

这种双向发展来自外界的需求，极大地促进了项目管理自身的发展，使得项目管理也在向两个方向发展，即向上和向下的发展：向上的发展是指向学科体系化方向发展，项目管理在吸收各学科的有用部分，并结合项目自身的特点，逐步形成了自己独立的内容体系；向下的发展是指，为了适应各行业发展的需要，项目管理正在向实用化方向发展，包括各种方法、工具、标准、法规等。这种跨行业、跨专业，有理论、有实践的发展趋势，不仅促进了项目管理学科的日趋成熟，同时也推动了一门新学科——项目学的建立和发展。项目学包括基础部分和应用部分，基础和应用能够相互促进。

“总的来讲，项目管理专业将根据行业的需求和学科的需求来发展。”钱福培教授说。

↗ 行业应用各有不同

谈及项目管理在行业中的应用，钱福培教授认为，项目管理在各个行业中的应用情况是不同的，目前在工程、IT、国防、军工等领域应用较多。对有些企业来讲，可能还没有接触到项目管理；也有些企业可能认为目前用不着项目管理，这是因为他们所做的项目还没到一定程度，用他们的经验和一般方法也能解决问题。总体来讲，我国对科学化的项目管理方法应用得还远远不够。目前大家都比较重视风险管理，因为项目都是一次性的，特别是一些新项目、大型项目，大家会更重视对风险的防范与管理。当然不同的人关注点会有所不同，比如设计方重视前期，施工方重视执行。各个行业的情况都有所差别。

↗ 中国项目管理学科建设的发展

谈到项目管理学科的发展，钱福培教授认为从顶层推是比较有效的做法，比如，教育部是否认识到这个学科的重要性。因为学科师资、课题等，都是教育部在做。目前项目管理工程硕士已经进入稳定发展期，每年我国都有 1 万名左右学生考取该专业，成为未来项目管理领域的人才后备军。

↗ 靠品牌扩大社会影响，靠质量树立权威，靠服务扩大生源，靠精神开拓项目管理事业

作为 IPMP 中国认证委员会主席，钱福培教授一直在积极推动着 IPMP 认证和项目管理的职业化发展。为了推进我国项目管理的国际化发展，PMRC 在 2001 年将 IPMP 标准引进中国，同时努力将我国的优秀项目经理推向国际。在推进 IPMP 认证的过程中，他们一直坚持 4 个宗旨：靠品牌扩大社会影响，靠质量树立权威，靠服务扩大生源，靠精神开拓项目管理事业。钱福培教授谈到，这 4 个原则得到了业内人士的认可，现在 IPMP 的推进工作就是在按照这 4 个原则来做。目前参加 IPMP 认证的人数有近 5 万人，已有近 3 万人获得 IPMP A、B、C、D 级证书。获得证书的人员主要集中在工程、制造、国防、能源、电力、通信等行业。全国已有 54 所高校的工程硕士专业与 IPMP 签订合作协议。

对这 4 个原则的实践，钱福培教授又做了进一步的解释和说明。靠品牌扩大影响，比如 IPMA 经常要修订其版本，现在是 ICB3.0，马上要出 ICB4.0，我们要跟上它的发展，这就是靠国际品牌。每年 PMRC 都要接受 IPMA 的检查，看是否按照 IPMA 的标准在做，这些年来 IPMA 每年都会给 PMRC 颁发证书，表明 PMRC

运行 IPMP 是完全合格的，可以继续运行。靠质量树立权威，比如 IPMP 评估师每年都要召开会议，并且有《评估师手册》。对评估师也要进行认证，包括在打分环节上如何做。靠服务扩大生源，比如 IPMP 考点的跟踪服务。靠精神开拓事业，IPMP 评估师和各考点都是很敬业的。评估师有个论坛，只有评估师可以进去，大家会在上面发表各种看法和意见。这些都是在给 IPMP 输送正能量，使 IPMP 能够健康发展。

这几年 IPMP 发展比较平稳，一个显著特点是 A 级和 B 级比较多，说明 IPMP 得到了企业高层的认可。这样对整个企业来讲，向下发展就更有利。

↗ 对中国项目管理发展的期望

钱福培教授说，对中国项目管理的发展，他怀着很大的期望。因为大环境好，国家要平稳发展，一定要通过项目来实现。没有项目，国家怎么发展？战略管理和项目管理是紧密联系的两个方面。做好战略管理，需要通过项目来实现战略；做好项目管理，整个战略目标就能实现。战略管理是顶层的设计，是决定做正确的项目，是决定到底做什么。项目管理就是把项目做正确。中国的大环境非常有利于项目管理的发展，但能否做好，还需要通过各种努力。钱福培教授补充说：“在这个过程中，我们也是其中的一分子。”

↗ 执着追求，敢于“闯新”，力求完美

从 1958 年参加工作，半个世纪以来钱福培教授一直兢兢业业地工作，坚持不懈地为中国项目管理的发展而努力，为许许多多的人做出了榜样。是什么样的信念和动力促使钱福培教授几十年如一日地努力和付出呢？“要么不做，要做就要做好。”这句朴实的话道出了钱福培教授的人生哲学。他就像一艘大船的船长，带领着船员们同舟共济，乘风破浪，向着心中的目的地不断前进。

除了工作，钱福培教授的业余爱好也非常广泛。钱福培教授谈到自己年轻时唱歌、打篮球、画画样样喜欢。在生活上，钱福培教授喜欢旅游，也敢于“闯新”。

有一次在芬兰，他曾一个人到北极圈的所在城市罗瓦涅米去观光北极风光。一次在爱沙尼亚首都塔林开完会后他决定乘坐火车回西安，他从塔林坐火车到莫斯科，再从莫斯科坐了 3 天 3 夜的火车到哈萨克斯坦的首都阿拉木图，从阿拉木图坐汽车到霍尔果斯，在霍尔果斯过国境回国，又坐汽车到伊犁，再从伊犁坐火车到了乌鲁木齐，最后从乌鲁木齐坐火车返回西安。全程历时半月。这在科技发达的今天也许不算什么，可是在那个交通和通信都不甚发达的 1992 年可以算得上是一次“壮举”了。从 1992 年首闯意大利 IPMA 国际会议到 2011 年他离任 IPMA 副主席，19 年间，钱福培教授共出国 70 余次，访问了 30 多个国家，钱福培教授乐此不疲。他勉励年轻人要有一股闯劲，敢于“闯新”。不论在工作上还是在生活上都要勇于开拓，去尝试，在实践中了解世界，在实践中培养自己执着追求目标的精神。他是这么想的，也是这么做的。

↗　心怀祖国，长存感恩

至今钱福培教授仍然清晰地记得 1992 年参加北欧项目管理会议时的一个情景。那天早上当他在旅店餐厅吃早餐时，看到餐厅门口有几个年轻人在悬挂参会国国旗，刚好在挂中国国旗，他们拿着国旗翻来覆去地看，分不清上下，结果挂反了。钱福培教授立即出去告诉他们正确的国旗悬挂方法，这几个年轻人连声对他说“Sorry”。“22 年过去了，想想中国经历了多大的变化，谁能不为今天中国的强大感到振奋和骄傲呢?”钱福培教授动情地说。

他又回忆起 2008 年在罗马开会时，主办方组织了一项由各国代表团唱一首本国歌曲的活动。当时他组织大家合唱了一首“歌唱祖国”，虽然这是一个临时组合没有经过训练的“合唱团”，但大家唱的“精、气、神”依然博得了阵阵欢呼！身在异国时，钱福培教授经历了许多难忘的事情，而最让他铭记在心的时刻，是与祖国的荣誉息息相关的、为祖国的强大而欢欣鼓舞的时刻！

“海纳百川，有容乃大。”尽管钱福培教授在项目管理领域所做出的杰出工作得到了业内外的高度认可，但他却说：“我的所有工作都是因为有强有力的支持和帮助!”他谈到，PMRC 是在特定时代、特定环境下成立的，没有西北工业大学领导的支持，没有双法研究会的支持，是不可能成立也不可能持续发展的。白思俊、欧立雄两位老师为 PMRC 的发展做了大量工作，而且一直在这个领域坚持并迈步前行。钱福培教授敲开了 IPMA 的大门，薛岩、洪显明、张玉麟等老师及其他许多优秀的 PMRC 成员和评估师团队、各考点的项目管理专业人士紧随着在 IPMA 组织和 IPMP 认证中做了大量工作。他感谢美国朋友比尔和南希，芬兰朋友马蒂和维科，印度朋友阿德施，俄罗斯朋友沃罗帕耶夫，德国朋友克劳斯、莫扎尔和奥托，瑞士朋友汉斯，奥地利朋友布里吉特，等等。在他们的帮助下，PMRC 闯过了一道道难关，在今天的 IPMA 大家庭中取得了骄人的成绩。自 2008 年离任 PMRC 常务副主任以来，钱福培教授一直在编辑 PMRC 的《国际项目管理专栏》电子刊和评估师论坛的内部 BBS，3 年多来已先后出版《国际项目管理专栏》58 期，评估师论坛上各位评估师的发帖数已有几千条，受到了大家的欢迎。他感谢以常淑茶为代表的志愿者工作团队的全力支持，感谢吴志东团队对 BBS 的管理。

当然，感谢的名单总是不可能全部列出，但钱福培教授心怀感恩的工作态度和生活态度却我们留下了深刻的印象。

↗ 采访后记

采访当天，钱福培教授偕夫人桂教授即将离开北京，前往上海。他们似乎对这样的奔波习以为常，从他们的脸上，看不出旅途的劳顿，看到的只是希望、信心和勇气。他们相互扶持，相互鼓舞，共同走在传播项目管理和推动项目管理发展的道路上。一张一弛，文武之道，离别时，钱福培教授跟我们每一个人的握手孔武有力，而他的言谈举止却温尔儒雅，让我们后辈感到可敬可亲。“高山仰止，景行行止。”钱福培教授的开拓精神和奉献精神，值得我们深深地敬仰。

[本文原载于项目管理评论网（http://www.pmreview.com.cn/），2014-10-08，有删改]

让更多项目角逐管理“奥斯卡奖”

——访 IPMA 副主席、IPMA 第 20 届项目管理全球大会执行主席钱福培教授

何　佚

一年一度国际上影响最大、历史最悠久的电影奖——“奥斯卡奖”的评选和颁奖典礼，已成为电影界的盛事。其实在国际项目管理领域也设有类似“奥斯卡奖”的最高奖项——“IPMA 国际项目管理大奖”（下称“大奖”）。

虽然该奖真正全球化是从 2001 年开始的，此前仅是德国项目管理界的一项大奖，但自成为国际大奖以来，至今获得大奖、银奖和入围奖的项目共计 16 个。该大奖是为鼓励和表彰那些通过专业的项目管理而取得卓越绩效的项目团队而设立的，为保证奖项的最高权威性，IPMA 制定出了一套规范的评估准则——“卓越项目模型”，通过分模块打分的形式，使项目的评估量化，非常具体和直观。该奖项每年颁发一次。

2006 年 10 月，IPMA 第 20 届项目管理全球大会将在我国上海召开，将由 IPMA 国际项目管理大奖办公室与我国 IPMA 全球大会 2006 年度组委会联合来负责该奖项的组织工作。为了使我国更多企业了解该大奖，使我国更多的项目有机会参评这一最高奖项，笔者带着相关问题采访了 IPMA 副主席、IPMA 第 20 届项目管理全球大会执行主席钱福培教授。

问：现在有些国内企业对“IPMA 国际项目管理大奖”很感兴趣，但同时也有些疑惑。该奖的资料介绍中提到，通过参加该项活动，项目单位可以很好地收集并总结取得卓越绩效项目管理团队的管理精华。在反映自己成绩的同时，也会自动识别出自己需要改进的方面。参加此项评奖到底对企业和项目有何裨益？

答：通过“卓越项目模型”进行评估，找出项目的问题及需要改进的地方，和企业发现自己项目的一些问题，这两者是不一样的。企业也许知道自己项目的

问题，但通常并不真正明白到底是什么地方出了问题，出了怎样的问题，与国际上对项目的要求，我们的差距又在哪里，应该如何解决这些问题。对于这些，企业可能都没有仔细地考虑过。

该奖项不是对企业的评审，而是对项目的评估。这个项目做得是否成功，要根据多方面因素来评价。通过"卓越项目模型"的评估可以了解在项目的过程中，包括可行性研究、目标的决定、运行过程、项目的利益相关者关系方面等，存在哪些问题。目前我们的企业不了解国际上对项目的要求是怎样的，也不知道国际上如何评价一个项目。国际上对项目的要求，考核的方面与我国企业自己的评审完全不相同，像"卓越项目模型"的那些评估准则，恐怕我们现在还没有哪个企业如此细致地应用过。

通过这个评审，最主要的可以提高项目团队人员的整体素质，这是非常重要的，也是企业和项目最主要的收益。

问：您能否简要介绍一下大奖的评审过程？

答：评审过程大致是这样的，先是项目申请单位递交申请报告到大奖评审委员会去预审，通过预审后，评审委员会将组织至少由 4 个评估师组成的评估小组对项目报告进行评估，评审委员会将根据评估师的书面评估报告决定是否对该项目进行实地考察，如需进行现场访问，将委派评估小组进行一至两天的实地考察。通过考察，评估师可以对提出的问题进行更好的澄清和确认。

评估小组回去后将实地考察的情况报评审委员会，评审委员会则根据评估师提供的考察意见和其他项目的情况进行综合评审，评审委员会的委员由 5 个国家的成员组成，代表着企业、组织、项目管理机构和其他方面，评审委员将根据最终评估结果做出决定，并通知哪些项目入围大奖。

整个评审过程很规范，很严格。另外，无论是否获奖，递交申请的单位都会收到一份由评估小组提供的评估反馈报告。这份报告汇集了国际评估师的经验和智慧，将针对项目的优势方面和需要改进之处提出评估意见和改进建议，应该很有价值。

问：每年入围项目在整个参评项目中是否有固定比例？

答：入围项目并没有设定比例，而是根据项目的实际水平来确定入围项目和获奖项目。从历史来看，2004 年，入围项目 5 个，而 2002 年，入围项目只有 3 个，每年的情况都不同。我国虽然去年只有中创的项目首次参加评审，有试点的性质，但也入围了。中国企业其实有很多优秀的项目，由于对该项大奖不知道或不熟悉，未能参加评奖。相信以后会有更多项目入围。

问：大奖的评估准则有 9 个，所占分值并不完全相同，企业在做项目申请报告时，是否也要有所侧重？

答：“卓越项目模型”的 9 个评估准则分成两大部分，项目管理本身（500 分）和项目结果（500 分）。评审委员参照评估准则进行项目的评审，至于每项具体如何打分，旁人是不清楚的。但可以说，像“项目管理”中的“项目目标（140 分）”“过程（140 分）”，“项目结果”中的“客户结果（180 分）”和“主要成就和项目结果（180 分）”，这些分值占比较高的部分，企业在做申请报告时，确实应着重描述。而且对于项目来说，这些也是项目成功的重要方面，可以反映出项目管理的水平。比如对于“项目目标”的描述，要说明在确定目标时的依据是什么，做了怎样的调查研究和可行性研究分析，即目标本身是根据需求的实际情况制定的，符合现实的发展状况。

问：企业还非常关心大奖的申请费用，您能否对此进行介绍？

答：IPMA 项目管理大奖办公室按照规定的收费结构和价格向申请单位收取申请费用。2006 年度申报费用为 4500 欧元，不过 IPMA 成员国组织的会员及合作单位，申报费用为 3950 欧元，我国也属于其会员单位及合作单位。如项目达到了比较高的水平，需要安排评估师对申请单位进行实地考察，申报单位还要支付评估师的差旅费及生活费每人每日 50 欧元。

问：如果有企业想参评，你能否对他们提些建议？

答：最主要的是，在大奖申请前期的准备工作中，要选择好项目。企业要按照“卓越项目模型”的标准，认真衡量是否满足这些要求。一定注意，申请报告要注重项目的过程与成效，要有依据。切勿等接到申请确认通知时，再做这些事情就为时已晚。

[本文原载于华鼎项目管理网（http://www.huading.net.cn/），2013-11-19，有删改]

开拓产学研结合新天地

——记联合国教科文组织产学研结合计划中国网点办公室主任、PMRC 副主任、西北工业大学钱福培教授

明 明

↗ 建立西安网点——迈出走向世界的重要一步

未来属于那些通过把大学、研究机构及工业界的能力结合起来而发展科学技术、创造财富并提高生活水平的国家。

——1996 年巴黎“工程教育者和工业界领导人世界大会”主题

1999 年 5 月，经中国联合国教科文组织全国委员会批准，挂靠在西北工业大学的“联合国教科文组织产学研结合计划西安网点”正式更名为“联合国教科文组织产学研结合计划中国网点”。从“西安网点”到“中国网点”，不仅对外交流的渠道更加畅通，影响更加扩大，而且对两年来网点工作人员付出的辛勤劳动和卓有成效的工作也是一种充分的肯定。网点的主要负责人钱福培教授感到由衷的欣慰。

当今世界，教育体制如何适应迅速发展的社会，可以说是所有国家共同关心的课题，在探索科技、教育与经济社会需求相适应而又紧密结合的路子，积极推进大学、科研机构与企业密切合作方面，许多国家都积累了宝贵的经验，产学研

结合是一种有世界性共识的道路。

近年来，产学研结合已成为我国实施“科教兴国”战略的重要措施，也是新的办学模式和人才培养模式。然而囿于传统的教育思想、教育观念，受各种体制上的束缚和利益上的制约，这项工作的推进往往困难重重。

以“科教兴国”为己任的广大教育工作者，从来没有放弃过努力。在探索产学研结合的道路上，有许多逢山开路、遇水搭桥的开拓者，钱福培教授便是其中一位佼佼者。在多年的教学工作中，他逐渐深化对产学研结合的认识，并且身体力行，锲而不舍，做出了令人瞩目的成绩。

那是 1996 年 7 月初。

初夏的巴黎风光旖旎，游人如织。虽然是初次造访这座众人向往的世界名城，钱福培教授却无心欣赏眼前如画的风景，无暇游览闻名遐迩的古迹和博物馆，他的心思全部集中在一个目标上：如何见到联合国教科文组织副总干事贝德兰先生。

事情的起因是一年前的两次访问。

一次是 1995 年 4 月 12 日，身居要职的贝德兰先生访问了地处中国西安的西北工业大学，他兴致勃勃地参观了学校的一些实验室和研究机构，对学校的教学和科研表示出浓厚的兴趣。

当西北工业大学校长戴冠中教授介绍了学校的情况后，贝德兰先生热情地表示，希望西北工业大学与世界有关机构和组织建立更广泛的联系。当时，联合国教科文组织正在开展一项活动，即 UNISPAR 计划，旨在促进大学与产业界及研究机构紧密合作，以使科学、教育更好地为经济发展与人才培养服务，把学校与工业界更好地结合起来，这样，工业界就能更好地支持教育，学校也可以把知识用于工业界，起到“革命的作用”，贝德兰先生这样解释 UNISDAR 计划，他还表示，希望西北工业大学能够成为这项计划的范例。

另一次是同年 12 月，联合国教科文组织科技部负责人青岛泰之先生访问西北工业大学，再次介绍了 UNISPAR 计划的内容，负责接待的钱福培教授了解到，教科文组织 1996 年要在巴黎召开会议，推进在发展中国家推行产学研结合。多年从事产学研结合研究的钱福培教授敏锐地意识到，如果能够参与这项计划，无论对推进西安地区产学研工作的进步，对促进学校教学的改革以适应经济和社会的发展，加强学校与世界的联系，扩大学校的影响，都会产生非常积极的作用，于是他不失时机地向青岛泰之先生提出建立西安网点的建议，得到热情支持。

就这样，经过认真学习研究 UNISPAR 计划，结合西安地区及西北工业大学的实际情况，在中国联合国教科文组织全委会有关领导和西北工业大学校领导的积极支持下，钱福培教授和西北工业大学外办的几位同志起草了“关于推进 UNISPAR 计划在中国西安实施的建设”钱福培教授以论文作者的身份赴巴黎，参加了 1996 年 7 月 2—5 日在巴黎召开的“工程教育者和工业界领导人世界大会”。

与 UNESCO 副总干事贝德兰先生合影

钱福培教授在报告中谈到，中国是一个具有广泛影响的发展中国家，近年来贯彻“科教兴国”的方针，十分重视教育的发展，重视教育在国民经济中的重要作用，西安不仅是人类文明的结晶，而且是当今中国西部地区科技文化与经济发展中心，西安地区的高等院校有 40 所，在全国各大城市位居第三，学校专业涵盖面相当广泛。因此，UNISPAR 项目如果能在中国西安推行，必将对促进中国经济的发展，推动中西部地区的建设起到很大的作用。

会议参加了，论文提交了，但建议能否最后被采纳，钱福培教授心里很不踏实。他希望有机会见到贝德兰先生。

联合国教科文组织总部是一个庞大的机构，有 2000 多名办公人员，副总干事贝德兰先生位居要职，事务繁忙，并不是一般人轻易能见到的，况且钱福培教授在巴黎只有 5 天逗留时间，来不及同贝德兰先生预约。怎么办呢？钱福培教授有一个特点，认准了的事，就一定要努力做到，努力做好。在想方设法得到贝德兰先生的工作地址和电话号码后，他决心冒昧前去拜访。

贝德兰先生的办公室在总部大楼的 6 楼。当钱福培教授敲响办公室门的时候，心里忐忑不安。

开门的是一位黑人女秘书。听来者说明来意后，她很客气地告诉钱福培教授："贝德兰先生很忙，一会儿就有约会，你是否另约时间。"

钱福培教授急忙向她解释："我来自中国的西安，是参加国际会议的，时间也很紧，贝德兰先生 1995 年曾访问我们学校，我这次带来了我们校长给副总干事的一封信，只要求很短的时间即可。"钱福培教授一边说，一边拿出了 1995 年 4 月 26 日的《西北工大报》，向女秘书展示了该报头版的报道和贝德兰先生访问西北工业大学的照片，以及西北工业大学戴冠中校长致贝德兰先生的信件。

秘书看到贝德兰先生的照片夹在整版密密麻麻的中文中，感到很惊奇，也很高兴地说："那就请您稍候。"说完即进入里间请示贝德兰先生。不一会儿，她出来说："贝德兰先生请您进去。"

见面后，钱福培教授作了自我介绍，向贝德兰先生呈交了戴校长的信函，并展示了《西北工大报》。贝德兰先生很高兴地说："去年访问你们学校给我留下了深刻的印象，西安是一个对世界有特殊意义的城市，兵马俑很不平常，丝绸之路对沟通东西方交流起了极为重要的作用，西安的文化对中国有重要的影响，我想发展 UNESCO 同你们学校的联系是很重要的。我将嘱咐有关部门的负责人支持你们的建议。”

说到这里，他问钱福培教授什么时间回去，得到的回答是第二天下午，他考虑了一下说：“那请您下午 4 点到我办公室来，我将给你们校长写一封回信，请您带回去。”说完他到外间向秘书交代了这件事。下午钱福培教授如约去办公室，从女秘书那里拿到了一封打印好并有贝德兰先生亲笔签名的致戴冠中校长的信。

此时，钱福培教授真有种如释重负的感觉。

钱福培教授的巴黎之行时间虽短，收获颇丰。他不仅见到了贝德兰先生，并且还在大会上获悉日本三菱重工将在亚洲六国（包括中国）设立有关火力发电与环境保护的教席（UNESCOCHAIR）以支持 UNISPAR 计划的实施。钱福培教授意识到这又是一个稍纵即逝的机会。

近 10 年来，中国电力工业以每年 8%~9%的速度递增，1996 年年末发电装机容量已达 23654 万千瓦，位居世界第二，发电量为 10794 亿千瓦时，也位居世界第二。尽管中国水利资源丰富，但电力仍以火电为主，占总装机容量的 75%。我国煤炭资源丰富，其中大部分分布华北和西北，而目前在中国的 6 个跨省地区电网中，西北电网是规模最小的，只有 1370 万千瓦，是南方电网的 1/3，在环保方面也存在一系列问题。因此，在西安建立这一教席既有近期的现实意义，又有长远的战略意义。钱福培教授带着满心的希冀，急匆匆地踏上了回国的旅程。

从巴黎回校的第二天，顾不得长途旅行的劳累，钱福培教授立即找到当时在校主持工作的郅宝森副校长，在郅副校长的支持下，又同学校发动机专业取得联系，经过协商，3 天之内形成一份申请建立教席的背景材料，以最快的速度上报中国联合国教科文组织全国委员会和联合国教科文组织总部。

右二为钱福培教授

1997 年 5 月 30 日，在这鲜花盛开的日子里，“联合国教科文组织产学研结合计划西安网点成立大会暨第一次研讨会”在西北工业大学国际会议中心隆重举行了。网点首批成员包括高等院校企业、研究机构和专业性学术机构等 21 个，是中国唯一的由 UNESCO 批准并资助推行 UNISPAR 计划的机构，是 UNISPAR 工作组系列中的第 5 个，肩负的任务极其光荣而艰巨。

在成立大会上，联合国教科文组织驻京办事处主任野口勇（Noborn Noguchi）先生同时宣布，日本三菱重工业公司同意资助在西北工业大学就火力发电和电厂环境保护领域设立三菱联合国教科文组织教席（MHI/UNESCO 教席）。

在钱福培教授的主要策划和多方奔走下，西北工业大学赢得了这次宝贵的机会。

“只要有一线希望，就不能放弃努力。”

机会总是垂青有准备的头脑

西安网点的成立既是我国教育和经济发展的必然，也是钱福培教授“有准备的头脑”抓住了偶然的机遇。

钱福培教授曾担任西北工业大学管理系实验室主任、系副主任、管理学院副院长、中国设备管理培训中心副主任等职务，在系统工程和项目管理研究领域造诣颇深，特别是在促进产学研结合方面做了大量的工作。他平时就很注意教学、科研与实际结合，与企事业单位、与国际学术界结合，曾先后多次主持过国家自然科学基金、航空科学基金及与企事业单位的合作研究，多次参加国际学术活动，积累了丰富的经验。这次为西安地区、西北工业大学开拓产学研结合的新渠道，使西安地区产学研结合迈上一个新台阶，他又起了开荒辟莽的作用。

认真勤勉、兢兢业业、一丝不苟是钱福培教授的一贯作风。网点成立以后，围绕着 UNISPAR 计划，负责主持网点工作的钱福培教授带领全体工作人员做了一系列细致深入的工作：在网员单位内部组织了多次有关产学研结合的专题研讨会，提高了大家对产学研结合、技术创新等问题的认识，初步建立了可以与联合国教科文组织共享的言语专家库，共收入 65 名各专业专家资料；在促进网点单位内部开展跨行业、交叉学科的结合方面开始迈出了可喜的步伐，在促进网员单位的发展与项目开发方面进行了探索，积极开展了国际的联系与交流，定期出版刊物。充分发挥网点的力量，联合西安地区科技界、产业界及有关大学并同开展研究与开发工作。

正是由于网点的工作取得了初步的成效，因而受到联合国教科文组织、中国联合国教科文组织全国委员会、联合国教科文组织雅加达办事处、联合国教科文组织北京办事处、国家经贸委及省市有关机构的肯定与支持，被上级部门认为是“运行最好的网点”，获准更名为“中国网点”。

参加西安网点成立大会

当然，产学研结合是一种涉及面广、周期长、见效慢、难度大的活动，它直接关系到各方面的切身利益：从观念的统一、结合点或结合项目的寻求、合作机制的建立、合作项目的运行，一直到成果的评价、收益的分配等整个过程，有许许多多的问题需要研究和解决。网点为产学研结合的研究提供了一定的条件，但网点不是政府部门，它没有实施行政管理的职权，网点不是企业机构，它没有自己的技术与资金。为了更好地利用网点的优势推动产学研结合工作，钱福培教授殚精竭虑，倾注了大量心血。两年多的网点运作，他有成功有喜悦，也有失望有无奈。最让人叹息的是秦岭电厂粉煤灰的处理问题，秦岭电厂每天以 3000 吨的数量向外倾倒着粉煤灰，占地 2000 多亩的灰场像荒芜而干燥的戈壁滩一样，刮风时灰尘到处飞扬，严重影响周围农田和环境，也因此而引起过不少纠纷。要解决这严重的环境污染问题，单靠教席的呼吁简直是杯水车薪。然而，钱福培教授仍然不懈地努力着，他利用网点和教席的力量，组织有关部门的研究人员，多次到现场调研，收集各种综合利用粉煤灰的技术资料，多次向有关部门呼吁，争取可能的支持，以望这一问题得到较好的解决。目前这一问题已引起上级有关部门和厂矿企业的关注和重视。

↗　持之以恒　滴水穿石

钱福培教授对产学研结合的认识是在多年的实践中逐渐建立起来的。1958 年他毕业于西北工业大学飞机制造专业，在教学和与工程项目的接触中，他深感运筹学、系统工程等现代管理科学非常重要，尤其在像飞机研制这样大型工程的管理中作用非同小可。后来他受钱学森教授《组织管理的技术——系统工程》一文启发，开始自学运筹学，从此与管理学科结下了不解之缘。

早在 20 世纪 80 年代中期，钱福培教授在主持中科院科学基金课题研究的过程中发现，现代化管理方法的应用与推广是一项艰巨的工作。网络计算技术当时在我国已推广应用 20 多年，取得了一定的成果，但在应用中也遇到不少困难与问题。如何在现有的基础上进行总结交流，提炼出更适合我国国情、具有我国特色的方法，使其在经济建设中发挥更大的作用，这不仅非常必要，也完全符合我国推广应用现代化管理方法“融合提炼，自成一家”的方针。走产学研结合的道路——在研究工作和教学实践中，他的这一想法逐渐成熟起来。

1990 年 5 月，在有针对性地发出数十封征集主办单位的信函，同时得到学校有关方面支持后，钱福培教授主持召开了第一次主办单位联席会，并且通过向《计算机世界》《系统工程理论与实践》等报刊投稿，进行了公开征文及筹集资金等活动，终于筹备起 1990 年 12 月召开的网络计划研究学术交流会。参加会议的单位有学校，有科研机构也有厂矿企业。

在筹办这次学术交流会的过程中，有一个意见逐渐成为大家的共识：可否成立一个相应的有关网络计划技术学会？在大家的推举下，钱福培教授又承担起筹办学会的工作。随着学科发展的需要，筹备工作直指涵盖面更大的学科：项目管理。

项目管理尽管在实践中已运用了数千年，但把它作为一种专业化的管理科学来研究，把项目管理作为一种专门化的职业来看待，只有 30 多年的历史。在我国，自觉运用项目管理的理论指导实践活动，仅仅十多年的时间然而，时代的发展为项目管理提供了极为广阔的舞台，不管是发达国家还是发展中国家，都围绕着经济建设与文化建设加紧着前进的步伐，即便是最不发达的国家，也在努力与贫困和疾病作斗争，所有这些都是通过一项一项具体任务来完成的，都是我们所说的“项目”。美国学者认为，战略管理和项目管理在应付全球新的市场变化中扮演着重要角色。20 世纪 90 年代以来，项目管理更加强劲的发展势头向人们显示：项目管理的时代已经到来。

当然，要在实际工作中广泛应用现代项目管理的理论，仍然需要一个过程。钱福培教授认识到，通过学会的组织形式，走产学研结合的道路，才是使项目管理从理论走向现实的捷径。

双法研究会是一个全国性的一级学会，是著名数学家华罗庚先生在呕心沥血推广应用优选法、统筹法的过程中一手创建的。筹办 PMRC 得到了双法研究会的积极支持和帮助，西北工业大学有关部门也给予各方面的便利条件，经过一年多细致的工作，PMRC 于 1991 年 6 月终于在西北工业大学成立了，钱福培教授被推选为 PMRC 副会长兼秘书长。

PMRC 成立后，钱福培教授一直主持日常活动，付出了大量的心血和汗水。通过编辑出版内部资料《项目管理通讯》，大力宣传其组织机构及宗旨，介绍项目管理基本知识，在会员单位及全国有关人员中产生了积极的作用，许多读者从中受益。该资料至今已出版 25 期，加上历次会议出版的论文集，累计达 200 多万字。PMRC 先后成功地主办了三次全国性和一次国际性的学术会议，不仅促进了大学和企事业单位之间的联合，而且促进了各行业之间的沟通，使各行业成功的项目管理经验得到很好的交流，也使大学、研究机构的一些优秀成果，如计算机软件，在许多企业中得到推广应用，通过为企事业单位举办各种教育培训工作，进一步普及项目管理知识。目前，PMRC 的团体会员单位已有 80 多个，分布在全国 22 个省市自治区，涵盖航空航天、冶金、教育、煤炭、水利、建工、造船、石化、矿产、机电、兵器等行业，影响日益广泛。

PMRC 是一种相对松散的组织，以学术交流为主在市场经济条件下，不以营利为目的的学会往往在运作上会遇到很多困难，要将产学研结合的工作推向纵深，其组织的形式需要不断改进。为了更有效地推动产学研结合工作，钱福培教授创造性地通过“多边协议”方式将不同行业的产学研单位融合起来，建立起长期稳定的合作交流制度，从而奠定了产学研合作工作持续稳定发展的基础。近年来，在许多学会相对沉寂的情况下，研究会规模日益扩大，运转十分畅通，被称为“二级学会一级运作”，被上级学会认为是“最有生气、最活跃”的分会，得到广泛好评，成绩背后是钱福培教授和全体工作人员的巨大付出。

这些年，在长期从事项目管理研究的基础上，钱福培教授提出建立项目学学科的意见，得到业内人士的认同。为了推进项目管理专业化，他呼吁国内建立项目管理专业证书制，以利于使我国的项目管理与国际接轨，为项目管理人员提高与发展专业水平指明方向，打破以往条块分割的状态，促进跨行业的交流，使项目管理人员进一步专业化、职业化。

多年来，钱福培教授以冷静深邃的头脑，有条不紊地处理着网点和研究会的事务，大到主持各种会议，参加近 10 次国际会议和国际交流，小到会费的征收、文章的修改、刊物版式的设计，事无巨细、认真投入、细致周到，令人折服。他以事业为重，淡泊名利、严于律己、乐于奉献，为周围的年轻人树立了榜样。他对自己的要求是：老老实实做人，轰轰烈烈做事；不计个人名利得失，不计一时一事之成败。在他的身上，这些人生信念得到了最充分的验证。

（本文原载于《中国青年》99’增刊，有删改）

第 12 章

IPMP 评估师视角

思想的力量　人格的魅力

——钱老师推进中国项目管理发展的几段回忆

洪显明

↗ 与钱老师初相识

我的项目管理种子真正破土发芽是在 1996 年的泰安 PMRC 项目管理学术年会。这是我第一次见到钱老，他见到我时神情平和，握手时沉稳有力，让我瞬间感觉到他内心的真诚和坚毅。

PMRC 泰安年会由西北工业大学科研处沈翠羽处长代表西北工业大学在开幕式上致辞，我是第一次进入 PMRC 大家庭，有幸做了一个关于 P9 项目管理软件思想体系和功能架构的专题演讲。钱老在会上介绍了 IPMA 推进 IPMP 认证进展和 PMRC 把 IPMP 认证体系引入中国的初步设想。这是我第一次全面了解到 IPMA 及其品牌产品 IPMP。

多年以来，每当我回想起 PMRC 风雨兼程的发展历程时，泰安年会都是记忆深处一个岁月尘埃掩埋不住的原点。

我当时是名副其实的项目管理菜鸟，初入项目管理江湖，参加 PMRC 成为一名会员，一不是为了发表论文，二不是为了拓展学术人脉，是出于我创办的金投科技公司的发展需要。

在深感知识缺乏、能力不足的背景下，我带着向项目管理学术界请教和求救的心态加入 PMRC 并报名参加泰安会议。

↗ IPMP 认证新闻发布会

《中国项目管理知识体系》(《C-PMBOK》) 出版后，钱老师指定我全面负责“21 世纪项目管理的专业化发展：国际项目管理专业资质认证 IPMP”新闻发布会筹备工作。

我之前没有和媒体打交道的经验，对这次新闻发布会十分小心，整体方案一再推敲，反复与在西安的 PMRC 沟通。新闻发布会的地点定在友谊饭店友谊宫，经过努力，在京的主要新闻媒体机构都派记者出席。IPMA 非常重视 IPMP 在中国的首秀，专门派负责 IPMP 认证工作的副主席同时也是德国项目管理协会主席莫扎尔和芬兰项目管理专家马蒂专程前来北京出席新闻发布会。

北京 IPMP 认证新闻发布会，钱老和 IPMP 专家莫扎尔（左）、马蒂合影

↗ IPMA 第 20 届项目管理全球大会的备案立项

在钱老师的努力下，PMRC 获得了 2006 年 IPMA 第 20 届项目管理全球大会的承办权。这是中国项目管理行业的大事、盛事。IPMA 全球大会在拥有 14 亿人口、经济快速增长、每年项目建设数量多、投资规模大的中国召开，也是 IPMA 推进项目管理全球化进程中的重要一步。对于 PMRC 来说，办好上海第 20 届项目管理全球大会是推进中国项目管理发展的重要抓手，也是向国际项目管理界展现中国改革开放伟大成就、提升 PMRC 国内外知名度的良好契机。

根据钱老师的整体部署，大会秘书处把 IPMA 第 20 届项目管理全球大会的筹备工作进行了 WBS 分解。

在中国召开全球性大型论坛或国际性学术会议，必须获得主管部门的立项审批。PMRC 是双法研究会的二级学会，双法研究会的上级主管部门是中国科学技术协会。中国科协是经党中央批准在 1958 年成立的全国科技工作者的统一组织。第 20 届项目管理全球大会组委会成立后的第一项重要工作就是将上海大会正式向中国科协报批立项。为此，钱老和我一起到中国科协进行拜访汇报、备案立项。

IPMA 项目管理全球大会有一项重要的议程就是颁发由各成员国项目管理协会评选推荐并经 IPMA 大奖委员会最后评审出来的年度全球卓越项目管理大奖。这项工作由 IPMA 副主席奥托・齐格梅尔负责。为了确保每年获得项目都是当年全球最佳项目管理实践，奥托每年都要到举办国的项目管理协会指导大奖的最终评审工作。为了让中国科协领导更好地了解 IPMA 和 IPMA 第 20 届项目管理全球大会的相关情况，钱老师邀请奥托和 PMRC 副主任、IPMA 认证委员会委员薛岩女士一起参加科协的备案立项之行。

中国科协程东红书记、科协国际部朱进宁部长、国际部组织处张红副处长一起在中国科协会议室接见钱老师一行。

奥托先生首先向程书记介绍了 IPMA 由来和发展概况、PMRC 作为 IPMA 国别会员在 IPMA 的工作、中国的项目管理实践对 IPMA 发展的重要意义。钱老着重介绍了 PMRC 的成立和发展过程及 2006 年即将在上海召开的 IPMA 第 20 届项目管理全球大会情况。我具体介绍了上海项目管理全球大会的主题、总体框架和主要议程。程东红书记和朱部长、张红副处长在仔细听了我们的介绍后，程书记高度评价了 PMRC 十多年来所做的工作，她对 PMRC“二级学会，一级运作”发展模式予以充分肯定，并指示科协国际部要以更直接有效的方式加大对类似 PMRC 这些已经加入国际组织并在其中担任重要职务的各级学会的沟通及支持力度，在服务模式上要有所创新，这对促进我国学会发展和科技发展有重要意义。程书记并建议钱老和 PMRC 从落实科学发展观、构建和谐社会的高度，就如何发展中国项目管理问题作深层次的研究。

最后程东红书记和我们一起合影。上海 IPMA 第 20 届项目管理全球大会的备案立项工作取得了圆满成功。上海大会立项批准后，中国科协正式发函上海市人民政府，PMRC 在上海筹办 IPMA 大会的一切工作有了合规的依据和程序。

↗ 积极有效解决台湾地区项目管理专业组织加入 IPMA 的问题

PMRC 和 IPMP 在发展过程中遇到了各种各样的挑战，其中最严峻、最复杂、最艰巨的莫过于有理、有利、有节地处理台湾地区项目管理专业组织加入 IPMA 的问题。

2003 年 9 月，在前去斯洛文尼亚参加 IPMA 理事会议前夕，钱老师因疲劳过度患了带状疱疹，钱老师考虑到该次会议上有关于台湾地区项目管理专业组织申请参加 IPMA 组织的议程，对这样重大问题的讨论，我们绝对不能缺席。于是，硬是忍着剧痛坚持出国参加会议，并通过积极的工作，维护了我国关于“一个中国”的严正立场，并与中国台湾的项目管理专业组织建立了友好的合作关系。

记得那是北京一个非常寒冷的冬日，当我在机场目送钱老师的飞机慢慢消失在天际，我的心也慢慢沉重不安起来。一是这次 IPMA 理事会在台湾地区项目管理专业组织申请加入的问题上充满不确定性；二是担心钱老师的身体，一个 70 多岁的老人，发着烧坐长途飞机，而且面临这样巨大的压力。

那天我在北京机场 2 号航站楼的出发大厅里不停地来回走动，久久没有启程回城。透过机场大厅灰蒙蒙的玻璃窗，可以看到外面开始下雪了。望着寒风中层层飘落的雪花，我突然想起钱老师第一次参加 IPMA 理事会的情景。那是 1992 年，IPMA 在莫斯科召开理事会，钱老师是第一次进入项目管理国际大家庭，也是第一次申请 PMRC 作为中国项目管理专业组织加入 IPMA 并作为 IPMP 在中国的唯一授权代理机构。当时的中国出国参加国际学术活动，无论从审批还是在费用上，和今天的条件不可同日而语。为了节省一点费用，钱老师在回国时选择了坐火车。钱老师在和我讲这一段的心路历程和一路上的凶险艰辛时，非常平静，但我听得惊心动魄。我感慨的是，一个老人，为了中国的项目管理事业，这几十年来一直这样默默耕耘，默默奉献，从不计较个人的安危和得失。这次抱病参加 IPMA 理事会，又是一场艰苦凶险之旅。

那次机场送别之后，每当我在 PMRC 和 IPMP 认证等工作中遇到挫折，我内心总会想起两幅景象：一幅是一个老人不顾生命安危高举着项目管理的知识火炬穿过战火纷飞的独联体地区；另一幅是一个老人为了处理台湾地区项目管理专业组织加入 IPMA 的问题身负重压抱病飞行……

钱老师到了赫尔辛基后，在 IPMA 理事会开会前分头向各位理事做工作并争取到在大会表决前发言。钱老师在发言中全面阐述了中国在台湾问题上的严正立场和 PMRC 多年来在推进 IPMA 各项计划尤其是 IPMP 认证事业上所做的努力。最终，台湾地区项目管理专业组织加入 IPMA 的议案被否决。

心系装备建设　心系军方项目管理

——记钱福培教授的爱军胸怀

程谷辉

今年是 PMRC 成立 30 周年，也将迎来 IPMP 引入我国 20 周年。30 年来，以创始人钱老师为核心的几代 PMRC 人引领一大批项目管理专家、学者、实务工作者，为推动我国项目管理学科发展及项目管理的国际化、专业化和职业化做出了巨大贡献。特别令人敬佩的是钱老师爱国爱军的胸怀和心系国防和军队建设、心系装备建设、心系军方项目管理的情怀。在推动军方广泛开展项目管理的应用上，钱老师在战略层面定向谋局，在战役层面把握时机，在战术层面亲临一线身体力行、令人敬佩。一次次活动、一个个事件历历在目、记忆犹新。

↗ 一封亲笔信

现代项目管理源自军方的大型武器装备研制，并逐步惠及经济建设诸多领域，已经发展成为一门较为完备的学科体系。多年来，在钱老师的积极推动下，我国国防科技工业和武器装备建设领域研究、学习和运用现代项目管理已经取得了许多重大成果，但受军队原有体制编制等因素制约，军方在广泛开展项目管理的应用上还有待于进一步研究和推动。

随着深化国防和军队改革的推进，军委装备发展部成立以后，为推动项目管理在我军武器装备建设中发挥出更加重要的作用，钱老师亲自谋划并执笔给军委装备发展部部长写信献言献策，书信几易其稿、反复修改，建议联系实际、具体明确。钱老师在信中建言如下。

一是组织军地高校有关专家学者，优选或编撰适用于装备建设和国防军工的项目管理系列教材，形成层次分明、相互配套、理论与实践并重的项目管理教材体系，为装备领域推行现代项目管理制度奠定坚实基础。

二是依托军地高校和培训机构，有组织地分批培训军队装备机构及军工企事业单位的业务骨干，特别是重大项目的中、高层管理人员，使之系统掌握现代项目管理的理论、方法和工具，为实施装备项目管理做好人才方面的准备。

三是借鉴 IPMP 的有益经验和做法，设计并适时推出具有我军特点的项目管理人员资质认证。同时，构建不同层次、不同等级的项目管理课程体系，使各级管理人员能够在其职业生涯中，定期接受相关培训和考评，保持并不断提高项目管理能力。

↗ 一次座谈会

军委装备发展部部长收到钱老师的来信后非常重视，做出了重要批示。装备发展部机关相关部门迅速行动，邀请钱老师进京座谈。80 多岁高龄的钱老师应邀进京参会，夫人桂教授不放心钱老师独自出行，从西安到北京全程陪伴照顾钱老师的生活起居。

当钱老师应邀来到装备发展部会议室，部机关参加会议的领导和同志们见到德高望重的钱老师，大家都为他的爱国爱军胸怀和心系军方项目管理的情怀投下了敬佩的目光。座谈会上钱老师向装备发展部机关的领导和同志介绍了国际项目管理的研究应用和发展趋势，我国项目管理的发展现状和应用成果，军方项目管理的成功案例和推广建议。重点介绍了外军在装备建设上项目管理的应用，目前我国国防科技工业领域研究、学习和运用项目管理取得的成果，特别是针对军改后，装备建设领域进一步建立健全项目管理组织机构，加强对项目管理骨干力量的培训，实施装备建设项目的科学化、精细化和规范化管理，着眼实现我军装备建设的快速发展和创新超越，提出了具有指导意义的建议，深受入会领导和同志们的称赞。

↗ 一期开训动员

在钱老师的倡导和建议下，2019 年 5 月 27—30 日中国科学院大学主办了一期“装备采购管理人员核心能力发展高级研修班”，全军各军兵种项目办和国防科技工业领域 121 人参加了培训。在培训班的开幕式上，面对来自全军装备建设项目管理领域和国防科技工业领域的领导和同志们，钱老师发表了真知灼见的开训动员。

钱老师首先对中国科学院大学主办的这期培训班给予了高度的肯定；随后回顾了 1991 年，在西北工业大学党委、领导的支持下，联手国内学术、实践界同人，创建 PMRC 的过程；还回顾了 1996 年，PMRC 加入了有 68 个成员国组成的 IPMA。PMRC 成立后，先后将现代项目管理知识体系（PMBOK）、ICB 及 IPMP 和 IPMA 项目管理大奖引入中国的过程；介绍了 20 多年来，经业界同人坚持不懈的推广、应用、研究和完善，IPMP 认证得到国内工程技术等领域学者及从业人员的高度认同，在重大工程项目实践中发挥的重要作用，收到的显著成效；最后对我军武器装备建设领域和我国国防科技工业领域研究、学习和运用现代项目管理提出了殷切的希望。回顾昨天、立足今天、展望明天，钱老师在培训班的动员中热泪盈眶。

这是充满情怀的泪。钱老师充满了爱国爱军的胸怀和心系国防及军队建设、心系装备建设、心系军方项目管理的情怀，倡导和推动军方在武器装备建设领域研究、学习和运用现代项目管理，使项目管理在我军武器装备建设中发挥出更加重要的作用，始终是钱老师的心愿。当面对来自全军装备建设项目管理领域和国防科技工业领域的领导和同志们，将通过中国科学院大学主办的“装备采购管理人员核心能力发展培训班”，提升装备采购管理人员现代项目管理的综合能力，为在武器装备建设领域运用现代项目管理培养人才、奠定基础，钱老师感慨万分。

这是充满感情的泪。多年来，在钱老师的倡导和推动下，通过一大批项目管理专家、学者、实务工作者的不懈努力、主动作为，武器装备建设领域研究、学习和运用项目管理取得了一系列重大成果，军队系统也有一大批人员参加了 IPMP 培训并取得资质证书，多数已成为各自单位特别是装备系统的管理骨干。

我国国防科技工业领域研究、学习和运用项目管理也取得了一系列重大成果，神舟六号载人飞船项目等一系列重大项目曾获国际卓越项目管理大奖。航空、航天、兵器、电子等军工行业承担重大项目的“两总”及管理人员很多通过了国际项目经理资质认证并获得了 IPMP 资质证书。

这是充满幸福的泪。通过开展国际项目经理能力资质认证充分证明了项目管理人才培养硕果累累。目前，我国参加现代项目管理核心课程培训的人数超过 10 万余人，申请 IPMP 认证的人数和获得证书的人数在逐年稳步增长。

开展 IPMP 认证以来，已取得 IPMP 认证证书的总人数在 IPMA 所有会员国中排名前四，军队系统也有一大批人员参加了 IPMP 培训并取得资质证书。项目管理已经成为我国工程技术人员普遍关注且努力学习掌握的管理方法与工具。

这是充满希望的泪。一期期培训、一批批认证、一个个项目的展开，是推动项目管理实践的一串串脚印。在这期全军各军兵种项目办管理干部参加的训班上，钱福培教授对大家寄予了殷切的希望，提出了明确的要求。参加培训的领导和同志们对军方在武器装备建设领域广泛运用现代项目管理，使项目管理在我军武器装备建设中发挥出更加重要的作用有了进一步的认识，产生了共鸣。目前，全军各军兵种项目办积极进行探索，通过立项研究、学习培训、运用实践等方式，将培训的成效转化为促进武器装备建设的成果。

钱福培推动国防项目管理发展二三事

沈建明

2021 年，PMRC 成立 30 周年之际，本书编辑团队邀请我为钱老师的书撰稿，我欣然允诺。我一直从事国防领域项目管理，现将我所经历的钱老师为推动国防项目管理发展的二三事介绍一下。

钱老师对国防领域的情结是有渊源的。每当我因国防领域的项目管理有事请教钱老师时，他总是深情地对我讲：“小沈，国防领域有关项目管理的事情我会尽力支持，国防领域是我国开展项目管理最早的领域之一，有‘两弹一星’、载人航天等举国了解的项目管理最佳实践；PMRC 就挂靠在西北工业大学，这是一所国防军工的院校；我 1953 年高考进入华东航空学院飞机发动机系，这是西北工业大学的前身，学的就是军工产品，我以此为荣；1991 年我发起成立 PMRC，当时学习的 PMI 的东西对我的启发，多源于美国国防。”源于这种情结，我自从加入 PMRC 后，钱老师为推动国防领域的项目管理的事情，点点滴滴地浮现在我的眼前。

第一件事是某军种撒手锏型号管理得到了 PMRC 的大力支持。我是 1999 年才加入 PMRC 的，缘由是国家启动了某军事专项工程，我有幸在某军种撒手锏办公室工作。面对如此复杂大型工程群，首长要求我们要用现代项目管理的思想及工具管理型号。我通过多方查询，了解到中国也有一个项目管理研究委员会，为此，我专程来到了西安。至今清楚地记得找到了当时在西北工业大学体育馆边上的一间屋子，这就是当时 PMRC 的办公室，钱老师热情地接待了我，还介绍了当时在场的 PMRC 秘书长白思俊老师。我汇报了来意，并希望在网络计划技术、里程碑控制、风险管理、合同管理等给以理论支持，钱老师给予了一一介绍，表示全力支持配合我们的工作，并请白思俊老师具体指导帮助。有了部队首长的明确要求，有了钱老师及 PMRC 的有力支持，某军种的撒手锏型号项目管理由家长式人治式管理向科学管理迈出了一步，在网络计划控制图、层层落实责任制、里程碑拨款等方面的管理有了很好的应用和发展。记得当时要求每个型号要画网络图，我们的力量有限，机关几十个部门加上所属型号管理单位，网络图画得五花八门，最后在 PMRC 指导下，用面条图代替网络图，该形式得到了原总装备部军兵种部的认可；项目风险管理引入型号风险控制中，在钱老师的指导下，我和白老师具体开展了某军种撒手锏型号的风险分析，该成果成为型号计划调整的主要依据，并获得军队理论研究成果三等奖。

第二件事是神舟六号载人飞船项目获得 2006 年国际项目管理金奖。2005 年 10 月，我国载人航天工程——神舟六号载人飞船发射成功，实现了双人到太空和宇航员出舱遨游太空的壮举。当时钱老师已经当选为 IPMA 副主席，并争取到了 2006 年 IPMA 第 20 届项目管理全球大会在上海举办的机会。当时，钱老师在考虑，能否推选我国卓越的项目参加国际项目管理大奖的评选，自然想到了神舟六号载人飞船项目。钱老师为此付出了大量的心血。一是争取立项。经过多方反复努力，在经过认真调研、多方案选择、利弊分析，与神舟六号载人飞船团队进行多次沟通的基础上，钱老师带领我们向当时中国空间技术研究院的袁家军院长和神舟六号载人飞船总指挥尚志进行了汇报，袁院长当即表示认可，也非常同意让国际顶级项目管理专家对五院的项目管理能力进行一次诊断，检验我们的差距，项目很快立项。二是钱老师按照国际规则要求，为尽快让神舟团队提升项目管理能力，动员并实施了从尚志总指挥到管理团队培训认证了国际项目经理证书，形成与国际接轨的共同语言。三是钱老师请当时的 IPMA 副主席、大奖委员会主席奥托先生访问中国，参观航天五院，介绍大奖评估模型的具体要素构成和评奖规则，增加我们对评估评奖核心要点的理解。四是钱老师委托我组织神舟团队，花了 3 个月时间，克服中国型号管理重结果，过程及资料管理薄弱的状况，整理了完整的文档体系及资料，并撰写了符合国际规则的申请报告。在钱老师的精心安排下，2006 年 10 月在中国上海举办的 IPMA 第 20 届项目管理全球大会上，神舟六号载人飞船项目获得了被称为全球项目管理界的奥斯卡奖的国际项目管理金奖，这是当年度获得金奖的唯一项目，为中国争取了荣誉，也向世人证明中国也有国际领先的项目管理最佳实践。神舟飞船的项目管理经验和做法，也推动了航天五院项目管理能力的快速提升，神舟团队也再接再厉，神舟七号飞船发射成功后，总结出版了《神舟七号飞船项目管理》一书，并获得多项部级管理成果奖，神舟八号飞船交互对接的最佳项目管理实践也获得国资委颁发的一等奖。

第三件事是为国防项目管理理论研究的贡献。PMRC 的宗旨之一是推进项目管理的理论研究和实践发展，钱老师身体力行，为国防项目管理的理论研究和实践总结，做出了很大贡献。下面举几个例子。

一是《神舟飞船系统工程管理》的研究出版。《神舟飞船系统工程管理》一书总结了神舟一号到五号的项目管理最佳实践，由袁家军主编。在《神舟飞船系统工程管理》一书的出版发行仪式上，袁家军高度赞扬了钱老师对该书出版给予的指导和帮助，感谢欧立雄老师及神舟团队的辛勤付出。时任总装备部部长的曹刚川、航天科技集团总经理张庆伟及 IPMA 副主席钱福培为该书作序。钱老师在序中写道：

应袁家军院长之邀，为《神舟飞船系统工程管理》写序，望着这厚厚一本 70 余万字的书稿，作为一名“老”项目管理工作者，思绪万千，感触良多。

我国航天事业发展速度之快，水平之高，成绩之显著是举世公认的。每念及此，就对我国航天事业开拓者们心存敬意，是他们从零开始，在我国航天事业的白纸上画出了第一幅美丽的彩虹。

成功的项目必然有成功的管理，神舟五号载人飞行的圆满成功，不仅是我国航天事业发展的伟大成就，也是我国项目管理事业发展的重要里程碑。她向世人表明：中国航天事业不仅在技术上已大步跨入了世界先进行列，在管理上也已与国际接轨，将现代项目管理理念和方法与中国航天型号研制项目的具体实践相结合，探索形成了一套独具特色且行之有效的大型复杂系统工程管理体系。

《神舟飞船系统工程管理》一书是中国人自己在长期的重大工程项目管理实践基础上总结而成的，是中国人在学习和借鉴国外项目管理先进理念和方法的基础上创新而成的，不仅对我国航天领域的系统工程实践和项目管理有直接的、操作性的指导作用，对其他行业领域的项目管理实践也有很高的参考价值。希望《神舟飞船系统工程管理》的出版能为我国项目管理的发展开创一条先河。衷心地感谢《神舟飞船系统工程管理》作者们的辛勤劳动，引领我国的项目管理踏上了一个新的征程！

至今该书仍是国防军工界项目管理的范本，钱老师、欧老师和神舟团队研究的神舟飞船项目管理成熟度模型已经被广泛吸收使用。

二是《国防高科技项目管理概论》的研究出版。2003 年，我在军队工作已经将近 30 年了，面临转型和新的择业，自己很想把在部队期间，特别是从事武器装备项目管理的一些体会写出来留给在位的同志们，但毕竟自己主要从事的是项目管理的实践，对能否在理论上总结出来心里没底。在一次 PMRC 的会议之后，我把这些想法和盘托出，钱老师听后给予高度肯定和支持，帮我梳理了内容，厘清了思路，还请白思俊老师帮助我。在钱老师的鼓励下，我和白老师合作，撰写了我人生第一本书《国防高科技项目管理概论》，钱老师亲自担任了该书的编审委员会成员。时任全国政协副主席、总装科技委主任朱光亚院士为该书作了序，军种司令、政委亲自批示给予褒奖，出版后重印了多次，并在军队和国防军工领域得到较高赞誉，该书的理论成果还获得军队理论研究二等奖。

三是《中国国防项目管理知识体系》《现代国防项目管理》（上下册）的研究和出版发行。2005 年，中国的项目管理已经发展到行业细分的阶段，国际有美国的 PMBOK，中国有 PMRC 的 C-PMBOK，中国许多行业也研发了领域适用的知识体系，还将迎接2006年IPMA第20届项目管理全球大会在中国召开。作为IPMA副主席，钱老师期望大家积极为大会召开做贡献，并希望各领域拿出一些成果来展示中国项目管理的发展。为此，我提出组织研究和撰写《中国国防项目管理知识体系》，立即得到钱老师的大力支持，亲自参加了第一次《中国国防项目管理知识体系》课题研究和书稿撰写的筹备会议，并担任编审委员会主任。在钱老师的指导下，经过国防军工领域专家们的共同努力，该书于 2006 年 10 月在 IPMA 第 20 届项目管理全球大会召开前公开出版。钱老师为该书作序，他写道：

2006 年，是中国的项目管理年，正值 IPMA 第 20 届项目管理全球大会即将在中国召开之际，《中国国防项目管理知识体系》问世了，我感到十分高兴和欣慰。

现代项目管理起源于国防系统，我国项目管理在国防系统得到了较为广泛的应用，中国国防项目管理的奠基人钱学森运用系统科学的思想方法建立的系统工程理论，使项目管理在中国国防领域得到了极大的应用，并已在实践中总结形成了一套系统的理论与方法，取得了丰硕的成果。国防领域大量的理论研究成果和实践案例，为推进我国项目管理事业的发展，为促进我国项目管理与国际项目管理专业领域的沟通与交流起了积极的作用。“两弹一星”和“神舟飞船”项目就是典型的例证。与国际项目管理领域的发展一样，国防系统是中国项目管理发展的重要领域，一直走在中国项目管理的前沿，此次《中国国防项目管理知识体系》

的出版，就是一个很好的佐证，必将对国内其他行业的项目管理发展有很好的促进作用。

近几年来，国防系统的项目管理得到了较快发展，特别是在武器装备的采办领域推行项目管理的力度逐步加大，因此，国防系统也急需有一个符合国防项目特点的项目管理知识体系。国防系统的一批专家，经过了 3 年多的努力研究编写了《中国国防项目管理知识体系》，以我国国防建设和国防高科技领域项目管理为主线，力图通过基础篇、流程篇、知识篇和方法工具篇，系统地介绍国防项目管理的基本知识、管理流程、知识领域和方法工具，是在项目管理领域一次有益的尝试。《中国国防项目管理知识体系》的编著人员都来自国防系统，既有系统深入研究项目管理的理论专家，也有长期在一线的项目管理实践专家。该知识体系按照国防项目的特点，注重国防项目管理知识的系统性、完整性、实用性，总结提炼了 12 个知识领域，具有鲜明的国防特色，符合国防建设和国防高科技领域项目管理需要，填补了这一领域项目管理知识体系的空白。

国防领域的项目多数是一个集高技术、高智能于一体的复杂系统工程，科学高效的管理，对于提高武器装备建设的质量和效益至关重要。随着科技水平的日益进步，现代国防项目的复杂性和对项目管理创新性的要求也不断提高，国防项目管理正面临着极大的挑战，在我国实行市场经济的今天，必须不断寻求科学的国防项目管理方法，提高国防项目开发的成功率，希望《中国国防项目管理知识体系》能为建立和完善国防项目管理制度和方法，为提高我国军队和国防工业系统的项目管理水平，为提高国防项目管理人员的现代项目管理知识和技能起到应有的作用，为中国的项目管理事业做出贡献。

《中国国防项目管理知识体系》从 2006—2017 年已经 3 次修订再版，得到业内广泛认可和好评。

2012 年和 2017 年，我先后组织研究和出版了《现代国防项目管理》（上下册）第 1 版和第 2 版，每次研究出版都得到钱老师的大力支持。钱老师也专门给这两本书作了序，他写道：

2006 年，时值 IPMA 第 20 届项目管理全球大会在上海召开之际，由沈建明等专家编著的《中国国防项目管理知识体系》问世，2011 年《现代国防项目管理》（上下册）出版，这为推进我国国防项目管理科学化、现代化与国际化迈出了可喜的一步。

2006 至今已是 11 年过去了，在我国项目管理发展极不平凡的 11 年中，《中国国防项目管理知识体系》《现代国防项目管理》（上下册）编写组的专家们，潜心于教学，在实践的基础上多次修订、试用，现在《中国国防项目管理知识体系》《现代国防项目管理》（上下册）的更新版正式面市，我为他们这种不忘初衷、努力探索、“十年磨一剑”的精神所感动。

参与编著的专家们都来自国防系统，其中有长期在项目管理实践一线工作的专家，又有长期从事项目管理理论研究与教学的老师。他们注重国防项目管理知识的系统性、完整性、先进性，同时也考虑到我国国防系统项目管理人员的实际情况，力求注意实用性。第一版填补了我国国防领域现代项目管理知识体系的空白，更新版又补充与丰富了国内外项目管理最新发展的内容。国防领域的项目多数是集高技术、高智能于一体的复杂系统工程，科学高效的管理，对于提高武器装备建设的质量和效益至关重要。随着科技水平的日益发展进步，现代国防项目的复杂性和对创新性的要求，使国防项目管理面临极大的挑战，必须不断寻求科学的国防项目管理方法，提高国防项目开发的成功率。可以看出，编著者正是基于这个出发点修订再版的。

《中国国防项目管理知识体系》《现代国防项目管理》（上下册）更新再版，表明我国国防系统现代化项目管理又向前跨越了一大步。这两本书是我国军民融合及国防系统项目管理人员及工程技术人员很好的教材和参考书。

衷心感谢编写人员的辛勤劳动，相信新版著作在我国国防系统项目管理的现代化、科学化、国际化及国防系统项目管理人才建设方面一定会做出新的贡献。

四是《项目群管理理论与实践》——北斗导航卫星系统项目群管理最佳实践的研究和出版发行。2012 年 12 月我国北斗卫星导航工程完成了三步走的第二步，实现了亚太地区的北斗卫星导航系统交付使用。2013 年，北斗导航卫星团队邀请我为该项目群做一个管理咨询，我同陶俐言老师带领的大学团队与航天五院导航卫星团队，经过半年的努力，整理并撰写了 80 多万字的《项目群管理理论与实践》——北斗导航卫星系统项目群管理最佳实践的书籍。咨询期间，我多次向钱老师汇报进展情况，面对困难，听取钱老师的指导意见。孙家栋院士和钱福培教授为该书作序。钱老师在序中写道：

自 1970 年 4 月 24 日我国第一颗人造卫星“东方红一号”成功发射，开创了中国航天史的新纪元以来，此后的 40 多年中创造的一系列航天领域重大成果都是举世公认的。北斗导航卫星就是其中之一。

现代项目管理从 20 世纪 50 年代算起，至今不过 60 多年。随着全球项目管理实践活动的迅猛发展，现代项目管理的学科发展也出现了新的飞跃：项目管理学术组织相继出现（IPMA——1965，PMI——1969），项目管理知识体系和能力体系（PMBOK、ICB 等）也崭露头角，项目管理专业教育也在各国普遍设立。人们对项目管理的研究从单一的项目管理（Project Management）到多个相关项目的管理（Program Management，称为项目群或项目集管理）到综合多个相关和不相关项目的管理（Portfolio Management，称为组合项目管理），都有了专业性的研究和发展。“项目管理”已成为学科丛林中不可或缺的一员。

从管理角度来讲，北斗导航卫星系统是一个典型的项目群，它体系庞大、技术复杂、战技指标高、管理难度大，面临着很多挑战性的难题和任务。北斗导航卫星系统的管理者们，勇于实践，勤于学习，从国际、国内项目管理实践中撷取经验和教训，系统梳理并上升到理论层面，总结形成了一套独特的北斗导航卫星系统项目群管理的方法，就是本书介绍的核心；三条轨道；十五个要素，他们所总结的这套方法和十八条管理创新经验为项目管理理论的发展赋予了新的内涵。

这是一本北斗导航卫星工程实践与现代项目管理理论有机结合的论著，是一本理论性、实践性、指导性兼顾的论著，也是一本可供项目管理专业人员和高校师生广泛阅读的论著。

现在我高兴地看到继《神舟飞船系统工程管理》《神舟七号飞船项目管理》之后，又一本航天人写的专著问世。航天人不仅在航天项目实践中为中国创造了辉煌，他们在项目管理理论研究中也走在前列，为我们呈献了一本中国自己的和实用的项目群管理理论与实践——北斗导航卫星系统项目群管理最佳实践的项目管理专著。感谢《项目群管理理论与实践》编写人员的辛勤劳动！感谢航天人为我国项目管理做出的又一贡献！

向航天人致敬！

从钱老师为几本书作序的点点滴滴，我们不难看出钱老师对国防军工的深入了解和殷切期望。

钱老师不忘初心，牢记使命，为国防项目管理发挥余热。2017 年，80 多岁高龄的钱老师已经卸任 IPMA 副主席，离开 PMRC 的领导岗位，但钱老师人退心不退，2017 年 12 月 12 日，钱老师还专门给装备发展部李部长写了一封信函。

收到信函后，李部长非常重视，专门把钱老师的信函转批装发机关二级部领导阅示。2018 年，装发信息系统局的同志，专门把钱老师请到北京，举办了一次座谈会，我和程谷辉、三斌、詹伟等评估师参加了座谈。座谈会上，钱老师把对国防军工项目管理的殷切希望和盘托出，大家非常感动。

钱老师为推动国防项目管理发展的事例举不胜举，在国家进入新时代，国防军队建设也进入新阶段的今天，我们回顾钱老师为国防项目管理做的大量工作和贡献，意在将钱老师这样德高望重的为中国项目管理的发展做出突出贡献的典型事例介绍给大家，鼓励新一代的国防人学习钱老师的优秀品质，肩负起发展项目管理的重担，在新时代开辟国防项目管理的新篇章。

致敬中国现代项目管理与 IPMP 认证的拓荒者

——钱福培老师

詹　伟

2021 年是 PMRC 成立 30 周年纪念，同时也是由 PMRC 引入我国的 IPMP 认证 20 周年纪念。20 年弹指一挥间。算起来我第一次见到钱老师，到今年刚好也是 20 年。回忆起这些年钱老师对项目管理事业呕心沥血，对我个人成长关心备至，很多事依然历历在目。

↗ 初识钱老师

2001 年 5 月，我当时在北京航空航天大学（下称“北航”）学习。一天，接到我的导师邱菀华老师的电话，安排我去北京西站接从西北工业大学来的钱老师，邱老师特别交代，要全程陪同钱老师，等钱老师把事情办完后再回北航，要像对待自己的导师一样对待钱老师。那时候我们也没有车，从学校借了一辆金杯面包车，一大早到西站接钱老师，我还做了个接站牌子，心里惴惴不安。

接到钱老师，感觉钱老师平易近人、和蔼可亲。我问钱老师是否先到学校宾馆休息，他说还是先把重要的事完成。于是我们开车直奔百万庄机械工业出版社。钱老师说今天的重要任务是把一本书的出版敲定。在机械工业出版社又认识了常淑茶编辑，常老师后来为项目管理知识的传播做了巨大的贡献。常老师带着我们分别见了出版社经管分社和总社的各位领导，解决了关于图书出版的问题。这本书也就是后来 IPMP 认证的第一本重要教材——《中国项目管理知识体系与国际项目管理专业资质认证标准》。直到确认出版没有任何问题后，感觉钱老师才如释重负。现在回忆起来，我能走上项目管理的学习和教育教学这条道路，看来是邱老师专门安排的，使我有机会一直得到钱老师的指引和教诲。

↗ 钱老师全力推动中国项目管理发展与 IPMP 认证工作

万事开头难。2001 年年底开始，学校安排我负责在北京推广 IPMP 认证的工作。那时确实“一穷二白”，“穷”的是没什么启动经费，“白”的是我自己对项目管理的认识也非常肤浅，只能边学习边推进。这一时期，钱老师对全国特别是北京地区项目管理和 IPMP 的推广，亲力亲为，给予了极大的支持。

2002 年 4 月，钱老师、白老师陪同 IPMP 德国认证委员会主席、IPMP 中国认证委员会首席评估师莫扎尔先生在京津两地宣传 IPMP，为启动 IPMP B 级认证做准备，特别到北航指导我们开展 IPMP 的工作。钱老师也鼓励我多学习项目管理。

钱老师、莫扎尔、白老师等指导北航的 IPMP 认证工作

按钱老师的要求，也为了提高自己对 IPMP 的理解，我在 2020 年 5 月参加了 IPMP C 级认证。随着 IPMP 认证工作的推广，学校也同意我们开办项目管理专业的研究生课程班。由于市场需求旺盛，课程班报名非常好。首期班的开学典礼，钱老师非常重视，出席并给全体学生做学习动员。这批学生也非常幸运，开学第一天就见到项目管理的前辈。

钱老师参加北航项目管理研究生课程班开学典礼

2002 年 10 月，钱老师在北京亲自启动 IPMP A 级中国区首次认证工作，与 IPMA 认证委员会前主席汉斯·诺普菲尔先生，首席评估师张玉麟、景新海等一起对 5 位考生进行了认证。我作为评估的服务人员，有幸记录了这次认证的过程。

IPMP A 级中国区首次认证发布会

2002 年，在钱老师的关心和指导下，北航 IPMP 认证中心不仅完成了多期 IPMP C 级培训和认证班，承办了 A 级的首次认证，并与航天二院等单位共同承办 PMRC 第四次项目管理大会，为北京地区项目管理的发展奠定了坚实的基础。

2004 年，钱老师推动 PMRC 第三次国际学术会议在南京召开，聚焦项目管理发展的全球化和专业化。2006 年，IPMA 第 20 届项目管理全球大会在上海成功举办，把中国现代项目管理的发展推向了又一个高潮。

IPMA 第 20 届项目管理全球大会颁奖晚会

项目管理全球大会颁奖晚会，钱老师深情凝视由他所带领的中国项目管理精英团队在台上获得最高荣誉，我在台下也是心情澎湃。

↗ 鼓励、激励年轻一代成长

应当说钱老师本身就是项目管理年轻一代最好的榜样。我认识钱老师时，实际上他已经从西北工业大学退休，但他的工作热情及对项目管理事业孜孜不倦的精神也一直激励着后辈学生们。我印象最深刻的是 2005 年，钱老师当选 IPMA 执行委员会副主席，在 70 岁时赴瑞士工作，并且 2007—2008 年、2009—2010 年两次连任，代表中国为全球项目管理的发展做出了突出贡献。

多年以来，钱老师推动 IPMP 校园行活动，鼓励在校学生参加 IPMP D 级认证；倡议成立 IPMA 中国青年项目管理者俱乐部，关心青年学者的成长；积极推动全国高等院校项目管理大赛的举办，在高校学生中普及项目管理理念与方法。

钱老师也一直关心我个人的成长。2011 年，他鼓励我认真学习 IPMP 评估规则，争取早日加入 IPMP 评估师队伍。在我首次申请评估师没有通过时，激励我不要放弃，继续努力，加强自身能力建设。后来，我加入评估师队伍后，第一次参加评估，又是钱老师带领我完成第一次评估任务。2019 年，得知我承办人社部首期装备采购管理人员核心能力发展高研班时，钱老师专程从西安赶到北京参加开幕式，激励各军兵种的年青项目管理人员努力掌握项目管理理论和方法，为我国装备采购管理贡献力量。

钱老师参加装备采购人员培训班

与钱老师、桂老师合影

尽管钱老师多次讲自己作为一个“80 后”，一切应当慢下来了，但实际上他对于项目管理事业的热情没有丝毫的变化，包括近年来他依然带领我们开拓“项目学”的理论研究，为中国项目管理的发展不辍耕耘。

借此机会再次感谢钱老师！祝愿钱老师、桂老师健康、幸福！

钱老师指引我进入项目管理的殿堂

杨　青

与项目管理结缘

1991 年，我从西北工业大学航天学院毕业后被分配到航天科技集团第四研究院，先后在质量技术部和科研生产部工作，直到 2000 年我在西北工业大学攻读博士离开四院。在近 10 年的时间里，我负责了若干国家重点型号的科研管理工作，包括技术管理、生产调度管理、计划管理和经费管理等。

科研生产部是管理型号的指挥调度中心，我负责的具体工作包括：编制型号年度生产计划、季度计划、月份计划和专题工作计划，召开计划协调会。此外，大部分的时间穿梭于院属的各个厂所，到生产现场检查工作、召开现场办公会协调进度和质量。尽管每天的工作繁忙、琐碎，但责任重大，承担的都是扬国威的大国重器科研任务，工作丝毫不敢怠慢。

工作了一段时间后，我开始觉得每天这么忙忙碌碌地工作，但效率很低，一定有值得改进的地方。是否可以采用系统的理论方法提高型号管理的效率和效果？当时我的脑海里一直有这样的疑问，并努力寻找问题的答案。

1996 年，我在西北工业大学读硕士学位，尽管我读的不是管理学院，在选课时，想看看管理学院有哪些课对我的工作有帮助，当我看到有项目管理这门课时，我眼前顿时一亮，潜意识里觉得这门课对我从事的型号管理工作一定会有帮助，就选了这门课。

这门课的主讲老师就是钱老师，我清楚地记得，上课的人不多，大约只有 10 个人，所以安排在西北工业大学西楼的一楼上课。在课堂上，钱老师给我们深入浅出地讲述了什么是项目，什么是项目管理。从那时起，我知道了项目管理的知识体系 PMBOK，知道了 IPMA 这一国际组织，知道了 PMRC 是其众多成员之一，等等。当时，钱老师是最早将项目管理进入国内的学者，国内还没有相关的教材，而且上课还没有 PPT 演示工具，钱老师上课时工工整整的板书，认真地备课和授课，给我留下了非常难忘的记忆。

钱老师介绍的项目管理理论与方法令我耳目一新、茅塞顿开，犹如黑暗中找到了灯塔，这不正是一直苦苦困扰我的问题的答案吗？我开始思考如何将型号管理与项目管理理论相对接。所有的型号管理工作，不是都可以归结为项目的启动、计划、执行、控制和收尾工作吗？我具体负责的计划调度管理、技术管理和质量管理工作，都可以在项目管理的知识领域中找到相应的工具、方法和模板。采用这些理论与方法，我们的工作可以事半功倍，提高效率、降低风险。所以，在工作中我一直试图将项目管理的理论与方法应用于型号管理的实际，并推动在航天复杂研发项目中的应用，同时，也写了一些文章发表在《航天工业管理》。但是由于种种的原因，尤其大部分人还没有认识到项目管理的重要性，所以在实际工作中推广项目管理仍有很大的阻力。

↗ 参加 IPMP 在中国的首次试点认证受益良多

2000 年 1 月，我开始在西北工业大学航天学院继续攻读博士学位。2001 年初夏的一天，我在校园偶遇钱老师，他说 PMRC 正在准备将 IPMP 认证引入中国，问我是否有兴趣参加首次 C 级的培训和认证。我怀着欣喜的心情毫不犹豫地报了名。当时，参加培训的学员有不少是在项目管理方面非常有造诣的教授和前辈，我作为一名学生，能够与他们一起参加培训和认证备感荣幸。在经过紧张的培训、笔试、案例小组讨论和面试环节后，我顺利通过了认证，成为国内首批获得 IPMP 认证的项目管理专业人员。

2002 年 7 月，受在新疆推广 IPMP 认证工作的刘国靖总经理（他也是与我一起在 1997 年上钱老师课的同学）邀请，我与钱老师、欧老师一起赴乌鲁木齐参加 IPMP 认证推介会。这是我初次登上讲台介绍项目管理，当时站在众人面前忐忑的心情仍记忆犹新。这次活动，我不仅从钱老师、欧老师那里学到了很多项目管理方面的知识，而且他们优雅的谈吐、渊博的知识也使我受益匪浅。

与钱福培老师和欧立雄老师在新疆做 IPMP 认证推广期间合影

↗　从教项目管理

西北工业大学博士毕业后，在钱老师的推荐下，我于 2003 年 11 月—2005 年 11 月跟随北京航空航天大学邱菀华教授开展博士后研究，在邱老师的 DRP（决策、风险和项目管理）团队工作期间，与邱老师的博士硕士们相互交流、相互促进，不仅使我的项目管理专业知识得到了进一步的提升，更重要的是，我学习到了邱老师如何带领团队开展科研，并结交了不少项目管理界的挚友，例如，杨爱华和杨敏老师，使我收获颇多。

在从事项目管理的教学和研究过程中，钱老师领导下的 PMRC 所举办的各项学术交流活动给予了我非常大的帮助。

与钱老师在中科院研究生院开会期间的合影，右为航天科技六院王卫东副院长

2017 年校庆期间拜访钱老师

回顾 20 多年来我在项目管理领域所走过的道路和取得的点滴成绩，离不开钱老师的关心、帮助和悉心指导，我衷心感谢钱老如慈父般的指引！

最后，再次感谢钱老师和 PMRC 为中国项目管理事业做出的贡献！希望在下一个 30 年，PMRC 和中国项目管理能够创造更大的辉煌！

为中国 IPMP 认证的发展呕心沥血

——我心目中的钱老师

吴志东

↗ 通过 IPMP 认证，我与钱老师结缘

钱老师是 PMRC 的主要创始人和 IPMA-Delta®认证体系与国际接轨的第一人。我有幸受钱老师启蒙而投身于 IPMP 认证事业，应该说我是钱老师孜孜不倦推动中国 IPMP 事业发展的亲历者和见证人。

记得 2002 年中秋前夕，我参加了由天和国咨控股集团有限公司在厦门白鹭洲大酒店组织举办的第一期 IPMP 认证培训班，这是厦门地区第一次组织的 IPMP 认证。开学典礼上，钱老师向我们详细介绍了中国项目管理和 IPMP 事业的现状和发展前景，这是我第一次见到钱老师。他启蒙式的“开学致辞”给我留下了非常深刻的印象，也坚定了我从事 IPMP 事业的信念。

↗ 在钱老师引领下，评估师队伍不断壮大

2003 年年底，在天和国咨控股集团有限公司董事长傅庆阳的推荐下，经过 IPMP 中国认证委员会审核，我同揭津荣、宋蕊、吴子燕等老师一起进入了 IPMP 评估师团队，并于 2004 年 10 月在南京接受了 IPMP 评估师的专项培训。钱老师系统地介绍了 IPMA 认证评估指南（ICRG），引领我进入了“IPMP 认证评估”专业领域。

2008 年夏天，钱老师利用在厦门大学参加一个会议的间隙约见我，并对我说：现在中国 IPMP 事业正在快速发展，评估师队伍在不断发展壮大，获证者人数也在逐年增加，亟须进行更加规范化的管理，因此原来的 IPMP 认证委员会即将重组，并征询我是否愿意参加新组建的 IPMP 中国认证委员会。同年，在钱老师的引荐下，我加入新组建的第三届 IPMP 中国认证委员会。

2004 年 10 月 26 日参加评估师培训班学习

IPMP 评估师团队是由全国项目管理界跨领域、跨行业、跨专业的精英，经过

严格的认证和考核所组成的一支 IPMP 认证评估专业化的团队，自 2002 年在钱老师的指导下组建以来，经过 20 年的发展，已经从首批 14 位评估师，发展到 8 批 114 位评估师，成为推动中国 IPMP 事业发展的中流砥柱和核心力量。

2011 年，为了给评估师团队创造一个相互交流、沟通、学习、提高的平台，钱老师提议创建互联网平台“评估师论坛”，并着手组建“评估师论坛管理小组”。同年 9 月，“评估师论坛”正式开通，5 年间汇聚了评估师们 500 余篇原创性文章，尤其在评估交流、建言献策、专题讨论栏目中，评估师们提出了大量非常朴素、中肯、诚挚的意见和建议，反映了大家对 IPMP 事业的责任心和敬业精神，为中国 IPMP 事业发展提供了巨大的正能量。

在此期间，钱老师也身先士卒，累计发帖 187 篇（撰文和交流），回复和解答问题 134 帖，在线时间长达 406 小时，足以见证钱老师为之所倾注的精力和付出的心血，“评估师论坛”也成为彰显评估师团队凝聚力的重要平台。

随着科学技术的快速发展，“评估师论坛”逐渐被“评估师微信群”等新载体所替代，为此，2016 年 11 月，钱老师提议我组织论坛管理小组，将“评估师论坛”上评估师们的宝贵经验、智慧存留下来，编撰成《评估师论坛文集》，作为 IPMP 继续发展的动力和历史文献。经过半年的努力，汇集 496 篇文章、196 张照片、约 53 万字的文集终于付梓。

我与钱老师

↗ 用规范的制度和流程推动 IPMP 认证事业的持续稳健发展

钱老师在领导认证委员会工作期间，非常重视制度建设。2014 年 5 月，钱老师在审阅了我们所提交的《对认证委员会办公室工作的几点建议》后，提出认证委员会应建立一个规范性的日常工作制度，并指示认证委员会办公室着手编制《IPMP 认证委员会工作条例》。2015 年 1 月，《IPMP 认证委员会工作条例》正式成文并颁布实施。

为此，钱老师在给白思俊、贾莉和我的信中曾说过："认证委员会成立至今没有一个自己的规范管理文件，只是凭我们对 ICRG、《评估师手册》等的认知，以及我们的责任心和习惯在工作，虽然由于我们的自觉性和高度责任心没有出现什么大的差错，但也不得不承认还是存在一些不足和缺失。随着 IPMP 事业的不断发展，业务范围的不断扩大，IPMP 中国认证委员会的工作一定要从严规范管理。因此，你们的这项工作是极其重要的。谢谢你们！"

《IPMP 认证委员会督导制度》是钱老师在主持认证委员会工作期间对 IPMP 认证规范化管理和监督检查的又一项重要举措，它的建立对于确保 IPMP 认证在中国的推行及质量保障起到了很重要的作用。2014 年 4 月，在上海举办的认证委员会工作会议上，钱老师决定正式启动建立《IPMP 认证委员会督导条例》（下称"《督导条例》"）工作，并责成我们撰写初稿。

2015 年，钱老师在认证委员会工作会议上决定组建"督导小组"，由薛岩老师担任组长。根据督导工作具体实施和操作情况，"督导小组"在参考原有《督导条例》的基础上进行了 3 次修改和完善，重新编制形成了《IPMP 评估质量督导条例》，并于 2016 年 9 月率先在基业长青考点开展评估质量督导工作，开启了 IPMP 认证督导工作的先河。

《督导条例》的制定与实施确保了中国 IPMP 的认证质量，获得了广泛的认可。2020 年 10 月 14 日，IPMA 评审小组在对中国 IPMP 认证体系所进行的第六次验证总结汇报时，评审小组组长、荷兰专家米蒙（Mimoun）特别强调了中国 IPMP

认证体系的“督导”制度做得非常好，是全球推行认证、确保质量的典范。

↗ 扶掖后辈见真情

2016 年 3 月 30 日，钱老师以年龄为由让贤于后辈，主动辞去 IPMP 中国认证委员会主席职务，由年富力强的欧立雄老师担任，但作为 IPMP 认证委员会的成员，他仍积极参与和关心着认证委员会的工作，初心不改，始终如一。

例如，IPMA ICB4.0 的转型工作，任务艰巨，责任重大，钱老师对此给予了高度的重视和关注，分别于 2016 年 4 月 30 日、5 月 11 日、6 月 5 日、7 月 7 日和 7 月 12 日 5 次给认证委员会写信，为转型工作建言献策，提议转型过程中最重要的是对每一项工作进行监督落实，鼓励和督促我们克服困难，不断向前迈进。

2019 年 7 月 1 日，中国 IPMP 认证统一采用 IPMA ICB4.0 标准，标志着转型落地成功。

2020 年，面对突如其来的新冠肺炎疫情，钱老师不断给予大家鼓励和支持，推动 IPMP 在艰难中前行。

2020 年 11 月 8—11 日，沈红和戴华仁两位评估师参加了在西安举办的 IPMP 认证，钱老师知道后利用中午休息时间赶去评估现场看望两位评估师。这使我想起我们每次到西安参加会议，钱老师和桂老师都会到驻地来看望大家，无论是夏日炎炎，还是风雪寒冬。

钱老师一生为项目管理事业奔走呼号，开疆拓土，克服无数困难，兢兢业业，孜孜不倦，虽届 86 岁高龄，却从无懈怠，坚守初心，自强不息！这样的钱老师怎能不令人敬佩！

我与项目学的不解之缘

孙梅

时光飞逝，转眼间我加入 IPMP 评估师这个大家庭已经 7 年了，对 PMRC 和

IPMP 从陌生、了解到熟识，同时也见证了 IPMP 评估体系从 ICB3.0 到 ICB4.0 的转变，见证了中国项目管理逐渐走进成熟的过程，见证了在新冠肺炎疫情时期项目管理在雷神山医院的建设过程中发挥的巨大的作用。项目管理已经渗透到我们生活的每个角落，无处不在。

↗ 有幸成为 IPMP C 级评估师

记得那是 2013 年的秋天，玄武湖畔，法国梧桐和银杏在绵绵秋雨的洗涤下显得格外干净，我们 10 位新任评估师在西安华鼎公司的安排下来到了南京参加 IPMP 评估师培训。

作为会计老师的我也是在一个偶然的机会进入 IPMP 评估师团队的，从为了向学校申请 IPMP 合作基地的牌子，到参加 IPMP 认证考试，再到申请成为评估师，此间经历的种种忐忑和犹豫，仿佛就发生在昨日。

在培训中，我结识了钱福培老师、刘荔娟老师和张玉麟老师等。以前这些前辈评估师于我而言更多的是讲坛上的演讲嘉宾和期刊上的专家名字，而现在却真真切切地出现在我面前，手把手教我。在评估师见习和评估的日子里，马旭晨老师和贾宗元老师将他们积累多年的经验无私地传授给我们。在这样一个温暖且积极向上的集体里，前辈们的不懈努力和奉献精神使我们深受感动。也正是因为有他们的兢兢业业和无私奉献，才有了今天 PMRC 和 IPMP 的成绩。

在 2014 年召开的 IPMP 评估师会上，大家纷纷为 PMRC 和 IPMP 未来的发展献计献策，提出各自的建设性意见和建议。吴志东老师提出了要制定 PMRC 未来发展战略的设想，而我也许是因为刚进入评估师这个集体，初生牛犊不怕虎，居然也自告奋勇地加入这个团队，现在想来一个组织的发展战略只有对它特别熟识才可能落地，如果是现在可能我未必会有这样的勇气。在那段日子里，在吴老师的指导下，我们对 IPMA 和 PMI 两大国际项目管理专业组织的各方面情况进行了调研，也对这两大专业组织在中国的发展情况进行比对，希望通过学习和借鉴其他组织的优点，对 PMRC 未来发展进行思考，也将我们的思考成果提交给了 PMRC 和钱老师，希望我们的思考和分析可以对 PMRC 的发展有所助益。

↗ 参与 2016 年项目学小型研讨会

1995 年，钱老师首次在中国首届国际项目管理论坛上作了题为“时代的呼唤——论‘项目学’的创建”的演讲。钱老师认为，项目管理历史悠久，对人类文明起着重要作用，但是至今尚未有一门综合学科足以支撑项目管理水平的提升和国家的建设，因此需要创建项目学，对项目学的基本理论进行深入研究以适应社会发展的需求。但由于当时中国的项目管理体系还不是很完善，钱老师提出的项目学虽然得到了大家的好评，但项目学基础理论的研究却很难起步。随着中国项目管理理论与实践的发展，重新进行项目学研究便成为钱老师心心念念的事情。

2016 年 12 月 13 日，在北京友谊宾馆敬宾楼，钱老师及夫人桂老师，邱菀华、洪显明、詹伟和常淑茶等各位老师聚在了一起。其间，钱老师提出希望进一步推进项目学的研究工作，希望大家对工程和项目的差异进行研究。与会众人都很认同钱老师的观点，也对项目学的研究非常积极，于是初步安排如下：中国科协技术协会立项的咨询工作由洪显明老师负责，教育部立项的咨询情况由邱菀华老师和詹伟老师负责，此次会议纪要和 PMRC 的立项建议书由我负责撰写初稿。邱菀华老师认为创建项目学是一件非常有意义的事情，项目学是一个新学科，无论是对国家还是个人都非常重要，因此需要建立一个项目学的大厦。大厦的建设需要有坚实的基石，而基石问题特别值得研究，项目学的研究需要从组织的建设和学科的价值角度进行研究，如何在项目管理的基础上突出项目学的重要性和价值性，需要研究项目的社会经济发展规律。洪显明老师认为项目学是中国对国际做出的贡献。詹伟老师对工程学和系统相关学科的研究进行了介绍，认为创立一个学科非常难，项目学的研究必须要有 PMRC 的参与才可以。这一重大时刻应该记入 PMRC 的发展历史：不是在宽敞的会议室，而是在友谊宾馆的房间里，项目学的研究开启了新的征程。钱老师的执着和高瞻远瞩，参会老师的热情和睿智，令我十分感动，至今记忆犹新。

↗ 参与首届项目学学科发展高端论坛

项目学的研究是一个复杂的系统工程，涉及科学、技术、工程、产业、经济和社会的方方面面，时间跨度和学科跨度都非常大，钱老师为此费尽心血。钱老师将“项目学与人类文明进步”这一主题交给我来写。此时的我刚刚进入项目管理领域，感到有些为难，因为它与我的专业相去甚远，但是感动于钱老师对项目学研究的执着，最后还是决定迎难而上。也许是 2015 年为父亲修改 200 万字的《文明论》，在此期间阅读了大量的史料，对历史还是充满着好奇，我开始在钱老师的指导下构思“项目学与人类文明进步”这一主题。

想要研究项目学和人类文明的进步，首先必须解决的是项目和工程的关系问题。在研究过程中我查阅了殷瑞钰和李伯聪等撰写的专著和文章，这些学者对工程的概念、内涵、研究内容、哲学基础等进行了深入研究，提出了“工程三元论”“工程演化论”“工程主体论”和“工程方法论”等，有感于各位学者研究的深度、广度和高度，自己无从下手，不免有些烦恼。我不时会就项目具有哪些与工程本质不同的内容等疑惑与钱老师讨论，慢慢地对项目与工程的差异有了更加清晰的了解。

在项目和工程研究基础上，我进一步研究了“项目与人类文明的进步”这一主题。人类社会有原始社会、农业社会、工业社会和信息社会，文明又有物质文明、社会文明和精神文明，而项目类型、特征、目标、范围、所有制结构、文化、与自然和社会的关系在不同的历史时期又明显不同，如何对它们之间的关系进行研究便是我的难题。由于难度特别高，而自己的把控能力有限，对很多方面有很多的疑问和思考，譬如活字印刷、造纸技术、四库全书、“一带一路”“张骞出使西域”和“郑和下西洋”等项目的特征和对文明产生的影响等，此外还有战争等破坏性项目对人类文明的影响。通过与钱老师的讨论，我对原始社会和农业社会进行了初步的研究。

2017 年 9 月 16—17 日，首届《项目学》学科发展高端论坛（下称“项目学论坛”）在西北工业大学召开，与会专家也发表了自己的意见和建议。钱老师认为项目管理应该双向发展：一是项目管理在新的学科和新的行业拓展，各个学科在项目管理领域探索其发展；二是项目管理要向上和向下发展，向上拓展项目学研究，向下进一步研究。徐德民老师认为一个学科体系的建设离不开基础理论，也离不开学科的交叉，项目学在推进人类发展和实现中华民族伟大复兴的“中国梦”方面起着非常重要的作用。林少培老师认为中国应该发出自己的声音，项目学也是，否则晚矣。徐伟宣老师认为项目学的研究需要经过很多人的共同努力。陈德泉老师认为项目学诞生在中国的基础条件非常好，中国需要进行基础的研究，才能够理论联系实际。计雷老师认为实践和学科的发展都需要开展项目学研究。强茂山老师认为项目是任何组织发展的原动力。薛岩老师认为项目学是面向对象的构建，对人类社会发展发挥着重要的作用。戴大双老师认为项目学需要研究理论基础、学科自身独有的理论和方法，以及与其他学科的相关关系和应用领域。由于学者非常多，《项目管理评论》杂志（2017 年第 6 期）已经发表了相关专家的观点，本文不再赘述。

↗ 参与《项目学》撰写

项目学论坛后，钱老师和欧老师开始组织大家进行《项目学》初稿的撰写工作。

2018 年 1 月 3 日，《项目学》大纲研讨会以线上视频的形式召开，当时由于线上会议还不是很流行，我们花了一些时间来安装视频软件，而现在网络会议已经成为我们生活中不可或缺的一部分了。

2018 年 2 月 5 日，我收到钱老师和欧立雄老师关于《项目学》撰写的邀请，主要负责项目对人类文明的贡献部分。在项目学论坛前，关于项目对原始文明和农业文明的贡献，我进行了初步的研究，在接到邀请后对原有的研究框架进行修改，并补充了工业文明和信息文明方面的内容。

2019 年 8 月 1 日，我收到欧立雄老师关于书稿的修改意见，以及《项目学》责任矩阵。根据责任矩阵，我负责撰写项目史学部分。项目史学是研究和阐述人类社会项目产生、发展过程及其规律性的实证学科，项目史学既要研究项目内在的逻辑联系和发展规律，又要探讨项目与整个社会中各种因素的相互联系和相互制约的辩证关系。如何对项目史学进行定位，确定项目史学的研究内容，明确项目史学的学科分类体系是项目史学需要解决的重大问题，于我是一个不小的挑战，我只能抛砖引玉了。

2019 年 10 月，我完成了项目史学部分初稿的撰写工作。

↗ 展望

项目在人类文明的发展中起着不可磨灭的作用，因此项目学的研究也具有重要的现实意义和理论价值。但不可否认的是，项目学的研究是一个庞大而复杂的系统工程，不可能一蹴而就，需要几代人的共同努力，任重而道远。

扶掖后辈的领航人

——回忆钱老师二三事

戴华仁

1991 年 6 月，我国唯一一个跨行业、跨地域、非营利的全国性项目管理专业学术组织 PMRC 成立；2001 年华鼎公司成立，作为中国唯一总授权单位开启了 IPMA 在国内的 IPMP 认证。

今年是 PMRC 成立 30 周年和 IPMP 认证引入中国 20 周年。在这样一个特殊的年份，我们不能不怀着崇敬和感激的心情想到一位教授，他就是 PMRC 的创立者、曾两任 IPMA 副主席，对推动中国项目管理事业及中国项目管理国际化做出了卓越贡献的著名项目管理专家钱福培老师。

说起我与 IPMP，也有一段特殊的缘分。从研究生毕业在深圳合资企业工作就开始了规范的项目管理职业生涯，后来在加拿大首都加入了 PMI，回国后在上海获得了 IPMP C 级证书，再到 2013 年荣幸地进入了评估师队伍，并在积极争取获得 IPMP A 级证书。回想这个过程，特别是回国通过 C 级认证，其中也饱含着钱老师的关心和鼓励。有几件事，让我始终记忆犹新！

↗ 第一次聆听钱老师的教诲

2013 年，我荣幸地被选聘为新一批评估师之一。11 月 23 日，我们被安排在南京进行为期一天的初始培训。

那天培训的内容丰富而紧凑，记得是我们先自我介绍，接着便是钱老师介绍 IPMA、PMRC，以及中国项目管理知识体系。随后白思俊老师介绍相关认证规定和中国市场情况，刘荔娟老师为我们解读了《评估师手册》，最后是大家一起讨论如何做一个合格的中国 IPMP 评估师。

这应该是我第一次近距离地聆听钱老师的专业教诲。也是经过这次培训，我更清晰地了解到钱老师在国际项目管理及其知识体系引入中国中所发挥的主导和核心作用。在给我们授课和讨论中，钱老师以他丰富的经验、高度的站位、全球化的视野，给我们描绘了一幅全面、专业、深刻、令人兴奋的中国 IPMP 全景图！他还以一个学界长者的身份，对我们新加入的评估师传经送宝、循序勉励，让原本稍有紧张的心绪变得坦然，更为以后做好这份工作增强了信心。

坦率地说，以前考证只是为了获得证书。2012 年在青岛参加第五届中国项目管理应用与实践论坛，早餐时曾见到钱老师并进行了简单的交谈，这是我第一次见到钱老师。这次加入了评估师队伍，才有了更加深入地接触和了解钱老师这位中国 IPMP 领航人的机会。钱老师极具学者风范，而且待人谦和，让我们除了对他的专业的敬仰之外，在心理上为他的平易近人所折服，更让我们学习和体验到了什么是寓专业探测和评估于平和且宽松的问询和交流之中，为日后做好评估工作、做个合格的评估师打下良好的基础。

↗ 荣幸接过钱老师亲颁的杰出国际项目经理奖牌

2014 年 6 月，第七届中国项目管理应用与实践论坛在北京召开，在那次大会上，举行了第九届中国十佳杰出国际项目经理和十佳优秀国际项目经理的颁奖仪式。经过多方鼓励和抬爱，我也被评为一名“十佳杰出国际项目经理”。当我从钱老师手中接过奖牌，心中充满了深深的感激，那是一位学界泰斗对年轻后辈的无私扶掖和全心鼓励！

那次会议期间，我也偶然得知与钱老师之间还有着特殊的缘分：他是镇江人，我是扬州人；镇江跟扬州隔江相望，地方语言几近相同，所以是地道的老乡，感觉更加的亲近。与我们后辈言传时，钱老师总是和蔼可亲、谆谆教导，无论从专业的角度还是做人的角度，都让我们看到了模范和榜样，对我们的成长起到极大的指导和激励作用。

↗ 西安评估，钱老师亲自前来看望

2020 年 11 月 8—11 日，我和沈红老师被派到西安评估认证。令我喜出望外的是 10 日中午，年近九旬的钱老师从家里步行来到办公楼看望我们，并与我们共进简餐。

在这轻松的氛围里，自然也是轻松的交谈，而聊天的话题当然离不开我们的国际项目管理认证，离不开我们的评估师，离不开我们的 IPMP 评估这个事业。钱老师也很关心我们，关心着在上海的其他评估师。其间，我也汇报了当时的一些想法，包括争取往 A 级方向再奋力前进一步，把自己的专业和职业生涯提升到一个新水平，钱老师听了也给予我很大的鼓励！

这就是钱老师，他不仅是中国 IPMP 事业的创立者，也是评估师队伍，特别是年轻评估师们的领航人！他至今对中国 IPMP 事业倾注心血，对年轻评估师们全身心地给予关心和指引。作为后辈，我们只有不断进步、砥砺前行，才能不辜负钱老师对我们的期望，为中国 IPMP 事业贡献自己的量。

下篇　PMRC 三十年光辉历程

第 13 章

孕育成长阶段

1. 1990 年年初，由西北工业大学倡议准备召开的“91 网络计划技术应用与发展研讨会”（下称“91 网研会”）得到广泛的响应。中科院科技政策与管理科学研究所、清华大学、北京航空航天大学、大连理工大学、南京航空学院、山东矿业学院、阜新矿业学院、马鞍山钢铁公司、西安飞机工业公司、成都飞机工业公司、中国设备管理培训中心等单位均愿以主办单位身份参加。

同年 5 月在西北工业大学召开了第一次主办单位联席会议。会议确定了“91 网研会”的主题。

会议研究议定成立项目管理学术机构。根据项目管理的定义、内涵、发展历史、发展趋势，确定了该机构的宗旨：①开展项目管理的专业教育，促进人们对项目管理专业的认识与理解；②推动政府部门、产业部门和科研教学机构之间的专业信息交流；③研究探讨适合我国国情的项目管理理论与方法；④研究开发项目管理工具与应用软件；⑤开展国际、国内学术交流。

2. 1990 年 10 月，钱福培教授在双法研究会年会的发言中，正式向双法研究会提出了成立项目管理学术机构的申请。

筹备工作拟由西北工业大学钱福培教授、清华大学董长德副教授、北京航空航天大学邱苑华副教授负责，挂靠单位初步商定为西北工业大学。

3. 1990 年 11 月 30 日，双法研究会批复，同意在双法研究会下正式成立“项目管理研究委员会”，挂靠单位为西北工业大学。

4. 1990 年 12 月 6—8 日，“91 网研会”第二次主办单位联席会及“项目管理研究委员会”筹备工作会在西北工业大学召开。双法研究会副理事长和组织委员会傅继良同志参加了会议，并宣读了双法研究会批准成立“项目管理研究委员会”的批文。

会议确定将“91 网研会”的名称改为“1991 年项目管理研究委员会成立大会暨第一届学术交流会”，会议计划于 1991 年 6 月 10—15 日召开。

会议还初步议定了“项目管理研究委员会”成立大会的主要内容，拟定了“项目管理研究委员会”的首届组织机构、工作机构。初步推荐了由 19 个单位 25 人组成的常务委员会工作班子（筹委会），负责有关筹备工作。

5. 1990 年 12 月 10 日，项目管理研究委员会内部交流刊物《项目管理通讯》创刊。

6. 1991 年 6 月 15—18 日，PMRC 成立大会暨第一届学术交流会在西安西北工业大学召开。来自 22 个省、市、自治区的大专院校、研究所、企事业单位和政府部门的代表共 122 人参加了会议，有关省市领导出席了会议。

大会听取了筹委会主任钱福培教授关于大会筹备工作的报告，通过了 PMRC 的章程，根据章程选举了本届研究委员会的领导成员，听取了 2 个学术专题报告，交流了 50 多篇学术论文，演示了 10 余项国内外软件，展览了 100 余本国内外图书资料。大会明确了今后 4 年的主要任务：一是召开一次全国性学术研讨会；二是召开一次国际性学术交流会；三是开展若干地区性或行业性学术活动；四是努力办好《项目管理通讯》。

7. 1991 年 6 月 15 日，PMRC 第一届领导班子产生，名单如下。

主任委员：

吴心平　西北工业大学副校长，教授

常务副主任委员：

钱福培　西北工业大学管理学院副院长，教授

副主任委员：

李洪毅　西安飞机工业公司副总经理，研究员级高级工程师（下称“研高工”）

杜端甫　北京航空航天大学管理学院，教授

周文安　山东矿业学院系统工程研究所所长，教授

周鼎义　西北工业大学科技服务部部长，副教授

董长德　清华大学水利系，副教授

谢行皓　西安冶金建筑学院建工系系主任，教授

韩志康　马鞍山钢铁公司副经理，研高工

秘书长：

董长德（兼）

副秘书长：

马德民　中国设备管理培训中心，副教授

朱宏道　北京机械工业管理学院系主任，副教授

沈祖志　杭州大学决策优化研究所，副教授

邱菀华　北京航空航天大学管理学院，副教授

顾问：

唐乾三　沈阳飞机公司总经理，研高工

8. PMRC 成立之时，已拥有单位会员 70 多个，分布在全国 22 个省、市、自治区，覆盖的行业有航空航天、冶金、教育、煤炭、水利、建工、造船、石化、矿产、机电、兵器等，还有政府机关。

9. 1991 年 7 月 10 日，PMRC 在《项目管理通讯》上刊发《关于征集团体会

员的通知》广泛征集 PMRC 会员，发展壮大 PMRC 队伍。

10. 1991 年 8 月 5 日，全国重点建设工作会议在沪召开，会议对如何加强重点建设的管理，国家计委负责同志在讲话中提出了具体意见：首先要发挥项目管理单位的主导作用，加强建设项目的全过程、全方位管理，项目管理单位要抓好从项目决策、实施、竣工验收直到后评价的全过程和全方位的管理，认真履行计划、组织、协调、控制的职能，使项目管理单位真正成为既是执行国家基本建设计划的基层单位，又是基本建设投资的使用者，还是工程建设实施的具体组织者和监督者。

11. 1992 年 6 月 16—19 日，PMRC 常务副主任钱福培教授，应邀出席了在意大利佛罗伦萨召开的“第十一届 INTERNET 项目管理国际会议”。会议主题是“无边界的项目管理”。该会议有 32 个国家的 700 名代表参加了会议，其中中国代表两名。

会议期间开展了形式多样的学术活动，同时举办了有 32 个公司、3 个项目管理协会参加的大型展览与咨询活动。

钱福培常务副主任在专题性研讨会上，介绍了 PMRC 的组织和教育情况，扩大了 PMRC 在国际上的影响。同时探讨了近年在中国举办项目管理国际学术会议的有关问题，为在我国举办国际性学术会议创造了条件，也为我国引进和吸收国外先进项目管理经验开辟了道路。

12. 1992 年 9 月，钱福培常务副主任应邀出席了在赫尔辛基和塔林举办的“北欧项目管理联盟‘92’变化与项目管理”国际会议。本次会议的主题是“作为项目的机遇管理”。该会议有来自 11 个国家的 100 余名代表参加，中国代表一名。钱福培教授在大会上作了题为“项目管理在中国”的报告。

通过上述学术活动，扩大了 PMRC 在国际学术界的影响，并与 INTERNET 和 NORDNET 等国际学术组织建立了密切的联系。

13. 1992 年 11 月 10—12 日，项目管理研究委员会常务委员会议在湖北省宜昌市召开。

会上，常委们听取了主任徐德民的讲话和钱福培常务副主任的工作汇报，常委们对 PMRC 成立一年多来所做的各项工作表示满意。会议做出 5 项决定，其中包括：定于 1993 年 10 月下旬召开第二届全国学术交流会，会议主题为“中国的项目管理——实践和方法”。

14. 1992 年 11 月 17—20 日，双法研究会在广州召开了年会。会议就理事换届、各分会经验交流及成果交流与评审等开展了活动。

PMRC 常务副主任钱福培教授、秘书长董长德副教授及常委周文安教授出席了会议。总会根据各分会工作情况选择了 8 个分会在大会上作了工作情况及经验交流报告，PMRC 是其中之一。

15. 1992 年 12 月 25 日,《项目管理通讯》总第 10 期刊登了《国家高技术研究发展计划管理办法》及《国家级火炬计划项目管理办法》。

16. 1993 年年初，“项目管理知识系列讲座”在《项目管理通讯》第 11、12 期合订本上开讲，为普及项目管理知识、促进各行业间的相互交流开通了一个很好的渠道。

17. 1993 年 9 月 15—19 日，第二届全国项目管理学术交流会在沈阳飞机制造公司召开。大会由 PMRC 主任、西北工业大学副校长徐德民教授致开幕词，由 PMRC 常务副主任钱福培教授作大会总结发言。这次会议的主题为“中国的项目管理——理论与实践”。会议围绕这一主题安排了几个精彩的大会报告，它们是“长江干流巨型项目——葛洲坝三峡水利枢纽工程浅析”“沈飞在新机研制中的系统工程管理”“国内外项目管理发展综述”“以建设单位为主体的基建项目管理模式在攀钢的形成发展及体会”，以及由国家自然科学基金重点资助项目“大型项目管理的理论与方法”等。会议期间还进行了网络计划管理软件的交流与演示，修订和通过了 PMRC 新的章程。

18. 1993 年 10 月 9 日，在西北工业大学校庆之际，西北工业大学管理学院结合该学术交流周，举办了一场为期一天的“项目管理的现状与发展”专题讨论会，会议由该校管理学院常务副院长葛守廉教授主持。

上午进行了学术交流，首先由 PMRC 主任徐德民教授向与会代表介绍了有关学会的发展情况，接着 PMRC 常务副主任钱福培教授介绍了沈阳第二届全国项目管理学术交流会的情况及项目管理在国内外的最新发展与现状，最后 PMRC 委员白思俊同志介绍了国内计算机辅助网络计划技术的应用与发展情况。

下午与会代表共同讨论了成立西安地区项目管理分会及关于召开首届国际项目管理学术会议的问题。

参加这次学术交流活动的共 10 个单位的代表。

19. 1994 年，《项目管理通讯》第 1、2 期合刊上刊登了 PMRC 的会标介绍，在“设计说明”中着重说明了会标由地球、长城、长江、学会的英文名称缩写等诸多项目研究对象组成的视觉表达图形及其含义。

20. 1994 年 5 月 20 日，国家科委文件（94）国科外审字 1318 号及中国航空工业总公司文件际字第 022 号，批准我会于 1995 年 9 月在西安举办“项目管理时代——中国与世界”国际学术会议。参加会议的国外代表有 50 多人。

21. 1994 年，《项目管理通讯》第 1、2 期合刊刊登了首届国际项目管理学术会议通告。主要通告了会议主题、时间、地点、会议内容、会议日程、会议语言、会议组织及筹备工作，同时通告了征文通知、征集参展单位、关键日期、主办单位（中方）简介。

22. 1995 年，印度“优秀项目管理中心”出版物《项目管理新闻》对首届国际项目管理学术会议进行了报道。

IPMA 的通讯刊物 *News Letter* 1995 年 4 月报道了两个发展中国家的消息，其中之一是对 9 月在西安举办的首届国际项目管理学术会议进行了较为详细和全面的报道。

23. 1995 年 7 月 5 日，PMRC 发出通知，通知载明：根据 PMRC 章程，第一届学术委员会 4 年任期届满，需进行换届选举。经常委研究会决定，于 1995 年 9 月 25 日至 27 日与首届国际项目管理学术会议同期召开本会第二次会员代表大会。会议地点：西安市西北工业大学。

24. 1995 年 9 月 14—16 日，由俄罗斯项目管理协会组织，并获得 IPMA 积极支持的国际管理会议在圣彼得堡举行。本次会议的重要内容之一是讨论全球项目管理组织的联合。PMRC 组织代表出席该次会议。代表团共 6 人，团长为钱福培教授。此次会议中国代表团共提交 6 篇论文。

25. 1995 年 9 月 25—27 日，我国首届国际项目管理学术会议在西安西北工业大学隆重召开。这次大会的主题是“项目管理的时代——中国与世界”。来自美国、英国、芬兰、俄罗斯、中国内地和香港 6 个国家和地区的代表共 112 人参加了会议。

会议共收到论文 126 篇，录入论文集 105 篇。出版了内容较广、有较高学术水平和应用价值的论文集。会议安排了有代表性的 8 个大会报告。

会议按项目管理的理论、方法、应用和项目管理与计算机 4 个组进行了分组学术报告，还对大型工程项目的管理、企业的项目管理、项目管理与财务、建筑项目管理、项目管理的发展、项目管理教育与培训 6 个专题组织了研讨会。会议还安排了有项目管理的应用和计算机软件等内容的展览会。

同期召开的第二次会员代表大会，根据 PMRC 章程规定，选举产生了第二届领导班子，名单如下。

主任委员：

徐德民　西北工业大学副校长，教授

副主任委员：

钱福培　西北工业大学管理学院副院长，教授

林更元　西安飞机工业公司副总经理，研高工

黄华平　长江葛洲坝工程局副局长，研高工

党智弟　马鞍山钢铁公司副总经理，研高工

李洪毅　航空工业总公司 603 所所长，研高工

谢行皓　西安建筑科技大学建工系，教授

杜端甫　北京航空航天大学管理学院，教授

沈祖志　杭州大学决策优化研究所副所长，研究员

秘书长：

钱福培　（兼）

副秘书长：

冯仁山　马鞍山钢铁公司经济研究中心主任，高工

邱菀华　北京航空航天大学管理学院，教授

张德惠　沈阳飞机制造公司副总工程师，研高工

朱宏道　北京机械工业管理学院，教授

周厚贵　葛洲坝工程局三峡调度部总工程师，高工

白思俊　西北工业大学管理学院，副教授

26. 1995 年 12 月，印度优秀项目管理中心与 IPMA 在新德里召开主题为“促进项目管理成熟的战略”的国际会议。PMRC 常务副主任钱福培教授应邀为该次会议的顾问委员会委员。

27. 1997 年 8 月 16—18 日，由 PMRC 主办的第三届全国项目管理学术交流会在山东矿业学院隆重召开。这次大会的主题是“发展中的项目管理——时代与变革”。来自我国航空、冶金、煤炭、建筑、军事等 10 余个行业的高校、研究机构及企业代表共 60 余人参加了会议。

会议按项目管理的理论、方法、应用分 3 个组进行了分组学术报告，共安排交流论文近 30 篇。会议还就如何建立我国的项目管理知识体系及项目管理的培训、项目管理信息系统的建立与设计这两个项目管理领域急需解决的问题，安排了专题讨论会。

会议出版了内容广泛、有较高学术水平和应用价值的论文集，共收录论文 50 篇。会议安排了有代表性的大会报告 5 个。这些论题均反映了我国项目管理理论研究和工程实践的最新发展，代表了我国项目管理理论研究和工程实践的前沿。

28. 1997 年 8 月 18 日，作为 PMRC 的内部交流资料《项目管理通讯》，自 1990 年创刊以来，在广大会员的关心和支持下，在 PMRC 办公室人员的努力下，先后刊发了 20 期累计 60 余万字，为促进我国项目管理事业的发展，促进国内外学术交流做出了应有贡献。

从总字第 21 期起，学会将原《项目管理通讯》改名为《项目管理》。本刊除按原宗旨进行项目管理学术交流与报道学会活动外，将努力提高办刊质量，为争取作为公开出版的刊物做好准备。

29. 1998 年，第 1 期《项目管理》编辑出版了《大学生项目管理论文专辑》。它是一本由西北工业大学欧立雄老师和他的学生们在项目管理教学领域辛勤耕耘的结晶。专辑共收录论文 11 篇。

30. 1998 年 8 月 5—7 日，PMRC 第二届委员会第四次常委扩大会议于杭州大学召开。参加会议的常委、常委代表、部分委员和特邀代表共 20 人。

本次会议的 3 项主要任务如下。

（1）听取和讨论钱福培教授所作的 PMRC 1997 年 8 月—1998 年 7 月的年度工作报告。

（2）研究关于在我国筹备召开第二届国际项目管理学术会议的初步方案。

（3）学会换届问题。

31. 1999 年，《项目管理》第 1 期（总第 25 期）国际项目管理交流专辑开辟“专家讲学”专栏，深入讲授国内外项目管理的理论、实践、应用、最新发展、发展前景等知识。

“海外视野”专栏主要介绍 IPMA、IPMA 四级专业证书制、国外项目管理专业证书制的发展。

32. 2000 年 10 月 3—6 日，2000 年中国西安项目管理国际论坛在西安国际会议中心和陕西宾馆顺利召开。本次论坛的主题为“21 世纪的项目管理——知识经济与中国西部大开发”，旨在探讨当代知识经济的发展对项目管理提出的新挑战，促进中国西部经济的大发展。“让世界了解中国，让中国关注项目管理，促进项目管理的交流与合作，推动中国西部大开发”是本次论坛的主要目的。

来自芬兰、英国、印度、美国、日本、澳大利亚等 10 个国家和地区的 200 余名代表参与了本次论坛的各项活动。需特别指出的是，世界两大项目管理组织——IPMA 及 PMI 主要领导人和知名专家也参加了本次论坛，他们为我们带来了最新的项目管理成果，对于促进我国项目管理的发展起到了重要的推动作用。

本次论坛的内容十分丰富，包括大会报告、专题报告、专题研讨、高层论坛、成果与产品展览及培训与讲座等。大会就型号工程项目管理、研究与发展项目管理、项目的风险分析、工程项目管理、西部大开发中的项目管理、I T 行业项目管理、政府行为在项目管理中的作用、项目管理的理论和方法、项目评价的理论和方法、军事项目管理及项目管理的其他理论与应用等领域进行了广泛的交流。

为了全方位地反映近年来我国项目管理领域的发展状况及所取得的成果，全面展示本次项目管理国际论坛的内容与特点，大会组委会配合大会的召开编辑出版了《2000 年中国西安项目管理国际论坛会刊》特刊。这本会刊主要介绍了 2000 年中国西安项目管理国际论坛的有关情况，并配合介绍了一些项目管理的基本知识与国内外发展动态，包括项目管理及其发展、中国项目管理、国际项目管理组织及活动、项目管理参考书目、企事业单位风采录等几个部分。

本次论坛期间，PMRC 的换届工作也同时进行，选举产生了第三届领导班子，名单如下。

主任委员：

高德远　西北工业大学副校长，教授

副主任委员：

高大成　西安飞机工业（集团）有限责任公司总经理，研高工

郭宝柱　国防科工委系统工程一司司长

黄　强　西安飞机设计研究所所长，研究员

景新海　中创软件工程股份有限公司总裁、董事长，研高工

李方勇　沈阳飞机工业（集团）有限责任公司董事长、总经理，研高工

邱菀华　北京航空航天大学管理学院，教授

沈祖志　杭州大学决策优化研究所副所长，研究员

张汉亚　中国国家计委投资所所长，研究员

常务副主任委员：

钱福培　西北工业大学管理学院副院长，教授

秘书长：

白思俊　西北工业大学管理学院，副教授

副秘书长：

洪显明　北京联合金投工程科技有限公司董事长，总工程师

雷开贵　重庆长安建设监理公司总经理，高工

欧立雄　西北工业大学项目管理发展与研究中心，副教授

谈凤奎　中国航天机电集团二院、航天管理学会理事长，研究员

薛　岩　中创软件工程股份有限公司院长助理，研高工

杨尤昌　西安飞机工业（集团）有限责任公司总工艺师，研高工

33. 2001 年，《项目管理》第 2 期在“学会动态”栏中刊登《中国项目管理研究委员会第三届委员会 2001—2004 年工作计划》《中国项目管理研究委员会 2001 年工作计划》。

在“认证建设”栏中，刊登《国际项目管理协会（IPMA）四级专业资质认证体系简介》《国际项目管理协会（IPMA）四级专业资质认证体系引进与建设计划》。

在“信息”栏中，刊登《国际项目管理专业资质证书（IPMP）培训与考试通知》，标志着中国 PMRC 引进 IPMA 四级专业资质认证体系的工作已迈出了坚实的步伐。

34. 2001 年 7 月 16 日上午，“21 世纪项目管理的专业化发展——国际项目管理专业资质认证”新闻发布会在北京友谊饭店友谊宫隆重召开。

会议的主要内容是：庆祝 PMRC 成立 10 周年；关于中国推行 IPMP 的新闻发布；庆祝《中国项目管理知识体系与国际项目管理专业资质认证标准》正式发布。

会上，由 IPMA 认证委员会委员哈德·莫扎尔（Enhard Motzel）先生给 IPMP 中国认证委员会授证。IPMP 中国认证委员会正式成立。委员会的职责是：代表 IPMA 认证委员会在中国行使职责，在中国建立和完善认证体系，对认证程序与内容、资格评定、证书发放等进行管理。

委员会由 6 人组成：

IPMP 中国认证委员会主席：

钱福培　PMRC 常务副主任，西北工业大学教授

IPMP 中国认证委员会委员：

郭宝柱　国家航天局司长，教授

张汉亚　国家计委投资研究所所长，研究员

胡新渝　中国国际人才交流基金会办公室主任，高工

邱菀华　国务院学位委员会管理学科评议组成员，北京航空航天大学教授

高大成　西安飞机工业（集团）有限责任公司总裁，研高工

会上宣布了 3 位中国首席 IPMP 评估师名单，并由 IPMA 认证委员会委员莫扎尔先生给 3 位评估师颁发了 IPMA 主席签发的证书。

这 3 位评估师是：

钱福培　PMRC 常务副主任，教授

景新海　中创软件工程股份有限公司总裁

张玉麟　西安飞机工业（集团）有限责任公司高工

35. 2001 年 7 月 18—20 日，PMRC 作为 IPMA 在中国唯一授权认证机构，首次 IPMP 认证在西安举行。这是 PMRC 发展中的里程碑事件。

这次活动是由 PMRC 组织，在 IPMA 全程参与和监督下进行的。IPMA 前副主席、芬兰专家马蒂先生进行了考前培训。IPMA 项目管理证书管理委员会委员、德国专家莫扎尔先生和中国 PMRC 3 位评估师共 4 位考官，共同主持了这次考试。这次活动是一次成功的探索，为以后的工作提供了有益的经验。

36. 2001 年 9 月 21 日，IPMA 认证委员会委员、德国项目管理专家莫扎尔先生致函钱福培教授，高度评价了 7 月 18—20 日在西安成功举办的我国第一次 IPMP 认证。

37. 2001 年 9 月 22—23 日，IPMP 中国认证委员会及首批评估师联席会议在西安丰裕庄园召开。

会议在以下 4 个方面达成一致：一是 IPMP 中国认证委员会的组织结构；二是各机构的职责分工；三是 IPMP 中国认证委员会委员的分工；四是在 2001 年年底，开始启动 IPMP B 级认证考试的有关工作。

38. 2001 年，《项目管理》第 4 期刊载《中国项目管理研究委员会 2001 年年度工作总结》《2001 年 IPMP 认证与推广工作总结》。

两份工作总结全面总结了 PMRC 全年的工作，主要包括以下几点。

一是 2001 年常委扩大会议圆满成功，从几个具体工作方面达成一致，有力地指导了全年工作。

二是中国项目管理知识体系与中国项目管理专业资质认证体系完成。

三是国际项目管理专业资质认证 IPMP 启动。

四是国际交流频繁，三次“请进来”一次“走出去”，加强了国际合作与交流。

五是培训教育取得良好效果。

六是 PMRC 编写的《中国项目管理知识体系与国际项目管理专业资质认证标准》共 40 万字，已面向全国公开发行。《项目管理》及《IPMP 通讯》内刊已出版 3 期。培训教材《IPMP 认证必读》即将出版。

七是参加了上级学会的换届改选工作。PMRC 钱福培、吴之明、薛岩、欧立雄 4 人当选为双法研究会理事会理事，钱福培当选为常务理事。

39. 2001 年 11 月 18—21 日，第 11 届全球项目管理论坛和 2001 年国际项目管理大会在日本东京举行。大会的主题是“新世纪亚太地区项目管理的发展”。本次大会由日本先进工程协会、日本项目管理论坛等单位共同主办，IPMA、PMI 等单位协办。

参加大会的有来自美国、法国、中国、澳大利亚、俄罗斯、芬兰、新加坡、马来西亚及日本等 65 个国家和地区的 400 余名代表。

PMRC 副秘书长欧立雄作为大会国际顾问委员会成员之一应邀在大会上作了题为“中国的项目管理发展之路——PMRC 在中国巨大的项目管理市场中的作用”的主题报告。报告的主要内容包括：中国对项目管理认识水平的提高；中国的项目管理教育方兴未艾；中国项目管理的专业化发展方向及专业资质认证体系的引进与推广。

吴子燕教授在大会的专业分会上作了“CPM 进度计划在大型国际工程中的应用”的学术报告，同时介绍了中国项目管理在建筑领域的悠久历史及建筑业领先的具有中国特色的“建设监理工程师”的认证发展状况。

陈志刚主任与会议代表交流了项目管理在中国国防工业领域的应用现状，展示了项目管理在中国的应用发展现状。

第 14 章

蓬勃发展阶段

1. 2002 年 1 月 19 日，IPMA 理事会会议在瑞士苏黎世召开。PMRC 常务副主任钱福培教授作为理事参加了此次会议。会上，钱福培教授介绍了中国 2001 年认证情况，受到 IPMA 的表扬。

2. 2002 年《项目管理》第 1、2 期合刊“认证建设”栏目刊载《2002 年 IPMP 中国认证委员会考点工作安排》，指出：今年的考点工作，其主要目的应该是落实 IPMP 中国认证委员会的认证工作计划，同时保证 IPMP 在中国的正常有序推广。今年考点工作主要应该解决钱老师在总结报告中提出的发展中的问题，如“配套的基础建设”“规范化的统一管理体系”及“快速有效的信息沟通”等。为此需要做好如下几项关键工作：①统一形象，树立品牌意识；②做好全国统一笔试的组织与管理；③开创 B 级及 A 级认证工作的新局面；④协调好案例讨论与面试的组织工作；⑤考前培训体系的建设与完善；⑥推动电子化平台与网络化管理。

合刊“认证建设”栏目还刊载了《IPMP 项目报告书编写指南》，其主要内容是：项目报告书的目的；项目报告书的构成；项目报告书的格式和数量；项目报告书的最低要求。

3. 2002 年 4 月 22—23 日，21 世纪项目管理系列教材编写工作会议在北京召开。参加会议的有 PMRC 常务副主任钱福培教授、中国高等教育学会张晋峰秘书长、机械工业出版社社长顾问吴关昌编审，以及西北工业大学、浙江大学、南开大学等 28 所院校的 38 名代表。会议由 PMRC 秘书长白思俊教授主持。会上，钱福培教授介绍了国内外项目管理的发展状况和趋势，强调了项目管理学位教育的重要性，希望通过此次交流能够编写出一系列适合项目管理教育的高质量的教材，以促进项目管理教育的全方位发展。机械工业出版社社长顾问吴关昌编审介绍了机械工业出版社的情况，对 21 世纪项目管理系列教材提出了总的编写要求。PMRC 副秘书长、西北工业大学欧立雄副教授介绍了本系列教材的策划情况及总的编写原则。会议就本系列教材的名称、编写目的、原则、方法、书目、分工和进度进行了认真讨论，确定了本系列共 14 本教材的主编、副主编、参编、主审单位和人员。

4. 2002 年 6 月 4—6 日，IPMA 在德国柏林成功召开了 IPMA 第 16 届项目管理全球大会，来自世界各地 50 多个国家的 1000 多名项目管理专家、学者、政府及企业界代表参加盛会。

本届大会的主题是“实现理想！项目管理——项目成功的关键，团队工作——成功项目管理的关键”。大会围绕主题邀请了著名思想家爱德华·德·博诺（Edward De Bono）博士等 5 位世界著名专家作了重点发言，受到与会代表的热烈欢迎。大会还精心安排了 IPMA 副主席、印度项目管理协会主席阿德施·贾因等 4 位专家，针对项目管理的发展方向及趋势等与会代表共同关心的问题作了大会发言。本次大会针对项目管理所涉及的领域及研究应用特点，安排了 5 个分会场，提供了 130 多个发言供大家自由选择。

7 日，IPMA 还举行了第 12 届项目管理全球论坛，对项目管理在世界各地的发展形势及经验进行了交流，并对项目管理全球化、项目管理与研究、教育、标准化等方面的内容作了专题讨论。薛岩同志以 PMRC 副秘书长的身份参加了该论坛并作了大会发言，介绍了中国项目管理的发展情况，并对设立亚太项目管理论坛的设想提出了建议。

8 日，IPMA 召开了 2001 年度理事会议。IPMA 董事会主席罗德尼·特纳（Rodney Turner）博士主持了本届理事会，执行主席丹尼尔·谢费尔（Daniel Scheifele）博士宣讲了 2001 年度工作报告，理事会还对 2002 年度的工作计划做了讨论并进行了换届选举，作为 IPMA 的理事，钱福培副主任参加了会议，并代表中国行使了表决权。欧立雄、薛岩副秘书长列席了该理事会。

5. 2002 年 10 月 16 日，IPMP A 级认证启动仪式暨新闻发布会在新华社网络中心举行，包括中央电视台在内的首都 21 家媒体到场。IPMA 认证委员会前任主席汉斯·诺普菲尔出席会议，介绍了 IPMP 的发展及 A 级认证的情况，并代表 IPMA 祝贺中国 IPMP A 级认证的启动。

会议就项目管理在全球范围的发展和应用价值，IPMP 在中国启动以来取得的飞速发展，IPMP A 级的特点、价值、发展状况和试点工作安排，以及 IPMP 质量保证和培训服务体系建设、师资培训情况等方面发布了最新情况和进展。

6. 2002 年 10 月 18—20 日，第四届全国项目管理学术交流会在北京京燕饭店胜利召开，本次会议的主题为“项目管理与企业发展”，主要目的是进一步促进项目管理的发展与应用，促进项目管理走向专业化和国际化，探讨国际项目管理在企业管理中的应用问题，给项目管理从业者提供一个交流学术研究成果、实践经验的场所和机会。来自中国各大企事业单位、科研机构，高等院校、政府部门、社会团体的 140 余名代表参加了学术交流。

7. 2002 年 12 月 21 日，由 PMRC 组织的 IPMP 颁证仪式在清华大学中央主楼报告厅举行。本次颁证仪式为我国的 32 位 IPMP 评估师、4 位 IPMP A 级证书获得者及 9 位 B 级证书获得者颁发证书。此举标志着中国具有了国际认可的顶尖项目管理专家，也标志着中国已经成为世界上为数不多的有能力举办 IPMP 全部 4 个级别认证的国家之一。

IPMP 中国认证委员会会议在北京清华大学近春园召开。会议由认证委员会主席钱福培教授主持。钱福培教授向与会代表介绍了各位新参加认证委员会的领导与专家，扼要汇报了一年多来 IPMP 在国内推行的情况；白思俊教授、欧立雄副教授分别就 IPMP 在国内的市场运作，以及如何进一步完善 IPMP 的标准规范问题作了专题介绍。

8. 2003 年 7 月 1 日，我国第一本由机械工业信息研究院主办的项目管理杂志——《项目管理技术》公开出版发行，弥补了我国长期没有项目管理公开刊物的空白。

IPMA 主席特纳为该刊物发来了贺词。PMRC 常务副主任钱福培，副主任邱菀华、吴涛，秘书长白思俊、薛岩，常委丁荣贵、吴之明，委员许成绩等人均应邀为该杂志编委。

9. 2003 年 9 月，《IPMP 通讯》改版为中、英文双语的《PMRC 通讯》（*PMRC News Letter*）。改版后，将着重报道 PMRC 的活动信息。这样做的目的是更好地促进我国项目管理的发展，更全面地发挥 PMRC 的作用，以及更好地与国际交流。

2003 年 9 月，《PMRC 通讯》总第 15 期刊文《来自 IPMA 的全面报道》。文章中说：*News Letter* 是 IPMA 的国际性刊物，每季度出版一期，主要对 IPMA 国际会员组织及协会活动信息进行报道。2002 年每期刊登的内容均有关于 PMRC 的相关报道。

10. 2003 年 9 月 27—28 日，IPMA 理事会在斯洛文尼亚召开。IPMA 理事会理事、PMRC 常务副主任钱福培教授应邀参加，委员会副秘书长薛岩教授随同钱福培教授也参加了这次会议。

本年度会议的议题共有 13 项，其中与中国直接相关的 3 项议题得以通过，分别为：①关于台湾地区两个项目管理专业组织申请加入 IPMA 的议题；②关于 PMRC 申请成为唯一会员的议题；③关于 PMRC 申请主办 2006 年 IPMA 第 20 届项目管理全球大会的议题。

11. 2003 年 12 月，总第 16 期《PMRC 通讯》刊文《2004 年起 IPMP 中国区认证改为一年四次》。文章说，过去的两年里，在各考点、代理点的共同努力下，IPMP 认证工作在全国取得了稳步而快速的发展，参加认证人数不断上升，市场也在不断扩展，为了进一步顺应市场需求，满足广大考生的需要，经 PMRC、IPMP 中国认证委员会和西安华鼎项目管理咨询有限公司共同研究决定：从 2004 年起，每年春节后的一个月左右，在全国范围内增加一次 IPMP 统一认证考试，将由目前的每年 3 次增加为每年 4 次。

12. 2003 年 12 月 8—22 日，奥地利国际项目管理资深专家罗兰·加里斯（Roland Gareis）应 PMRC 的邀请前来中国进行国际项目管理方面的学术交流访问。

加里斯教授此次访华，先后在北京、西安、上海参观访问，并分别在上述各地进行了国际项目管理相关的专题讲座，介绍了目前国际流行的项目管理模式、方法及研究方向。300 多名中国大陆资深的高级项目经理及相关科研院校的项目管理专家、学者参加了此次学术交流活动。

13. 2003 年 12 月 30 日，IPMP 认证正式进入我国台湾地区。

IPMP 认证成功进入台湾地区是 IPMP 前进道路上的又一块里程碑，具有深远的历史意义，将成为 21 世纪项目管理全球化发展和 IPMP 国际认证在全世界发展和推广的重要组成部分，同时大大提升整个中华地区的项目管理水平。

14. 2004 年 1 月 2—3 日，“2004 中国国际项目管理（IPMP）暨城市经营高峰论坛——城市开发金融投资与项目管理”在合肥市成功举办。此次论坛由合肥市人民政府、PMRC、中国建筑业协会工程项目管理委员会、中国工程咨询协会项目管理指导工作委员会 4 个单位共同主办。

来自全国各地各行业的 160 余名行业精英参加了本次论坛。本次论坛由合肥市政务文化新区建设指挥部副指挥张维宏先生主持。IPMP 中国认证委员会主席钱福培教授，IPMP 中国认证委员会委员张汉亚先生，IPMP A 级认证的高级项目经理李文先生，IPMP 中国认证委员会首席评估师、西安飞机工业（集团）有限责任公司高级工程师张玉麟先生，IPMP B 级认证的项目经理黄信良先生，中国第一飞机研究院院长专务、PMRC 常委苏森先生，PMRC 秘书长、IPMP 中国认证委员会办公室主任白思俊教授到会并作了演讲。

15. 2004 年 2 月 21 日下午 2 时，“国际项目管理最新发展报告会暨大连市项目管理研究会成立大会”在大连理工大学伯川图书馆国际会议厅召开。IPMP 中国认证委员会主席钱福培教授应邀出席了会议。

钱福培教授为大会作了题为“国际项目管理的最新发展”的报告。钱福培教授从项目管理的实践性、广义性、科学性等特点出发，向大家介绍了项目管理学科发展的特点和趋势，并结合具体事例，深入浅出地对 IPMP 认证进行了系统全面的讲述，使与会者对 IPMP 认证的背景、程序及 IPMA 的性质、职责、组织机构等情况有了较深的了解。

16. 2004 年 3 月 27—29 日，IPMA 2004 年度理事会、认证委员会会议在荷兰的乌德勒支市成功举行。PMRC 常务副主任、IPMP 中国认证委员会主席钱福培教授和 PMRC 副秘书长薛岩研究员代表中国出席了会议。

理事会与会代表听取并通过了 IPMA 执行委员会所作的 2003 年度工作报告及 2004—2005 年度工作计划报告，并对 IPMA 的使命和发展战略，以及项目管理标准与认证、研究与开发、教育及兴趣小组等专题进行了广泛深入的讨论。

会议还听取、讨论、表决通过了同意接纳美国项目管理组织 ASAPM. USA 加入 IPMA 的议题。

理事会上，薛岩副秘书长代表 PMRC 介绍了将于 2006 年在中国上海举办 IPMA 第 20 届项目管理全球大会的准备情况。

17. 2004 年 5 月 16—17 日，中国建筑业企业优秀项目经理表彰大会暨第三届国际工程项目管理高峰论坛在北京召开。

本次论坛由中国建筑业协会、国际工程项目管理合作联盟主办，由中国建筑业协会工程项目管理委员会、PMRC 等单位承办。本次论坛的主题是“国际项目管理人才战略与工程总承包项目管理”。

16 日举行了隆重的开幕式。会议由中国建筑业协会秘书长徐义屏同志主持。会上，中国建设部副部长刘志峰和国务院南水北调办公室主任张基尧同志作了重要讲话。会上对第六届（2003 年度）中国建筑业企业优秀项目经理进行了表彰并颁发了奖章及荣誉证书，同时举行了《中国骄子》大型画册首发式。

表彰大会后，举行了国际工程项目管理高峰论坛。论坛紧紧围绕世界经济全球化的进程，如何实施工程项目管理人才战略，学习和借鉴国际先进项目管理人才培训和资格认证制度，培育和发展工程总承包项目管理企业，寻求和加强与国际项目管理组织的交流与合作等专题进行了广泛的研讨。会议结束时，国际工程项目管理合作联盟就进一步加快项目管理国际化等问题发表了《北京宣言》。

18. 2004 年 5 月 29—30 日，“大连现代化项目管理高层论坛”在大连理工大学伯川图书馆国际会议厅举行。

本次论坛由 PMRC 主办，大连市项目管理研究会承办。论坛的主题为“现代项目管理与企业发展”，来自政府有关部门、高等院校、企事业单位的 360 多位代表出席了本次论坛。

会议首先由中国勘察设计协会项目管理与工程总承包分会万柏春秘书长做了题为“我国必须大力推进项目管理事业的发展”的讲演。随后，由 IPMP 中国认证委员会首席评估师张玉麟先生介绍了“大型制造业生产过程的项目管理”的成功经验和方法。最后，由 IPMA 副主席阿德施・贾因先生用近一天半的时间为会议作了题为“现代项目管理——通向成功的关键”的精彩演讲。中外专家们的精彩演讲受到与会代表的热烈欢迎。

19. 2004 年 6 月 19—20 日，IPMA 第 18 届项目管理全球大会在匈牙利首都布达佩斯召开。

本次会议的主题为“多文化的融合”（Cross Cultural Networking）。会议由匈牙利项目管理协会承办，深入探讨了多种（民）族文化融合对项目管理全球化发展的影响和作用。

会议分几个议题进行，主要包括：多文化背景下的项目管理；欧盟组织中的项目管理；项目管理与规划理论的新发展；项目管理的成功案例等。

应 IPMA 大会组委会的邀请，PMRC 组团参加了此次会议。会上，钱福培教授代表 PMRC 作了题为“中国的项目管理”的报告，并对 2006 年 IPMA 第 20 届项目管理全球大会在上海举办的筹备工作做了介绍。李文总经理就“项目管理的应用——天士力公司案例研讨”作了专题报告。

20. 2004 年 9 月，《PMRC 通讯》总第 24 期刊文《IPMP 全面通过 ISO 国际质量管理体系认证》。

文章指出：IPMP 进入中国 3 年来，在 PMRC、IPMP 中国认证委员会和西安华鼎项目管理咨询有限责任公司的运作和组织下，在全国各考点、代理点、培训点及评估师们的努力下，从各方面得到长足的发展，使 IPMP 认证在我国形成了一套科学化、规范化、国际化的完整体系。经过半年多的审核与评价，IPMP 的考试组织等诸多方面工作完全符合相应的 ISO 标准，IPMP 中国总授权西安华鼎公司如期获得了 ISO 证书，认可注册编号为：CNAB008-Q。

21. 2004 年 10 月 22 日，为了全面展现 21 世纪初叶项目管理的全球化和专业化发展浪潮，在 IPMA 的组织和支持下，由 PMRC 等单位联合主办的“中国第三届项目管理国际论坛”在南京钟山宾馆隆重开幕。

本次论坛开幕式由 PMRC 常务副主任钱福培与德国项目管理协会主席奥托主持。本次论坛的主题为“项目管理发展的全球化与专业化”。

在主题报告中，IPMA 主席迈尔斯·谢泼德博士一方面肯定了项目管理近年在中国得到飞速发展，另一方面也报告了国际上项目管理的最新动态，以及项目管理在未来发展的趋势。

会议选举出了 PMRC 第四届领导班子，名单如下。

主任委员：

叶金福　西北工业大学党委书记兼管理学院院长，教授

副主任委员：

方远明　中国海外工程总公司总经理，高级经济师

符志民　中国航天机电集团第二研究院副院长，研究员

黄　强　中航第一飞机设计研究院院长，研究员

刘荔娟　上海财经大学工商管理学院，教授

邱菀华　北京航空航天大学管理学院，教授

吴　涛　中国建筑业协会工程项目管理委员会副会长兼秘书长，教授

薛　岩　北京谊普项目管理顾问有限公司 CEO，研究员

杨乃定　西北工业大学管理学院常务副院长，教授

周厚贵　中国葛洲坝集团公司副总经理，研究员

周锡生　新华网络有限公司总裁，高级编辑

常务副主任委员：

钱福培　西北工业大学管理学院副院长，教授

秘书长：

白思俊　西北工业大学管理学院，教授

副秘书长：

戴大双　大连理工大学项目管理研究中心主任，教授

葛汉明　苏中建设集团股份有限公司总经理，高工

洪显明　北京联合金投工程科技有限公司董事长，高工

雷开贵　重庆联盛建设项目管理有限公司董事长，研高工

揭津荣　武汉高登管理咨询有限公司总经理，高级经济师

鞠成立　北京梦龙科技有限公司总经理，高工

欧立雄　西北工业大学国际项目管理研究院副院长，副教授

王守清　清华大学建设管理系副主任/国际工程项目管理研究院副院长，教授

22. 2005 年 11 月 13—16 日，IPMA 第 19 届项目管理全球大会于印度首都新德里举行。来自 63 个国家和地区的 1200 多位国家顶级的项目管理专家、著名学者和国际跨国企业领袖齐聚一堂。我国 50 名代表应邀出席，PMRC 主任叶金福教授带队参加了会议。其中包括 IPMA 副主席、PMRC 常务副主任钱福培教授，PMRC 秘书长、西安华鼎项目管理咨询有限公司总经理白思俊教授等项目管理界知名人士。

本次大会的主题是“把梦想变为现实的项目管理之路”，旨在深入探讨全球项目管理的最新发展与多元化应用，探讨全球合作中项目管理的价值和作用，也体现了把梦想变为现实的美好祝愿。

本次大会就经济改革中的项目管理、项目管理的优秀案例、无边界的项目管理、政府组织和大学中的项目管理 4 个议题展开圆桌讨论和 25 场精彩论坛。会上，钱福培教授获得了 IPMA 颁发的项目管理卓越贡献奖。这是对他多年来在国际与中国项目管理上孜孜以求的研究和贡献的充分肯定和尊崇。来自中国山东的中创软件工程股份有限公司获得 IPMA 国际项目管理优胜奖。

23. 2005 年 12 月 14—15 日，第五届全国项目管理学术交流会在天津宾馆成功召开。来自全国各地、各行业的 200 名代表参加了本次盛会。PMRC 是主办单位之一。

PMRC 秘书长、IPMP 中国认证委员会办公室主任、西安华鼎项目管理咨询有限公司总经理白思俊教授主持了大会开幕式，IPMA 副主席、PMRC 常务副主任钱福培教授致开幕词。

会议期间，同时举行了 PMRC 委员大会、IPMP 评估师培训研讨会、IPMP 联谊会工作会议、项目管理工程硕士教材编写研讨会、IPMP 市场发展研讨会、IPMA 全球大奖咨询研讨会等会议。

24. 2006 年 2 月 16—18 日，IPMA 项目管理全球大奖评估师培训班在印度举

行，PMRC 派代表参加。这是 PMRC 继 2005 年 12 月在京举办首次 IPMA 全球大奖评估师培训后，在引进这个广受推崇的专业奖项上所采取的进一步行动，意味着被称为“国际项目管理界奥斯卡大奖”的 IPMA 全球大奖即将有中国评委参加评选。

25. 2006 年 2 月，在爱尔兰首都都柏林，爱尔兰副总理会见了 IPMA 领导人。IPMA 副主席、PMRC 常务副主任钱福培教授也参加了会见。

26. 2006 年 2 月 26 日，《中国项目管理知识体系与国际项目管理专业资质认证标准》修订工作编委会第一次会议在北京中关村大厦召开。本次会议是 PMRC 决定对认证标准进行修订后编委会举行的第一次研讨会。

会议由编委会主任钱福培教授主持。首先，钱福培教授向与会代表介绍了各位新参加编委会的专家，对《中国项目管理知识体系与国际项目管理专业资质认证标准》第一版的情况做了简要回顾，并对认证标准的修订工作做了说明；随后，薛岩研究员、欧立雄副教授和马旭晨高工分别就国际项目管理协会 IPMA 的 ICB 与 ICR 修订情况，《中国项目管理知识体系与国际项目管理专业资质认证标准》修订方案和《中国项目管理知识体系与国际项目管理专业资质认证标准》内容与层次结构的思考做了详细介绍，沈建明研究员也对国家项目管理标准起草情况做了介绍。与会代表在认真听取了上述汇报后，就修订方案进行了广泛而热烈的讨论，从各方面提出了许多有益的建议，并在 7 个方面达成一致，形成决议，有力地指导了《中国项目管理知识体系与国际项目管理专业资质认证标准》的修订、再版工作。

27. 2006 年 4 月 7 日，全国工程硕士专业学位教育指导委员会与 PMRC 暨 IPMP 中国认证委员会在北京清华大学成功签订了关于项目管理领域工程硕士与国际项目管理专业资质认证的合作框架协议。

PMRC 常务副主任、IPMP 中国认证委员会主席钱福培教授，PMRC 副主任、IPMP 中国认证委员会委员薛岩教授，PMRC 秘书长、IPMP 中国认证委员会推广组组长白思俊教授和 PMRC 副秘书长、IPMP 中国认证委员会标准组组长欧立雄教授出席了签字仪式。

28. 2006 年 4 月 23 日，青年项目管理俱乐部建设研讨会在北京召开。

会议由 PMRC 常务副主任钱福培教授主持。钱福培教授向与会人员介绍了在我国发展 IPMA 青年俱乐部、建立青年俱乐部组织的设想。IPMA 第 20 届项目管理全球大会筹备办公室主任张建慧老师从与大会结合的角度介绍了首次青年俱乐部研讨会的组织策划方案。

北京大学的师生们介绍了首次青年俱乐部研讨会的组织策划方案。PMRC 办公室的郭云涛老师从青年俱乐部在我国长期发展的角度，介绍了 PMRC 在我国发展青年俱乐部的构想。

29. 2006 年 5 月 12 日，第一届 IPMP 国际项目经理大奖评选活动正式启动，并开始受理申请者的报名，被评选出的中国 IPMP 杰出项目经理将在 2006 年 IPMA 第 20 届项目管理全球大会的颁奖晚会上上台领奖。

会上 PMRC、IPMP 中国认证委员会决定：自 2006 年 5 月 12 日正式启动“第一届中国 IPMP 国际项目经理大奖”评选活动，与此同时，“第一届中国 IPMP 国际项目经理大奖”评审组成立并开展工作。

本次活动的内容有：“中国十佳杰出国际项目经理（中国十佳杰出 IPMP）”的评选活动；“中国百名优秀国际项目经理（中国百名优秀 IPMP）”的评选活动。

30. 2006 年 5 月 30 日，中国企业培训师公会（香港）的代表来到西安与 IPMA 副主席、PMRC 常务副主任钱福培教授，PMRC 秘书长、西安华鼎项目管理咨询有限责任公司总经理白思俊等人进行了会晤，就 IPMP 业务在中国香港开展进行了协商，最终双方在友好的气氛中签署了在中国香港设立“IPMP 香港认证与培训中心”的合作协议。

31. 2006 年，《项目管理》第 1、2 期合刊摘要刊登了项目管理者联盟对 IPMA 副主席钱福培教授的访谈文章。

访谈中，钱福培教授就项目管理者联盟所提问题，作了全面而深入的回答。

32. 2006 年 10 月 13—14 日，由 IPMA、PMRC 和中国暨国际项目管理青年人联盟主办的 2006 国际项目管理青年发展论坛在中国上海成功召开并圆满结束。来自 IPMA 和 PMRC 的领导和专家代表、同济大学的领导和来自多个国家和地区的 90 多名青年项目经理，以及项目管理专业学者和学生参加了此次会议。

在开幕式上，IPMA 董事局主席迈尔斯·谢泼德先生，IPMA 副主席、PMRC 常务副主任钱福培教授，国际项目管理青年人联盟主席迈克尔·盖斯勒（Michael Gessler）先生，同济大学副校长李国强教授先后致辞。之后，梁士毅教授发表了题为“成长的烦恼”的演讲。

在 13 日下午和 14 日上午的分论坛中，参会者们积极地参与到 6 个分论坛中，这 6 个分论坛主题分别是：跨文化的项目管理；项目管理专业人员的职业发展；系统的项目管理计划与评估；弥补自身发展不足的途径，提升项目管理能力；理解项目所处环境；项目团队工作。

本次论坛首次设立了“国际项目管理协会青年国际项目经理大奖”，并在 13 日的晚宴上举行了“2006 首届青年国际项目经理大奖”颁奖典礼。6 名优秀的青年国际项目经理获此殊荣，其中有 2 名获奖者来自中国。

在 14 日的闭幕式上，上海同济大学建筑与城市规划学院吴志强院长所作的关于上海 2010 世博会项目群管理的专题报告，给与会者留下了深刻的印象。

第 15 章

走向国际阶段

1. 2006 年 10 月 15 日，IPMA 第 20 届项目管理全球大会在世界经济新动力中心——中国上海隆重召开。

项目管理全球大会是代表国际项目管理界最高学术水平的年度大会。本届召开的第 20 届项目管理全球大会是中国首次举办的项目管理全球大会。此次大会既是近年来国际项目管理界的盛事，也是新中国成立以来项目管理领域规格最高、规模最大、影响最广的项目管理产学研交流合作的盛会。来自世界 60 多个国家和地区的项目管理专业组织的代表和全球各个行业、领域的项目管理专家、精英共 900 多人汇聚上海国际会议中心，共同探讨项目管理的新思想、新理念。

本届大会由国际项目管理研究型学术会议、国际项目管理青年发展论坛、开幕式、大会主题报告、主题分论坛、学术交流研讨会议、国际项目管理大奖颁奖晚会等系列活动，以及各国项目、国际顶级专家的高端培训、项目管理成果及文化展示等内容组成。

PMRC 主任叶金福致辞祝贺。

2. 2006 年 10 月 16 日，“中国 IPMP 国际项目经理大奖”的颁奖仪式在万众瞩目的国际项目管理界最高学术水平的年度大会现场——IPMA 第 20 届项目管理全球大会（上海）的国际项目管理之夜颁奖晚会上举行。

大奖颁奖仪式由白思俊秘书长主持。IPMA 主席阿德施·贾因、IPMA 副主席钱福培教授等 5 位嘉宾为“第一届中国 IPMP 十佳杰出项目经理”获得者颁发证书和奖牌。

IPMA 副主席迈尔斯·谢泼德、IPMA 副主席爱德华·诺顿（Edward Naughton）、IPMA 副主席斯坦尼斯瓦夫·斯罗卡（Stanislaw Sroka）等 5 位嘉宾向 10 位“第一届中国 IPMP 优秀项目经理”奖项获奖代表颁奖。

历时 3 个多月的“第一届中国 IPMP 国际项目经理大奖”评选工作到 8 月 31 日圆满结束，共评出获奖者 100 名。其中“中国杰出项目经理”10 名，“中国优秀项目经理”90 名。

3. 2006 年 11 月，《PMRC 通讯》总第 36 期刊登《关于项目管理领域工程硕士与国际项目管理专业资质认证 IPMP 合作的最新实施细则》（节选）（下称“《细则》”）。

《细则》着重明确了：目的与总则，培养单位的工作程序、培养单位的项目管理工程硕士学员申请 IPMP 认证的程序、认证工作的注意事项。

4. 2007 年 1 月 6 日，PMRC“十一五”发展规划战略研讨会在西安凯瑞大厦召开。

本次会议是 PMRC 为了适应我国第十一个五年计划期间经济蓬勃发展的大好形势，使 PMRC 与时俱进，在总结 PMRC 15 年历史的基础上，结合近几年工作，研究 PMRC 发展新思路、新模式、新机制的一次讨论会。

会议由 PMRC 常务副主任钱福培教授主持。钱福培教授向与会代表总结介绍了 PMRC 15 年的发展历程，并提出了本次会议商榷的主要内容，还对本次会议做了简要总结。

5. 2007 年 3 月 24—25 日，IPMA 2007 年度第一次理事会在匈牙利首都布达佩斯举行。这是在 IPMA 新当选的 2007—2008 届执行委员会领导下召开的第一次理事会。IPMA 副主席、PMRC 常务副主任钱福培教授和 PMRC 副秘书长薛岩参加了该次会议。

IPMA 理事会首先讨论并表决通过了上届执行委员会所作的关于《IPMA 2006 年度工作报告》《IPMA 2006 年度财务报告》和《IPMA 2006 年度财务审计报告》的报告。

会上，理事们对 ICRG3.0 进行了审议并表决通过。ICRG3.0 是 IPMA 国际项目管理专业资质认证的核心文件，是各国认证委员会及相关组织发展工作的基础。

理事会对 2006 年 10 月在中国上海召开的 IPMA 第 20 届项目管理全球大会给予充分肯定，认为是一届成功的国际项目管理的盛会，并对同时在中国同济大学召开的 IPMA 青年论坛表示祝贺，认为是一个突破。

理事会对新一届领导班子所作的《IPMA 2007—2008 工作计划》《IPMA 2007 年度财务预算》及《IPMA 2008 年度财务计划》进行了审议。作为分管研究与发展的 IPMA 副主席、PMRC 常务副主任钱福培教授和 IPMA 研究委员会（RMB）主席布兰尼（Brane）向理事们报告了 IPMA 研究和发展计划。

在 IPMA 2007—2008 新一届领导机构中，中国成员有了明显的增长，名单如下：

钱福培　PMRC 常务副主任　IPMA 副主席（连任）

薛　岩　PMRC 副主任　IPMA 认证委员会委员（连任）

欧立雄　PMRC 副秘书长　IPMA 研究委员会委员（连任）

方远明　PMRC 副主任　IPMA 大奖评审团成员

丁荣贵　PMRC 常　委　IPMA 大奖委员会委员

理事会上的另一项工作是审议发展新会员。理事会审议表决通过了土耳其项目管理协会申请加入 IPMA 的报告。至此，IPMA 的成员组织已增加到 43 个。

6. 2007 年 5 月 14 日，PMRC 第六届中国项目管理学术交流会的启动会在北京中海外大厦召开。启动会由 PMRC 常务副主任钱福培教授主持。

本届大会以“项目管理与构建和谐社会”为主题，反映了 21 世纪初中国经济社会发展和科学管理的重要因素，是我国项目管理领域积极贯彻落实党中央提出的科学发展观和构建和谐社会，坚持以人为本，创新发展模式，提高发展质量的宏伟战略的具体体现。

7. 2007 年 5 月 15 日，PMRC《国际卓越项目模型及其应用》会讨论会在北京召开。卓越项目管理模型及大奖是 IPMA 继个人项目管理能力四级专业资质认证后，于 2002 年推出的又一重要产品。

由 PMRC 常务副主任、大奖委员会主席钱福培教授在北京主持召开了《国际卓越项目模型及其应用》一书编委会会议，讨论了对该书的编写计划、分工及日程安排。

8. 2007 年 5 月 18 日，PMRC 与中国对外承包工程商会（下称“承包商会”）签订战略合作协议。承包商会与 PMRC 战略合作框架协议签字仪式在承包商会第一会议室举行。承包商会刁春和会长，IPMA 副主席、PMRC 常务副主任钱福培教授出席仪式。刁春和会长和钱福培主席分别在协议书上签字。

9. 2007 年 6 月 18 日，IPMA 第 21 届项目管理全球大会在波兰克拉科夫举办。

在此次大会上，“中国军团”大获全胜，中国又有 3 个项目荣获国际项目管理大奖，这是最具国际影响力并被誉为全球项目管理界的“奥斯卡奖”的奖项。2005 年以来，中国已连续获得了 7 个国际项目管理奖项。

在这次全球国际项目管理大奖颁奖大会上，全球共有 4 个国家分获 6 个奖项，中国占其中的 3 项，因而引起世界的瞩目和赞赏。其中金奖 1 个，为中国江苏索普集团有限公司的 15 万吨/年醋酸生产线扩建项目；银奖 2 个，为北京首都信息发展股份有限公司的“北京医疗保险信息平台建设运营项目”、贵州中水建设项目管理有限公司的“贵州落脚河水电站全过程项目管理项目”。

10. 2007 年 7 月，《PMRC 通讯》总第 40 期刊文《中国引进国际卓越项目管理模型和评估系统，并成功推行国际项目管理大奖活动》，简要介绍了中国引进国际卓越项目管理模型和评估系统以来所取得的卓越成就。

以下是中国获得国际项目管理大奖的项目情况。

时　间	奖　　项	获 奖 组 织	项 目 名 称
2005 年	国际银奖	中创软件工程股份有限公司	山东高速公路信息管理软件开发项目
2006 年	国际金奖	中国空间技术研究院	神舟六号载人飞船项目
2006 年	国际银奖	天士力制药股份公司	全面项目化管理组织变革项目
2006 年	国际铜奖	中国海外工程总公司	项目管理体系建设项目
2007 年	国际金奖	江苏索普（集团）有限公司	15 万吨/年醋酸生产线扩建项目
2007 年	国际银奖	北京首都信息发展股份有限公司	北京医疗保险信息平台建设运营项目
2007 年	国际银奖	贵州中水建设项目管理有限公司	贵州落脚河水电站全过程项目管理项目

11. 2007 年 7 月 7 日，“西部首届国际项目管理高峰论坛”在甘肃省博物馆隆重召开。本次论坛由甘肃省项目管理学会联合 IPMA、PMRC、中国国际贸易促进委员会甘肃省分会、北京谊普华和项目管理顾问有限公司及甘肃省第十四届兰洽会组委会共同举办。

出席论坛的嘉宾有来自中国项目管理界的高级专家，甘肃省政府机关、国有大中型企业单位、各地区市招商局与投资局，也有来自新疆、青海、陕西、河北、北京等地的代表，共 200 余人。

该论坛旨在依托甘肃省“发展抓项目”的重大战略决策，引进国际项目管理的先进理念，为政府管理项目提供科学高效的管理方法和工具，为提高项目管理专业组织与个人项目管理水平搭建平台。

IPMA 副主席、PMRC 钱福培副主任向论坛作了题为“新时期经济腾飞的‘翅膀’——国际项目管理”的主题报告。

12. 2007 年 10 月 23 日，PMRC、国际项目管理（中国）大奖组织委员会决定：授予南京城建项目管理发展有限公司“南京快速内环东线工程项目”国际项目管理（中国）大奖金奖。

“南京快速内环东线工程项目”总投资 30 亿元人民币，建设周期 31 个月。项目在攻克了穿越九华山、卧通玄武湖众多技术难题的同时，有效地解决了城内施工期间的居民拆迁、交通组织、管道迁移等特殊问题，实现了项目目标，并取得了多项创新成果，受到了当地政府、居民、合作单位、项目团队等各利益相关方的赞赏。

13. 2007 年 10 月 25—26 日，PMRC 第六届中国项目管理大会在北京友谊宾馆隆重召开。本届项目管理大会由 PMRC 主办，由中国海外工程有限责任公司、中国航天科工集团第二研究院、西安华鼎项目管理咨询有限责任公司、北京谊普华和项目管理顾问有限公司、北京联合金投工程科技有限公司、北京基业长青管理咨询有限责任公司、上海普华科技发展有限公司、《项目管理技术》杂志和项目管理者联盟共同协办。

本届大会的主题是“项目管理与构建和谐社会”。

大会开幕式由大会执行主席、IPMA 副主席钱福培教授和大会执行副主席、PMRC 副主任方远明共同主持。会上举行了 IPMA（中国）卓越项目管理奖和第二届 IPMP 优秀项目经理颁奖活动。

IPMA 副主席钱福培教授为大会作了精彩的主旨报告。

14. 2008 年 1 月，全国工程硕士专业学位教育指导委员会、PMRC 暨 IPMP 中国认证委员会和全国项目管理领域工程硕士教育协作组，根据首批获准开展项目管理领域工程硕士与 IPMP 认证合作的试点单位情况，启动了第二批资质认证合作的申报工作。最终评审确定了第二批获得与 IPMP 合作的培养单位：北京大学、北京交通大学、北京工业大学、北京理工大学、北京邮电大学、哈尔滨工业大学、复旦大学、南京大学、大连理工大学、华南理工大学、中山大学、西南交通大学、西安交通大学及国防科技大学。

15. 2008 年 4 月 12 日，IPMP 中国认证委员会召开的“2008 年 IPMP 评估师会议”在山西太原迎西大厦隆重召开。

大会由 PMRC 常务副主任钱福培教授主持。此次会议参加的人员主要是 IPMP 认证委员会的委员和评估师，以及新增选的评估师，共 50 余人。

会议开始，由钱福培教授讲述了大会日程安排，作了关于“评估师队伍建设问题”的报告，并介绍了 PMRC 的发展历史及 IPMP 认证在中国的发展情况。IPMP 认证经过 8 年的成长，逐步树立了 IPMP 的品牌形象，共有 2.5 万人申请参加 IPMP 认证，13019 人获得了不同级别的 IPMP 证书。

随后，PMRC 秘书长白思俊教授作了“ICB3.0 介绍及 IPMP 评估表格的设计”报告，介绍 ICB3.0 及其所包含的项目管理能力评估要素，ICB3.0 的认证体系及其特点，IPMP 评估表格的设计思路。PMRC 副主任薛岩研究员介绍了 ICRG3.0，涉及 ICRG3.0 的制定、修订及 ICRG3.0 在实际操作中的应用。PMRC 副秘书长欧立雄介绍了“C-PMBOK 2006 及其在 IPMP 评估中的应用”，阐述了 C-PMBOK 的总体框架，以及如何与 IPMP 认证考核的能力要素进行有效结合。最后，IPMP 首席评估师张玉麟作了“新版 IPMP《评估师手册》及其修订的说明”的报告。

16. 2008 年 9 月 26—27 日“中国项目管理应用与实践高峰论坛”在西安召开。本论坛是由 PMRC、《项目管理技术》杂志、西安华鼎项目管理咨询公司共同发起的行业性、专业性项目管理应用与实践论坛，目的是为各行各业提供工程总承包模式应用及企业项目管理应用体系的项目管理的交流平台。本次论坛的主题是“工程总承包 EPC 与项目管理的体系建设”，并通过论坛促进我国工程企业项目管理应用的规范化、标准化与国际化发展。

本次论坛共有来自全国各地的工程设计院、建设单位、机关学校、社会团体的 150 余位代表参加，论坛内容得到与会代表的高度评价。

17. 2008 年 9 月 27 日，IPMA 在丹麦哥本哈根举行的理事大会，通过竞选产生了 2009—2010 年新一届 IPMA 领导。PMRC 常务副主任钱福培教授再次当选为

IPMA 执行委员会副主席，这是钱福培教授继 2005—2006 年、2007—2008 年后第三次连任该职。在这次会议上共选出 IPMA 理事会主席、副主席 2 人，执行委员会主席、副主席 7 人。

18. 2008 年 11 月 21—22 日，第七届中国项目管理大会在北京国际会议中心成功举行。会议期间，PMRC 选举产生了 80 位理事，并召开了 PMRC 第五届理事会第一次会议。新当选的理事选举产生了 PMRC 主任委员和常务委员，并选举产生了秘书长和副秘书长。

为了更好地支撑和领导 PMRC 的发展，会议决定，PMRC 秘书长通过竞选产生。3 位候选人对 PMRC 的现状、问题及如果当选后的工作计划作了演讲，并进行了答辩。最终通过全体理事无记名投票，由西北工业大学国际项目管理研究院副院长欧立雄副教授以简单多数票当选 PMRC 第五届理事会秘书长。

PMRC 第五届领导班子名单如下。

主任委员：

叶金福　西北工业大学党委书记兼管理学院院长，教授

名誉主任委员：

钱福培　西北工业大学管理学院副院长，教授

副主任委员：

白思俊　西北工业大学管理学院，教授

戴大双　大连理工大学项目管理研究中心主任，教授

方远明　中国海外工程总公司总经理，高级经济师

符志民　中国航天机电集团第二研究院副院长，研究员

洪显明　北京联合金投工程科技有限公司董事长，高工

欧立雄　西北工业大学国际项目管理研究院副院长，副教授

邱菀华　北京航空航天大学管理学院，教授

尚　志　中国空间技术研究院副院长，研究员

王守清　清华大学国际工程项目管理研究院副院长，教授

吴　涛　中国建筑业协会，副会长

薛　岩　北京大学软件与微电子学院，教授

杨乃定　西北工业大学管理学院常务副院长，教授

秘书长：

欧立雄　西北工业大学国际项目管理研究院副院长，副教授

副秘书长：

包晓春　上海普华科技发展有限公司，高工

揭津荣　武汉高登管理咨询有限公司董事长，高级经济师

鞠成立　北京梦龙科技有限公司总经理，高工

雷开贵　重庆联盛建设项目管理有限公司董事长，研高工

刘日明　北京基业长青管理咨询有限责任公司，总经理

卢向南　浙江大学管理学院，教授

马健峰　易和元通（北京）国际教育科技有限公司，董事总经理/高工

戚安邦　南开大学商学院，教授

宋　蕊　河北省项目管理协会会长，教授

王瑶琪　中央财经大学副校长，教授

杨　述　清华大学国际工程项目管理研究院，院长助理

吴志东　中国北方工业厦门公司，顾问/高级经济师

张玉麟　西安飞机工业（集团）有限责任公司，高工

19. 2009 年 6 月 13—14 日，“第二届项目管理应用与实践高峰论坛暨海峡两岸项目管理与发展高峰论坛”在社会各界及与会代表的积极关心和共同参与下在福建福州顺利召开。本届论坛由 PMRC 主办、西安华鼎项目管理咨询有限责任公司承办，主题为“公共投资项目管理及成功实践”。本届论坛分公共投资项目管理的宏观策略和新模式、公共投资项目管理的成功应用与实践、各行业项目管理的

最佳实践成功案例及工程管理 EPC 模式成功实践 4 个主题论坛。由 PMRC 主办的“第四届中国 IPMP 国际项目经理大奖”评选活动圆满结束。经过专设的评审机构的评选，最终有 20 位项目管理精英脱颖而出，成为“第四届中国 IPMP 国际项目经理大奖”得主。在第二届中国项目管理应用与实践高峰论坛开幕式上举行了“第四届中国 IPMP 国际项目经理大奖”的颁奖仪式，对我国 IPMP 证书获得者中具有突出贡献的杰出代表进行了表彰。

20. 2009 年 12 月 19—20 日，第八届中国项目管理大会在北京召开。本届大会的主题为“项目管理——经济复苏与企业成长的关键”。

21. 2010 年 7 月 10—11 日，“第三届中国项目管理应用与实践论坛暨第五届中国 IPMP 国际项目经理颁奖典礼”在湖北武汉顺利召开。本届论坛受到了 PMRC 及湖北省市领导等多方重视，PMRC 主任叶金福先生；湖北省政协副主席仇小乐先生；武汉城乡建设委员会副局级巡视员唐讯先生；IPMA 副主席、IPMP 中国认证委员会主席钱福培先生；中国建筑业协会秘书长吴涛先生；PMRC 副主任、西安华鼎项目管理咨询有限责任公司总经理白思俊先生；PMRC 副秘书长、武汉高登管理咨询有限公司董事长揭津荣女士；机械工业信息研究院副院长、机械工业出版社副社长郭锐先生等多位嘉宾均出席了开幕式并致辞。本届论坛以“工程项目管理模式创新与信息化实践”为主题，安排了“工程项目管理模式应用与实践、工程项目管理体系与信息化建设实践、各行各业项目管理与信息化最佳实践”3 个主题论坛，共有 300 余位项目管理业界代表参与，在全国及项目管理界产生了极大的影响力。

论坛开幕式还举行了“第五届中国 IPMP 国际项目经理颁奖典礼”。

22. 2010 年 12 月 4—5 日，由 PMRC 主办的第九届中国项目管理大会在上海隆重举办，本届大会的主题为“项目——组织与社会发展的动力”。本次大会由同济大学经济与管理学院、西北工业大学承办，上海普华科技发展有限公司、天士力集团公司等单位协办，IPMA 等单位支持。PMRC 主任叶金福、IPMA 副主席钱福培、同济大学党委副书记姜富明、中国建筑业协会副会长兼秘书长吴涛分别致开幕词，IPMA 前副主席马蒂、中建协工程项目管理委员会会长梁新向、中建协工程项目管理委员会秘书长敖军等出席了本次大会。据统计，来自全国各行业的专家学者、企业管理人员、项目管理从业人员共计 200 余人参加本次大会。

23. 2011 年 6 月 4—5 日，为隆重纪念 PMRC 成立 20 周年、IPMP 认证引进中国 10 周年，分享中国项目管理发展成就、共画中国项目管理发展蓝图，由 PMRC 联合全国项目管理领域工程硕士协作组、《项目管理技术》杂志、西北工业大学、西安华鼎项目管理咨询有限公司等，在 IPMA 的大力支持下，将 2011 年度的“第十届中国项目管理大会”“第四届中国项目管理应用与实践论坛”和“全国项目管理领域工程硕士案例教学研讨会”三大活动及“ IPMA 全球项目管理知识共享节日”（IPMA Festival of Knowledge）、PMRC 成立 20 周年及 IPMP 认证引进中国 10 周年庆典晚会等活动整合为一个大型的国际性、综合性的 PMRC 成立 20 周年庆典系列活动在西安成功举办。

PMRC 成立 20 周年庆典系列活动的主题为“崛起的项目管理”，总结、回顾崛起中的中国项目管理，促进、提升项目管理在企业崛起和中国经济崛起中的作用。系列活动由开幕式、大会主旨报告、6 个平行分论坛（国际项目管理知识分享论坛、工程项目管理模式与创新论坛、项目管理工程硕士教育论坛、项目管理信息化与应用实践论坛、项目管理学术交流论坛、城市发展与项目管理论坛）、大型庆典与颁奖晚会、中国项目管理 20 年成就展览和世园会之旅组成，会议正式出版了由 ISTP 全文收录的会议论文集。

PMRC 成立 20 周年庆典系列活动得到了 IPMA 及国际项目管理界的高度重视与大力支持，IPMA 董事局主席布里吉特・沙登（Brigitte Schaden）女士，IPMA 副主席、美国项目管理促进会主席斯特西・戈夫（Stacy Goff）先生，亚太项目管理联盟主席、澳大利亚项目管理协会主席比尔・杨（Bill Young），IPMA 前副主席、芬兰项目管理协会马蒂先生，IPMA 研究委员会主席布莱恩先生，IPMA 研究委员会委员莱斯（Les）先生等亲临活动现场祝贺，来自国内各行各业的项目管理界同人近 700 人参加了此次系列活动。

24. 为推动我国项目管理研究与实践成果得到国际社会的认可，2011 年组织开展了“国际项目管理卓越大奖”和“国际项目管理研究奖”的申报活动。2011 年 10 月 9—12 日，在澳大利亚布里斯班召开的“IPMA 第 25 届项目管理全球大会上，我国西安世园会组委会的“2011 世园会筹建项目”获重大项目管理银奖、西北工业大学管理学院博士研究生邵婧婷荣获“国际项目管理青年研究大奖”。

25. 2012 年 2 月 17—19 日，由 PMRC 主办的 IPMA Delta——“金三角”国际认证中国培训研讨会在西安市骊苑大酒店隆重召开。来自 IPMA 的两位 Delta 产品项目经理莱因哈特·瓦格纳（Reinhard Wagner）、格里特·科赫（Gerrit Koch）专程前来担任此次培训研讨会的培训师。此次培训旨在将 IPMA Delta 这一全新的组织项目管理能力认证产品引进中国，为中国企业提供更好的项目管理能力提升工具。IPMA 前副主席、PMRC 名誉主任、IPMP 中国认证委员会主席、西北工业大学钱福培教授主持开幕式并对来自各行各业的 30 余名专家参与此次培训表示欢迎。通过此次认证评估师的培训及随后进行的评估师面试，已有 3 位中国首席评估师、1 位国际评估师和 18 位国内评估师申请者顺利通过了培训及面试考核，经 IPMA 认证管理委员批准后即可担任相应评估师工作。

26. 2012 年 9 月 30 日，在 IPMA 理事会的换届选举中，PMRC 推荐的候选人、南开大学戚安邦教授，在于阿塞拜疆首都巴库举行的 IPMA 研究委员会主席的竞选中成功当选。

27. 2012 年 11 月 17—18 日，第十一届中国项目管理大会在北京召开，本届大会的主题为“聚焦项目管理能力发展”，由 PMRC 主办，中央财经大学、西北工业大学、瑞和安惠项目管理集团承办，项目管理者联盟、上海普华科技有限公司、广联达软件股份有限公司等协办。组织评选了 2012 年度“中国项目管理成就奖”并在大会上颁奖。

为充分体现其中国项目管理界综合性会议的特点，中国项目管理大会突出跨行业、多主体的参与和对话式互动交流，在围绕大会主题安排前沿性、综合性的大会报告同时，设立与综合反映我国各行各业项目管理成果的“中国项目管理成就奖”相对应的“中国项目管理成就讲坛”和由相关各方共同参与交流对话的专题论坛。全体与会人员可全程参与互动交流、辩论对话，从而形成一种开放式、对话式论坛，达到深度交流的目的，为与会代表提供更多的选择，使其收获更多。

28. 2012 年 11 月 18 日，与第十一届中国项目管理大会召开同期，PMRC 在北京召开了第六届会员代表大会，顺利完成了换届选举工作，选举产生了以西北工业大学陈小筑书记为主任的第六届 PMRC 领导班子，名单如下。

顾问委员：

陈德泉　中国科学院科技政策与管理科学研究所，研究员

郭宝柱　中国航天科技集团公司科技委，副主任

胡新渝　中国国际人才交流协会执行局，原常务副局长

黄　强　国家国防科技工业局，副局长

刘荔娟　上海财经大学，教授

钱福培　国际项目管理协会，原副主席/西北工业大学，教授

邱菀华　北京航空航天大学经济管理学院，教授

吴　涛　中国建筑业协会，副会长

叶金福　西北工业大学，原党委书记

张汉亚　中国投资协会，会长

周锡生　新华社，副社长

名誉主任委员：

钱福培　国际项目管理协会，原副主席/西北工业大学，教授

主任委员：

陈小筑　西北工业大学，党委书记

秘书长：

欧立雄　西北工业大学国际项目管理研究院，副院长

副主任委员：

敖　军　中国建筑业协会工程项目管理委员会，副会长

白思俊　西北工业大学管理学院，教授

戴大双　大连理工大学管理与经济学部主任，教授

符志民　中国航天科工集团公司部长，教授

卢向南　浙江大学管理学院，教授

欧立雄　西北工业大学国际项目管理研究院，副院长

戚安邦　南开大学商学院，教授

尚　志　中国空间技术研究院副院长，研究员

王守清　清华大学国际工程项目管理研究院副院长，教授

王瑶琪　中央财经大学副校长，教授

薛　岩　北京大学软件与微电子学院，教授

赵嵩正　西北工业大学管理学院院长，教授

副秘书长：

包晓春　上海普华科技发展有限公司，高工

常淑萘　电子工业出版社世纪波公司副总编，编审

丁荣贵　山东大学管理学院，教授

郭云涛　西北工业大学管理学院，副教授

揭津荣　武汉高登管理咨询有限公司董事长，高级经济师

乐　云　同济大学经济与管理学院建设管理与房地产系系主任，教授

刘日明　北京基业长青管理咨询有限责任公司，总经理

沈建明　国防项目管理培训认证中心，主任

宋　蕊　河北省项目管理协会会长，教授

王祖和　山东科技大学，教授

29. 2013 年 4 月 2 日，由中国青年项目管理者俱乐部（CYC）与北方工业大学联合主办的“首届中青年项目管理者国际论坛” 在北京隆重举行。来自德国、英国、美国、澳大利亚、冰岛等的 IPMA 研究与开发委员会的项目管理专家学者，PMRC 的领导，以及清华大学、北京大学、北京航空航天大学、西北工业大学、南开大学、中央财经大学、北方工业大学的项目管理专家，与我国青年项目管理者齐聚一堂，围绕年轻一代如何在项目管理的研究和应用上发挥创新作用，展开了充分的交流。

来自德国的 IPMA 副主席莱因哈特 · 瓦格纳先生及英国的迈尔斯 · 谢泼德先生、澳大利亚的迈克尔 · 杨（Michael Young）先生、冰岛的赫尔吉 · 托尔 · 因加森（Helgi Thor Ingason）先生和美国的莱斯 · 斯夸尔斯（Les Squires）先生等国际项目管理专家，就中国青年项目管理者的职业发展、目前应开展的工作、未来的努力方向等进行了热烈的交流。莱因哈特先生表示，中国青年项目管理者俱乐部已被正式纳入 IPMA 青年项目管理者范畴,成为 IPMA 在全球范围内的第 14 个青年项目管理者俱乐部，IPMA 将给予 CYC 多方面的协助。

30. 2013 年 7 月 6—7 日，第六届中国项目管理应用与实践论坛在北京盛大举行，本届论坛围绕“创新时代的项目管理”这一主题，邀请了一批在项目管理实践领域卓有贡献的专家为与会代表作精彩的报告，与大家共同分享项目化管理的成功经验，促进和提升项目化管理的水平。

出席论坛的嘉宾有：英国项目管理协会项目治理专业委员会主席马丁（Martin）先生，PMRC 副主任、全国项目管理领域工程硕士教育协作组组长、清华大学教授王守清先生，机械工业信息研究院副院长郭锐先生，中国建筑业协会项目管理委员会副会长敖军先生，中国软件协会过程改进分会副会长、中国 IT 经理联盟主席潘东先生，PMRC 副主任、西北工业大学管理学院教授、西安华鼎项目管理咨询有限责任公司总经理白思俊先生，德国弗戈媒体集团中国区总经理肖捷女士，《项目管理技术》杂志主编张星明先生等。大会主题既有像“良好的治理——项目成功的保障”等具有国际项目管理前沿背景的高水平主题报告，又有像“IBM 的项目化管理”等以知名企业为背景的项目化管理应用实践报告。并且涌现出以“创造成功的企业项目管理环境”为代表的既强调了理论性，又将实践性与前沿性有效结合的多项优秀的热点主题，为与会代表带来了高水平、有价值与可借鉴的思想理念。组织开展了由 PMRC 设立的一年一度的“第八届中国 IPMP 国际项目经理大奖”评选，评选出“第八届中国十佳杰出、十名优秀国际项目经理”共 20 名。

31. 2013 年 8 月 24—25 日，在武汉华中科技大学成功召开第十二届中国项目管理大会，本届大会的主题是“项目管理的效率与效益”，包括大会开幕式、颁奖/授证典礼、大会报告、平行分论坛和大会闭幕式等环节。组织评选了 2013 年度“中国项目管理成就奖”和“优秀论文奖”并在大会上颁奖。

本次大会由 PMRC 和全国项目管理领域工程硕士教育协作组联合主办，华中科技大学、武汉高登管理咨询有限公司、西北工业大学共同承办，上海普华科技发展有限公司、西安华鼎项目管理咨询有限公司、《项目管理评论》融媒体、《项目管理技术》杂志、陕西省项目管理学会、北京项目管理协会、项目管理者联盟、北京建协项目管理培训中心等单位协办，同时大会得到了 IPMA、双法研究会、中国建筑业协会工程项目管理委员会的大力支持。来自政府部门、高等院校、科研院所、企业界的项目管理专家和项目管理专业工作者 300 余人参加了本次大会。IPMA 主席姆拉登（Mladen）先生、IPMA 副主席斯特西（Stacy）先生、IPMA 青年俱乐部主席丹尼尔（Daniel）先生、亚太项目管理联盟主席比尔先生、中国建筑业协会副会长兼秘书长吴涛先生、全国项目管理领域工程硕士教育协作组组长王守清先生等领导和专家出席了大会。

32. PMRC 组团参加了于 9 月 30 日—10 月 3 日在克罗地亚召开的 IPMA 第 27 届项目管理全球大会。IPMA 克罗地亚青年俱乐部发来邀请函，希望刚刚成立的 CYC 的领导和成员们能了解 IPMA YC 的活动内容和魅力。2013 年，PMRC 推荐支持中国机械设备工程股份有限公司和中国石油广西石化公司成功申报 IPMA 项目管理大奖，分别荣获国际项目管理大奖铜奖和金奖。

33. 2014 年 6 月 13 日，IPMA 副主席杰瑟斯·马丁内斯-阿尔梅拉（Jesus Martinez-Almela）先生与 PMRC 副主任兼秘书长欧立雄先生在丹麦哥本哈根召开的“IPMA 国际认定体系年度研究会”（Annual IPMA Registration Workshop）期间正式签署了《关于授权在中国运行 IPMA 国际项目管理认定体系的协议》（*Agreement for the Usage Of the IPMA Registration System*）。该协议的正式签署意味着由 IPMA 在全球推行的“国际项目管理认定体系”即将在中国运行，该体系将依据 IPMA 的相关国际标准对项目管理专业教育计划（Project Management Education Programme）、项目管理培训课程（Project Management Training Course）和项目管理著作（Project Management Literature）进行认定，为项目管理专业人士选择能够更有效地提升自己专业能力的专业教育或专业培训服务及专业书籍提供参考。IPMA 国际项目管理认定体系的目的在于为 IPMA 的各成员国组织提供一种可以促进和改善有项目管理竞争力提升需求的项目经理或其所在组织与组织的管理者和专业教育计划或项目管理培训课程之间交流选择的手段。

34. 2014 年 6 月 27—28 日，第七届中国项目管理应用与实践论坛在北京盛大举行。“中国项目管理应用与实践论坛”是一个定位服务于我国各行各业项目管理实践者的应用、实践与经验共享的高层次、专业性、实践性论坛。由 PMRC、IPMP 中国认证委员会、《项目管理技术》杂志联合主办，弗戈工业媒体、西安华鼎项目管理咨询有限责任公司承办。

为深刻认识和理解项目治理在推动经济转型提升过程中的作用，准确把握项目管理技术带来的变革，敏锐洞察项目治理新趋势，创新和打造项目导向型企业的管理模式，本次论坛将以“项目治理与管理效益”为主题，邀请政府行业有关领导、业界专家、企业高管及行业用户等各方人士齐聚一堂，展开深入交流和探讨。主论坛邀请了国内外知名项目管理专家和国际特级/高级项目经理进行了精彩报告，旨在与大家共同分享项目管理的成功经验，促进和提升项目管理的水平。论坛紧跟时代发展脉搏，吸引了国内外 400 多位嘉宾和代表参加。本次论坛还为评选出的“第九届中国十佳杰出、十名优秀国际项目经理”（共 20 名）举行了颁奖典礼。

35. 2014 年 11 月 29—30 日，值主题为“共建面向未来的亚太伙伴关系”的 APEC 会议在中国北京召开之际，由 PMRC 联合亚太项目管理联盟、IPMA、全国项目管理领域工程硕士教育协作组、西北工业大学共同主办，由北京航空航天大学经济管理学院、《项目管理评论》杂志承办的“2014 亚太项目管理大会”在北京航空航天大学新主楼会议中心成功召开。

大会的主题为“通过项目实现价值”，通过国内外项目管理相关领域专家学者及专业工作者之间的交流，促进项目管理能力的提升和项目管理水平的提高，并通过成功的项目实现合作共赢的价值、共建面向未来的亚太伙伴关系，同时跨越亚太、面向世界，推动全球项目管理的协同发展，促进全球经济和人类社会的共同进步。来自包括中国在内的亚太项目管理联盟 20 多个成员组织（国家或地区）、IPMA 的专家学者及项目管理专业工作者共 400 余人出席会议，交流探讨当前项目管理理论研究、高端人才培养和实践应用成果。本届大会围绕大会主题和分论坛主题广泛征集了反映理论研究成果和实践应用成果的中英文论文，入选论文在大会分论坛交流，并择优推荐在中、英文学术期刊上发表。此外，大会还举行了亚太项目管理大奖、中国项目管理成就奖、中国项目管理优秀论文奖的颁奖仪式，以引领和鼓励更多的有志之士投身于项目管理事业。其中，东南大学宁延先生荣获“杰出项目管理研究奖”，中国石油广西石化公司、南车株洲电力机车研究所有限公司、北京驭时德隆科技有限公司获得“卓越项目管理实践奖”，还有 10 篇论文获得“中国项目管理优秀论文奖”。

36. 2014 年 12 月 1—2 日，由 IPMA 主办、PMRC 承办的 IPMA 第二届项目

管理研究大会在天津南开大学成功召开。来自法国、德国、中国、澳大利亚等十几个国家的专家和学者出席了会议。开幕式由 IPMA 研究委员会主席、PMRC 常务委员、南开大学商学院戚安邦教授主持。参会学者在两天的学术活动中，通过“简短发言”和“自由讨论”等新颖的学术探讨模式，讨论项目管理理论与项目管理实践的结合，重点讨论了中国式项目管理和中国项目管理学派问题。本次会议为向国际学者诠释中国管理智慧提供了重要契机。

37. 2015 年 6 月 27—28 日，在北京天健宾馆举行“2015（第八届）中国项目管理应用与实践论坛”，本次论坛的主题为“项目管理助推企业变革与创新”，由 PMRC、IPMP 中国认证委员会、《项目管理技术》杂志主办，西安华鼎项目管理咨询有限责任公司、弗戈工业媒体承办，与会代表逾 300 人。

会议第一天的主论坛邀请了国内外知名项目管理专家和国际特级/高级项目经理进行了精彩报告，旨在与大家共同分享项目管理的成功经验，促进和提升项目管理的水平。本次论坛颁发了“第十届中国 IPMP 杰出/优秀国际项目经理大奖”（20 名）、“2015 中国项目管理实践杰出成果奖”（6 名）、“2015 中国最美项目经理奖”（6 名）3 个奖项。主论坛演讲主题鲜明，内容丰富，各位演讲嘉宾为大会带来了一场精彩的项目管理理论知识与实践经验的饕餮盛宴。

38. 组织参加了 2015 年 9 月在巴拿马召开的 IPMA 理事会及第 29 届项目管理全球大会，参与 IPMA 成立 50 周年及 IMPA YC 成立 10 周年纪念活动。

39. 2015 年 10 月 24—25 日，在西北工业大学国际会议中心举行“2015（第十三届）中国项目管理大会暨中国特色与跨文化项目管理国际论坛”，大会以“项目管理与组织环境”为主题，关注项目管理组织环境。同时，会议还提出并谋划了中国项目管理学派的基本思路与构想，希望为现代项目管理思想和方法注入更多的“中国智慧”。来自政府部门、高等院校、科研院所、企事业单位的项目管理专家和专业工作者 200 余人参加了本次大会。

大会由 IPMA、双法研究会支持，由我国唯一跨行业、跨领域的项目管理专业组织——PMRC、全国项目管理领域工程硕士教育协作组、西北工业大学联合国内行业性、地区性项目管理专业组织及项目管理专业机构共同组织召开。大会开幕式由 PMRC 副主任、西北工业大学管理学院院长、国际项目管理研究院副院长赵嵩正教授主持并致辞。在开幕式上，西北工业大学副校长张卫红代表主办方对大会表示祝贺。会上组织评选了 2015 年度“中国项目管理成就奖”（3 家单位）和“优秀论文奖”（10 篇）并在“2015（第十三届）中国项目管理大会暨中国特色与跨文化项目管理国际论坛”上颁奖。

40. 2016 年 3 月 30 日，IPMP 中国认证委员会 2016 年度工作会议在广州珠江宾馆召开。会议由 IPMP 中国认证委员会钱福培主席委托欧立雄委员主持。首先，钱福培主席说明了自己卸任请求的情况，PMRC 秘书长欧立雄介绍了陈小筑主任的批复意见并宣读了 PMRC“项研字〔2016〕001 号”文件“关于 IPMP 中国认证委员会主席任职调整的决定”，同意钱福培教授辞去 IPMP 中国认证委员会主席职务，任命欧立雄教授接任 IPMP 中国认证委员会主席。随后，按照既定安排，由欧立雄主席传达了 IPMA 里加会议精神，介绍了 ICB4.0 与 ICB3.0 的区别及 ICR 的变化情况。委员们分别对新的标准及 ICR 的变化进行了充分的讨论并确定了接下来的工作重点。接着各个委员认真详细地检查了 2015 年的工作完成情况，落实了 2016 年的工作计划。会议讨论了关于“增选评估师”的议案，初步确定了今年评估师会议的相关内容；讨论了“认证委员会与评估师交流沟通平台”的定位问题，分别对评估师论坛、微信群两个主要平台做了定位。

最后，钱福培教授对本次会议做了总结并对接下来的工作提出了希望。全体委员对钱福培教授为开拓中国项目管理事业和 IPMP 在中国的发展所做出的巨大贡献表达了由衷的敬意和感谢。

41. 2016 年 6 月 18—20 日，在西安西北工业大学成功举行了 IPMA®全球项目管理咨询师两级认证体系（The IPMA® universal two-level certification for PM Consultants，IPMC）在中国区的首次认证。IPMC 是面向项目管理咨询人员能力的国际认证体系。根据项目管理咨询层面的不同，将项目管理咨询人员的能力认证分为两个级别，即为单个项目组织层面提供项目管理咨询服务的专业人员和为项目集群、项目组合或组织（企业）层面提供多项目管理咨询服务的专业人员，这两个级别认证合格的项目管理咨询人员分别称为：国际项目管理咨询师（IPMA-PMC®）和国际战略项目管理咨询师（IPMA-PPMC®）。

IPMC 基于全球认可的一致标准，基于“项目管理咨询能力=项目管理能力+管理咨询能力”的定义，对从事项目层面和组织层面项目管理咨询工作者的项目管理能力、管理咨询能力及职业道德操守进行公正、客观且具有国际公信力的评价。由 IPMA 授权其在中国的唯一认证机构——PMRC 颁发，IPMA 注册认可，在包括但不限于 IPMA 66 个成员国有效。

为保证 IPMC 在中国运行的认证程序及标准与国际上的一致性，IPMC 在中国区的首次认证由 IPMA 认证审核管理委员会前主席、瑞士著名项目管理专家汉斯先生与由 IPMA 批准的 5 位中国首席评估师（陈德泉、马旭晨、薛岩、白思俊、欧立雄）共同完成，我国首批共 7 位项目管理咨询人员申请并参加了 IPMA-PMC®和 IPMA-PPMC®两个级别的认证。

42. 2016 年 7 月 23—24 日，“2016（第九届）中国项目管理应用与实践论坛”在贵阳市贵州国际会议中心隆重开幕，本次论坛的主题为“一带一路，项目管理助力企业走出去”，由 PMRC、IPMP 中国认证委员会、《项目管理技术》杂志联合主办，西安华鼎项目管理咨询有限责任公司、贵州省项目管理协会共同承办，来自企业及相关部门的项目管理专业人士 300 余人参加了本次论坛。

会议主论坛邀请了国内外知名专家进行了精彩的演讲，旨在与大家共同分享将文化融入项目管理，促进和提升项目管理的水平，为中国项目管理研究者、实践者搭起了一座沟通共享的桥梁。一年一度的项目管理颁奖典礼也如期而至，本次论坛颁发了“第十一届中国 IPMP 十佳杰出国际项目经理大奖”“第十一届中国 IPMP 十名优秀国际项目经理大奖”“2016 年中国项目管理实践杰出成果奖”3 个奖项。“中国项目管理应用与实践论坛”是一个定位服务于我国各行各业项目管理实践者的应用、实践与经验共享的高层次、专业性、实践性论坛，是中国项目管理界的一项年度顶级盛会。

43. 2016 年 9 月 8 日，由 PMRC、上海市浦东新区科学技术协会、上海市浦东新区项目管理协会、上海交通大学教育集团、上海交通大学继续教育学院等联合举办的工业 4.0 时代的项目管理——上海市浦东新区第八届学术年会项目管理高峰论坛在上海市科技馆二号楼报告厅隆重开幕。“工业 4.0”在当下已经成为炙手可热的概念。纵观“工业 4.0”的应用领域，可以清晰地发现“工业 4.0”目前的重点聚焦在提高工业核心价值的创造上，而“中国制造 2025”强力推动的“智能制造”的聚焦点也在于此。无论是宏观工业 4.0 的策略架构还是聚焦智能制造的体系构建，无论是系统的简单应用与解决方案整合，还是新型工业企业实现互联，新业态的发展趋势为项目管理带来了更多的机遇，同时也提出了更高的要求。在智能技术、互联网环境下如何运用系统的方法对项目进行合理有效的管控，提升项目管理的质量和项目的效益成为工业 4.0 时期对项目管理工作的巨大挑战。

论坛围绕“工业 4.0”与“项目管理”主题，针对企业关注的热点和痛点，邀请来自政府、行业协会、大学、企业等方面的嘉宾进行深入探讨和分享，政产学研用联动，梳理政策导向、分析技术趋势、分享成功案例和最佳实践经验，深度剖析与现场互动交流相结合。来自政府相关部门、相关领域研究机构、制造型企业、工业 4.0 及智能制造领域解决方案供应商、工业 4.0 与智能制造相关领域的投资机构、协会等组织的 160 余位专业人士参加了本次活动。

44. 2016 年 11 月 5—6 日，在北方工业大学举办了首届全国高等院校项目管理大赛，大赛目的在于进一步推动项目管理理论和实践成果在中国高等院校青年大学生中的普及和应用，促进中国项目管理的专业化、信息化、国际化和项目经理的职业化。

45. 2016 年 11 月 26—27 日，“2016 中国项目管理大会暨中国特色与跨文化项目管理国际论坛”在西安举办。本届大会以“项目管理标准化与个性化”为主题，300 余名来自全国各地的专家、学者及项目管理专业人士汇聚西安，探讨项目管理跨文化交流日益频繁的背景下，中国如何通过平衡项目管理标准化与个性化，把握发展契机，形成具有中国特色的项目管理发展道路。

本届大会由 PMRC、全国项目管理领域工程硕士教育协作组、西北工业大学联合主办，西北工业大学管理学院、西北工业大学国际项目管理研究院、西安石油大学经济管理学院共同承办，并得到了双法研究会、IPMA、丝绸之路国际总商会的大力支持。

开幕式上，西北工业大学党委书记张炜教授代表 PMRC 主任陈小筑女士及西北工业大学致辞，他简要介绍了西北工业大学的基本情况、所取得的主要成绩和管理学科的发展现状。张炜指出，在经济全球化及我国实施“走出去”和“一带一路”的背景下，跨文化的项目管理及项目管理国际交流已成为“新常态”，项目管理标准化和个性化研究显得尤为必要，他希望与会专家学者以此次会议为契机，贡献更多有效成果。全国项目管理领域工程硕士教育协作组组长、清华大学国际工程项目管理研究院副院长王守清，双法研究会秘书长李建平，IPMA 主席莱因哈特·瓦格纳，西安石油大学党委书记赛云秀等先后致辞。开幕式由 IPMA 副主席、PMRC 副主任兼秘书长欧立雄主持。西北工业大学副校长张卫红教授也出席了开幕式。

与会同期召开了 PMRC 代表大会，开展 2016 年的换届工作，选出了第七届领导班子，名单如下。

顾问委员：

陈德泉　中国科学院科技政策与管理科学研究所，研究员

陈信祥　首都信息发展股份有限公司，原董事长

郭宝柱　中国航天科技集团公司原科技委，副主任

胡新渝　中国国际人才交流协会执行局，原常务副局长

黄　强　甘肃省副省长

刘荔娟　上海财经大学，教授

钱福培　国际项目管理协会，原副主席/西北工业大学，教授

邱菀华　北京航空航天大学经济管理学院，教授

王瑶琪　央财经大学，副校长

吴　涛　中国建筑业协会，副会长

叶金福　西北工业大学，原党委书记

张汉亚　中国投资协会，原会长

周锡生　中国搜索信息科技股份有限公司，总裁

名誉主任委员：

钱福培　国际项目管理协会，原副主席/西北工业大学，教授

主任委员：

陈小筑　西北工业大学，党委书记

常务副主任委员：

欧立雄　西北工业大学国际项目管理研究院副院长，教授

秘书长：

郭云涛　西北工业大学管理学院，副教授

副主任委员：

白思俊　西北工业大学管理学院，教授

车阿大　西北工业大学管理学院院长，教授

戴大双　大连理工大学管理与经济学部主任，教授

丁荣贵　山东大学管理学院，教授

符志民　中国航天科工集团公司第二研究院，院长

卢向南　浙江大学管理学院，教授

戚安邦　南开大学商学院，教授

赛云秀　西安石油大学党委书记，教授

尚　志　中国航天科技集团公司宇航部部长，研究员

王守清　清华大学国际工程项目管理研究院副院长，教授

薛　岩　北京大学软件与微电子学院，教授

尤　完　中国建筑业协会工程项目管理委员会副会长，教授

副秘书长：

包晓春　上海普华科技发展有限公司，高工

常淑荼　中国电力出版社世纪东方出版中心副总经理，编审

韩连胜　天津市道特企业管理咨询有限公司总经理，副高级经济师

揭津荣　武汉高登管理咨询有限公司董事长，高级经济师

潘志毅　云南省项目管理协会，会长

沈建明　国防项目管理培训认证中心，主任

宋　蕊　河北省项目管理协会会长，教授

王祖和　山东科技大学，教授

吴志东　厦门远众人力资源管理有限公司总经理，高级经济师

杨　怡　贵州省项目管理协会，秘书长

詹　伟　中国科学院大学工程科学学院教研室主任，副教授

张星明　《项目管理技术》杂志主编，教授级高工

46. 2017 年 6 月 17—18 日，“第十届中国项目管理应用与实践大会”在广州阳光酒店国际会议中心隆重开幕，大会吸引了来自全国各地的近 500 名代表。本届大会的主题为“项目化管理与企业新动能”。

大会由 IPMA、PMRC、IPMP 中国认证委员会、西北工业大学管理学院、《项目管理技术》杂志、《项目管理评论》杂志主办，由 IPMP 中国总授权单位——西安华鼎项目管理咨询有限公司、广东蓝海工程管理有限公司，并联合国内行业性、

地区性项目管理专业机构共同组织召开。PMRC 副主任、西北工业大学管理学院院长车阿大教授，IPMA 副主席英格·克劳斯（Inga Klaus），PMRC 发起人、名誉主任、IPMP 中国认证委员会原主席钱福培教授，PMRC 副主任、西北工业大学白思俊教授，广州讯联通信科技股份有限公司总裁罗翼，《项目管理技术》杂志主编张星明，广东蓝海工程管理有限公司总经理、PMRC 委员赖化宇等专家学者出席开幕式。开幕式由 PMRC 秘书长郭云涛主持。

会议同期组织评选了“2017（第十二届）IPMP 国际杰出项目经理奖”“2017（第十二届）国际优秀项目经理奖”“2017 项目管理应用与实践杰出成果奖”，并在“2017（第十届）项目管理应用与实践论坛”上举行了颁奖仪式。

47. 2017 年 9 月 5—7 日，PMRC 组织参加 IPMA 第 30 届项目管理全球大会，此次盛会在哈萨克斯坦首都阿斯塔纳举行，中国代表及中国项目在会上取得了丰硕的成果和荣誉。中国申报的国家电力投资集团公司所属山东电力工程咨询院有限公司（下称“山东院”）总承包建设的国投湄洲湾第二发电厂 2×1000MW 工程项目（下称“湄洲湾项目”），凭借卓越的项目管理能力，在与世界知名大型项目竞争中脱颖而出，被授予国际卓越项目管理金奖。

作为本届大会超大型项目评选出的唯一金奖，湄洲湾项目是我国首个获此殊荣的电力项目，标志着我国电力项目管理与国际标准实现对接，引领国际先进水平。

在本届大会上，湄洲湾项目经理、山东院副总经理宫俊亭获得 2017 年度唯一一个“IPMA 成就奖·年度项目经理金奖”，成为我国获得该荣誉的第一人。项目及项目经理同时获得 IPMA 最高等级奖项，在我国项目管理历史上尚属首次。

48. 2017 年 9 月 15 日上午，全国工程管理专业学位研究生教育指导委员会（下称“MEM 教指委”）与 PMRC 暨 IPMP 中国认证委员会，在大连成功签订了关于工程管理硕士（MEM）与国际项目管理专业资质认证（IPMP）合作框架协议。出席本次签字仪式的指导委员会人员有教指委副主任叶金福教授，教指委副秘书长、清华大学研究生院副院长张伟教授，教指委委员、天津大学王雪青教授，以及教指委秘书处相关工作人员。PMRC 常务副主任、IPMP 中国认证委员会主席欧立雄教授，IPMP 中国认证委员会市场委员会主任白思俊教授等出席了签字仪式。

签字双方均积极致力于在工程管理与项目管理领域采取多种形式，推动工程管理专业硕士教育与国际项目管理专业资质认证合作，努力提升工程管理专业硕士教育与国际项目管理专业资质认证的水平和声誉。经双方友好协商，本着“互惠互利、共同提高”的精神，及“高标准、严要求、重声誉、保质量”的工作目标，签订了合作框架协议。

49. 2017 年 9 月 16—17 日，首届《项目学》学科发展高端论坛在西北工业大学举行，主题为“《项目学》学科建设与发展”。中国工程院院士、PMRC 原主任徐德民，中国科学院院士、西北工业大学副校长魏炳波，双法研究会理事长池宏，MEM 教指委副主任叶金福，国家自然科学基金委管理科学部专家咨询委员会原委员徐伟宣，中国建筑业协会副会长兼秘书长吴涛，双法研究会原理事长、中央财经大学管理科学与工程学院名誉院长陈德泉，双法研究会原理事长、中国科学院科技政策与管理科学研究所计雷，上海交通大学工程管理研究所林少培，PMRC 名誉主任钱福培，首都信息发展股份有限公司原董事长陈信祥，中国管理科学学会项目管理专业委员会主任、清华大学国际工程项目管理研究院副院长强茂山，北京大学软件与微电子学院教授薛岩，大连理工大学经济与管理学部教授戴大双，西北工业大学国际项目管理研究院副院长、国际项目管理协会副主席欧立雄等，与项目学相关的理论界和实践界专家学者齐聚古都西安。

中国工程院院士、国务院学位委员会管理工程学科评审组召集人、西安交通大学管理学院名誉院长汪应洛，中国工程院院士、大连理工大学管理与经济学部教授王众托，以及徐德民、魏炳波等，担任论坛指导委员会成员。

50. 2017 年 10 月 28—29 日，2017（第二届）高等院校项目管理大赛成功举办。本次大赛于北方工业大学举行，北京大学、清华大学、北京航空航天大学、同济大学、西北工业大学、中国矿业大学等来自全国的 34 所院校、73 支队伍、292 名选手参加了比赛。相较于 2016 年 11 月举办的 2016（首届）全国高等院校项目管理大赛，无论在参赛院校数量、参赛学生人数、涉及专业的广度等方面都有较大的增加。

51. 2017 年 10 月 28 日，2017（首届）高等院校项目管理课程研讨会在北方工业大学圆满落幕。在高等院校创“双一流”学科、探求“内涵式发展”的背景下，探讨教学研讨促进学术能力与业务能力对接正逢其时。研讨会由 PMRC 主办，北方工业大学土木工程学院承办。本届研讨会邀请了西北工业大学、清华大学、北京大学、北京航空航天大学等 7 所高校的教师分享了项目管理教学经验，并围绕项目管理课程建设主题展开了深入而全面的交流与研讨。

52. 2017 年 11 月 25—26 日，“2017 中国项目管理大会暨中国特色与跨文化项目管理国际论坛”在昆明召开。本届大会以“战略导向的项目管理”为主题，300 余名来自全国各地的专家、学者及项目管理专业人士汇聚昆明，探讨通过项目实施组织战略。本届大会由 PMRC、云南省项目管理协会、西北工业大学联合主办，云南省项目管理协会、昆明市建筑设计研究院集团有限公司共同承办，并得到了双法研究会、IPMA 的大力支持。

开幕式上，PMRC 常务副主任欧立雄教授代表 PMRC 主任陈小筑女士致辞，IPMA 主席莱因哈特・瓦格纳先生，云南省高新技术企业发展促进会会长、云南省科技厅党组书记、厅长龙江先生，云南省项目管理协会副会长、昆明市建筑设计研究院集团有限公司董事长、PMRC 常务委员杨宝璋先生先后致辞。开幕式由 PMRC 秘书长郭云涛主持。

与会同期组织评选 2017 年度（第八届）项目管理成就奖、2017 年度（第五届）项目管理优秀论文奖，并在“2017 中国项目管理大会暨中国特色与跨文化项目管理国际论坛”上专设颁奖典礼，举行了本年度项目管理成就奖、项目管理优秀论文奖颁证仪式。

第 16 章

稳健发展阶段

1. 2018 年 3 月 25 日，IPMA 理事会等系列会议在柏林召开，PMRC 副主任薛岩教授经 IPMA 理事会全体会议代表投票选举，当选 IPMA 顾问委员会委员，任期 3 年。

2. 2018 年 8 月 18—20 日，IPMA Delta®组织项目管理能力国际认证专家组欧立雄、薛岩、尤完，按照 IPMA 组织项目管理认证（IPMA Delta®）要求对瑞和安惠项目管理集团有限公司进行了为期 3 天的认证工作。

3. 继上年度 MEM 教指委与 PMRC 暨 IPMP 中国认证委员会正式签订的关于工程管理硕士（MEM）与国际项目管理专业资质认证（IPMP）合作框架协议，首批 25 所培养单位获准 IPMP 认证合作资格后，2018 年 8 月，MEM 教指委启动了第二批 IPMP 资质认证合作单位的申报工作。经专家评审组评审，在 11 月确定公布了第二批共 13 所培养单位获得开展 IPMP 认证的合作资格。获得认证合作资格的培养单位即可根据合作实施细则在合作有效期（5 年）内开展认证工作，并及时总结经验，不断提高工程管理硕士培养质量。

4. 2018 年 9 月 14—15 日，《项目学》专著统稿会议在西北工业大学举行，会议针对《项目学》专著各章节内容构成进行积极的讨论。随着全球新的市场竞争格局形成、社会项目化特征日趋明显，以项目为载体的创业创新、发展变革日益成为组织成长、经济发展和社会进步的主导力量。在此背景下，如何构建项目管理基础理论，把“项目学”从抽象概念转化为具体框架成为业内关注的焦点。

PMRC 名誉主任钱福培，首都信息发展股份有限公司原董事长陈信祥，西北工业大学国际项目管理研究院副院长、IPMA 副主席欧立雄等 15 位与项目学相关的理论界和实践界专家学者参加了会议。

5. 2018 年 4 月及 10 月，根据高等教育自学考试项目管理（本、专科）专业与国际项目管理专业资质认证体系（IPMP）结合计划的相关安排，完成了两次命题及考试的工作。

6. 2018 年 10 月 30 日，IPMA 2018 年度国际卓越大奖颁奖盛典在芬兰赫尔辛基隆重举行。PMRC 推荐的重庆联盛建设项目管理有限公司的内蒙古少数民族文化体育中心和中国石油云南石化股份有限公司的中国石油云南石化 13MMTA 炼油厂项目凭借卓越的项目管理能力，在与世界知名大型项目竞争中脱颖而出，被授予国际卓越项目大奖金奖和银奖；中国石油云南石化 13MMTA 炼油厂项目的项目经理宋官武先生荣获 2018 年度全球项目经理成就奖金奖。

7. 2018 年 12 月 1—2 日，“2018 中国项目管理大会暨中国特色与跨文化项目管理国际论坛”在上海召开。本届大会以“VUCA 时代的项目管理”为主题，来自高等院校、科研院所、企事业单位的近千名项目管理专家和业内人士参加了大会。

本届大会由双法研究会、IPMA 支持，由我国唯一跨行业、跨地区的项目管理专业组织——PMRC 与西北工业大学、华东理工大学、《项目管理技术》杂志、《项目管理评论》杂志联合主办，华东理工大学商学院、西安华鼎项目管理咨询有限责任公司承办，全国工程管理硕士专业学位研究生教育指导委员会、陕西省项目管理学会、陕西省项目管理协会、上海普华科技发展股份有限公司、项目管理者联盟、上海质远信息技术服务有限公司、中国质量俱乐部、深圳市蓝云软件有限公司协办。

大会开幕式上，华东理工大学副校长吴柏钧，PMRC 副主任、西北工业大学管理学院院长车阿大分别代表主办方对大会表示祝贺并致辞。IPMA 理事会主席莱因哈特・瓦格纳代表 IPMA 致辞，并预祝大会圆满成功。大会开幕式由 PMRC 秘书长、西北工业大学管理学院副院长郭云涛主持。

PMRC 发起人兼名誉主任、IPMP 中国认证委员会原主席钱福培教授，《国际项目管理期刊》主编玛蒂娜・哈曼（Martina Huemann），芬兰项目管理研究所董事长马蒂，芬兰项目管理研究所总裁泰波・努米宁（Teppo Nurminen），全国工程管理专业学位研究生教育指导委员会副秘书长张伟，PMRC 常务副主任、IPMP 中国认证委员会主席、IPMA 副主席、西北工业大学教授欧立雄，华东理工大学商学院院长阎海峰，PMRC 副主任、西北工业大学教授白思俊，《项目管理评论》杂志副总编常淑茶，《项目管理技术》杂志主编张星明等出席了开幕式。

随后，PMRC 副主任、西北工业大学管理学院白思俊教授主持了颁奖典礼和授牌仪式。颁发了国际卓越项目管理（中国）大奖（北京新机场建设项目）、IPMA Delta®组织项目管理能力国际认证（瑞和安惠项目管理集团有限公司）和“中国项目管理优秀论文奖”；举行了第二批工程管理硕士与国际项目管理专业资质认证合作单位授牌仪式、《100 个项目管理实践故事》发布仪式。

大会还邀请了多位嘉宾，就相关主题发表主旨报告。国内外业界大咖以重磅、有料的报告带来了一场理论与实践共促的思想盛宴，包括：莱因哈特・瓦格纳的“VUCA 时代组织的适应、变革与转换”、玛蒂娜・哈曼的“没有不确定性就没有机会”、泰波・努米宁的“VUCA 时代团队建设的重要性”、惠生工程（中国）有限公司副总经理兼工程管理部总经理王志成的“大型工程的跨国项目管理”、北京新机场建设指挥部总工程师李强的“北京新机场建设工程及其项目管理创新实践”、钱福培和欧立雄的关于“项目学的发展”、中国石化工程建设有限公司项目执行中心主任白玉强的“以一站式服务 开拓深耕泰国市场——泰国 IRPC 聚丙烯 EPCC 项目总结”、全国工程管理专业学位研究生教育指导委员会副秘书长张伟的“国际工程管理硕士专业学位教育”、中国质量俱乐部联合创始人孙磊的“创新与设计开发质量管理理论与实践”、中国能源建设集团东北电力第三工程公司副总经理常琦轩的“高效优质履约国际项目——孟加拉巴拉普库利亚二期电站纪实”、重庆联盛建设项目管理有限公司创始人雷开贵的“追求卓越 打造建筑艺术精品——内蒙古少数民族群众文化体育运动中心基于 BIM 技术的全过程咨询服务”、中国石油云南石化有限责任公司副总经理宋官武的“大型炼化工程项目管理模式的探索与实践”。

大会设置了“项目管理应用与实践论坛”“中国特色与跨文化项目管理国际论坛暨《国际项目管理期刊》主编见面会”“企业项目管理论坛”“国际工程管理教育论坛”“质量与可持续发展论坛暨中国质量俱乐部 11 周年质量大会”“青年项目管理者论坛暨全国高等院校项目管理大赛颁奖典礼”等。

8. 2018 年 12 月 2 日，2018（第三届）高等院校项目管理大赛暨国际项目管理大赛中国区预选赛在上海落下帷幕。来自北京大学、北京航空航天大学、北京理工大学、南京大学、武汉大学、西北工业大学、中央财经大学、华东理工大学、长安大学、北京邮电大学等高校的 80 余支代表队、近 400 名选手参加了决赛。

9. 组织评选了第十三届 IPMP 国际项目经理大奖。第十三届 IPMP 国际项目经理大奖评审委员会根据评审规定对参选人员的资格进行了认真、严格的评议，最终从申请参选的项目管理精英中选出“第十三届中国十佳杰出、十名优秀国际项目经理”共 20 名。

10. 2019 年 3 月 30 日，在丹麦哥本哈根召开的 IPMA 理事会全体会议上，经来自全球 72 个国家或地区的理事会代表投票表决，PMRC 常务副主任欧立雄教授、副主任薛岩教授被授予 IPMA 荣誉会员称号。IPMA 荣誉会员仅授予对项目管理理论与实践或 IPMA 发展做出突出贡献的个人。候选人通过两种途径产生：

一种是由 IPMA 各成员国或地区组织推荐、经 IPMA 执行委员会审核通过后正式提名；另一种是由 IPMA 执行委员会直接提名、经 IPMA 各成员国或地区组织认可。最终由 IPMA 理事会全体会议投票表决。自 IPMA 于 1965 年成立以来，全球共有 40 人被授予 IPMA 荣誉会员称号，中国有 3 人，包括 PMRC 名誉主任、西北工业大学的钱福培教授。

11. 2019 年 7 月 1 日，IPMP 中国区正式全面启用基于 ICR4.0 和 ICB4.0 的新认证标准。为此，IPMP 中国认证委员会组织开展了卓有成效的前期准备工作，组织翻译并于 2019 年 5 月正式出版发行了《个人项目管理能力基准》，组织开展了多次基于新标准的评估师培训、遴选了新的评估师、完成了认证体系文件及题库的开发工作，并进行了基于新标准的认证评估试点工作。

12. 2019 年 10 月 26—27 日，2019（第四届）全国高等院校项目管理大赛暨国际项目管理锦标赛中国赛区选拔赛在青岛科技大学举行。来自北京大学、北京航空航天大学、西安交通大学、西北工业大学、中国矿业大学、北京交通大学、北方工业大学、青岛科技大学、北京邮电大学、华东理工大学、江苏大学、上海大学、长安大学、昆明理工大学等 30 余所高校的 70 余支代表队，300 余名比赛学生及各个高校的指导老师参与了此次比赛。

13. 积极参与 IPMA 组织的活动，助力中国企业申报国际大奖。国家电网昌吉古泉直流电输变电站项目、宁夏煤业公司 400 万吨/年煤炭间接液化示范项目荣获“国际卓越项目管理大奖”银奖，宁夏煤业公司副总经理姚敏荣获国际项目管理项目经理大奖金奖。

14. 2019 年 11 月 2—3 日，“2019 中国项目管理大会暨中国特色与跨文化项目管理国际论坛”在西安大唐西市酒店隆重开幕，本届大会以“项目管理——系统化与敏捷化”为主题，350 余名来自全国各地的专家、学者及项目管理专业人士汇聚一堂交流探讨。当今世界，项目最活跃、最密集的地方在中国，中国的项目实践令世人刮目相看，在快速变化的新时代，如何将传统项目管理的系统化与敏捷项目管理更紧密地结合起来，将是本届大会研讨的重点。

大会由双法研究会、IPMA 支持，由 PMRC 与全国工程管理硕士专业学位研究生教育指导委员会、西北工业大学、《项目管理技术》杂志、《项目管理评论》杂志联合主办。西北工业大学管理学院、西北工业大学国际项目管理研究院、西安石油大学经济管理学院、IPMP 中国总授权单位——西安华鼎项目管理咨询有限责任公司承办，华普项目管理咨询有限责任公司等单位协办。

出席本届大会开幕式的主要领导和嘉宾有：西北工业大学大学党委副书记陈建有教授，双法研究会副秘书长林则夫教授，PMRC 发起人、名誉主任、IPMP 中国认证委员会原主席钱福培教授，IPMA 主席杰西・马丁内斯-阿尔梅拉先生，IPMA 理事会主席莱因哈特・瓦格纳先生，PMRC 顾问委员、中国建筑业协会原秘书长吴涛先生，PMRC 副主任、清华大学建设管理系教授/清华大学 PPP 研究中心首席专家王守清教授，PMRC 副主任、南开大学戚安邦教授，PMRC 副主任、西安石油大学党委书记赛云秀教授，西北工业大学管理学院党委书记李小聪研究员，机械工业信息研究院党委副书记周宝东先生，PMRC 常务副主任、IPMP 中国认证委员会主席、西北工业大学欧立雄教授，PMRC 副主任、西北工业大学管理学院白思俊教授，PMRC 副主任、北京大学软件与微电子学院薛岩教授，PMRC 副主任、IPMA 全球研究协调人、山东大学丁荣贵教授，PMRC 副主任、华鼎工程项目管理专家委员常务副主任、北京建筑大学经济管理学院尤完教授，《国际项目管理期刊》国际编委、《IEEE 工程管理学报》编辑评审委员会委员、北京科技大学东凌经济管理学院杨青教授，PMRC 副秘书长、《项目管理技术》杂志主编张星明先生，PMRC 委员、中国青年项目管理者俱乐部主席、北方工业大学赵丽坤副教授。

15. PMRC 组织评选了第十四届 IPMP 国际项目经理大奖。第十四届 IPMP 国际项目经理大奖评审委员会根据评审规定对参选人员的资格进行了认真、严格的评议，最终从申请参选的项目管理精英中选出“第十四届中国十佳杰出、十名优秀国际项目经理”共 20 名。

16. 2020（第五届）高等院校项目管理大赛暨国际项目管理锦标赛中国区选拔赛，在防疫非常时期于 2020 年 8 月 30 日以线上方式成功举办，并于 9 月 6 日举行了云颁奖典礼。本次大赛由 PMRC、IPMA 主办，天津城建大学、北方工业大学、IPMA 中国青年项目管理者俱乐部承办，上海普华科技发展股份有限公司、西安华鼎项目管理咨询有限公司、《项目管理评论》杂志、《项目管理技术》杂志支持。

本赛事已经成功举办了 5 届，吸引了来自清华大学、北京大学、北京航空航天大学、北京理工大学、西北工业大学、华东理工大学等全国高校大批学生参赛，并得到了各院校的高度认可和重视。今年在全球疫情的特殊情况下，大赛组委会大胆创新，克服了各方面的困难。在双法研究会领导、大赛承办单位、大赛支持单位，以及参赛团队的积极配合和支持下，第五届大赛以线上方式成功举行。为了保证大赛公平公正，全程采用了“在线考试平台智能监考+人工云监考”的监考方式，共开设 15 个在线考场，组建了 30 人的云监考团队，保证了大赛活动的圆满顺利。

来自全国各地 49 所高校、103 个团队的 412 名选手参加了本次大赛。通过激烈竞争，评出了研究生组、本科生组 2 个组别，包括个人特等奖、个人一等奖、个人二等奖、个人三等奖，团队特等奖、团队一等奖、团队二等奖、团队三等奖 8 个类别的奖项。有 80 余名参赛选手的成绩达到了 IPMP D 级认证的合格标准。

双法研究会理事长、中国科学院科技战略咨询研究院池宏研究员，PMRC 名誉主任、西北工业大学钱福培教授，PMRC 副主任、清华大学王守清教授，PMRC 副秘书长、常淑茶编审，天津城建大学经济与管理学院副院长王磊教授，上海普华科技发展股份有限公司包晓春董事长，西安华鼎项目管理咨询有限公司贾莉副总经理出席了大赛颁奖典礼并致辞。

PMRC 常务副主任、大赛评审专家委员会主任、西北工业大学欧立雄教授宣布大赛奖励决定。IPMA 中国青年项目管理者俱乐部（CYC）主席、北方工业大学赵丽坤副教授公布大赛获奖名单。参赛选手韩蒙（长安大学）和张园园（北京航空航天大学）代表获奖同学发表了获奖感言。

17. 为配合 IPMA 的全球年度项目经理大奖评选活动，组织评选了第十五届 IPMP 国际项目经理大奖。第十五届 IPMP 国际项目经理大奖评审委员会根据评审规定对参选人员的资格进行了认真、严格的评议，最终从申请参选的项目管理精英中选出“第十五届中国十佳杰出、十名优秀国际项目经理”共 20 名。

18. 2020 年 10 月 10—12 日，IPMA 认证委员会对 IPMP 在中国的运行情况进行了全面审核。IPMA 审核的目的是确保每个认证机构都有有效、可靠和以质量为中心的认证体系，并持续应用和维护该体系以满足 IPMA 国际认证标准（IPMA ICR）的要求。

这次进行评审的两位评审专家分别来自荷兰、澳大利亚。审核组两位专家采用线上方式，通过审核用表，基于 ICR4.0，从 600 多项问题中随机抽取了 100 多项问题，抽取调阅文档，访谈 IPMP 中国认证委员会主席、PMRC 负责人、A/B 级评估师、A/B 获证人员、规划组负责人、运营办公室负责人等流程，通过 3 天的审核，审核组对 IPMP 中国认证委员会工作给予了充分的肯定：IPMP 中国认证委员会全面完成了 ICR4.0/ICB4.0 的转换（A、B、C、D 4 个级别，项目、项目集群、项目组合，文档、流程、应用）；在应对不确定性情况（如新冠肺炎疫情）时快速反应能力强，并取得了良好的成果；认证机构的稳定性高，认证委员会主席及认证委员会具有能力担当；拥有高素质的跨行业、跨地域的评估师团队；拥有较长的历史和良好的服务在中国市场享有很高的声誉；建有良好的数据库体系（评估记录、题库、考生档案、管理文档等）。

同时，审核组也发现了需改进项，并提出了问题点和纠正期限要求。IPMP 中国认证委员会根据 IPMA 提出的问题点，已在规定期限内完成纠正项，使 IPMA 四级证书体系在中国运行更加符合 ICRG 的要求。

IPMP 中国认证委员会始终坚守中国 IPMP 事业发展宗旨：靠品牌扩大社会影响，靠质量树立 IPMP 权威，靠服务扩大认证生源，靠精神开拓项目管理事业。

19. 由于新冠肺炎疫情防疫的要求，原计划于 8 月 1—2 日在内蒙古呼和浩特举行的“2020 中国项目管理大会暨中国特色与跨文化项目管理国际论坛”取消。为了更好地推进中国 IPMP 认证的发展，为国内项目管理者提供更多的学习交流机会，PMRC、IPMA、IPMP 中国认证委员会联合筑龙学社、筑龙研究院、西安华鼎共同发起的“2020 中国项目管理高峰论坛”，于 2020 年 10 月 31 日—2020 年 11 月 7 日举行。本届论坛主题为“时间与风险”（Time&Risk），设两大分论坛，深度探讨项目管理人最关心的时间与风险管理等重大问题，分别为：设计管理与监理咨询版块高峰论坛、工程管理版块高峰论坛。期间举办了“第十五届 IPMP 国际项目经理大奖（中国区）”线上颁奖典礼，并全程转播了“IPMA 全球项目管理大奖”云颁奖典礼。2020 年 10 月 31 日晚，2020 中国项目管理高峰论坛在筑龙学社举行了开幕式，上千名建筑行业人士、项目管理专业人士通过直播同步观看。开幕式上，IPMA 认证委员会副总裁、下一任 IPMA 主席乔普·舍弗利（Joop Schefferlie）先生，PMRC 常务副主任、IPMP 中国认证委员会主席欧立雄先生，筑龙学社总裁丁艳青女士，IPMP 中国认证委员会办公室主任、西北工业大学教授白思俊先生，菲迪克（FIDIC）核信咨询服务有限公司总经理张瑞杰先生，西北工业大学国际项目管理研究院名誉院长、PMRC 名誉主任钱福培教授，中国建筑业协会原副会长/秘书长、山东科技大学特聘教授吴涛先生发表了致辞，希望中国项目经理做好自身职业规划，向国际化的平台去发展，同时鼓励项目管理同人参与到 IPMP 认证中，提升自己，共同发展中国项目管理事业。

论坛活动历时 4 天，举办了 27 场讲座，邀请了 42 位专家、学者和业界优秀管理者，就工程项目管理的发展趋势及工程建设领域项目管理的研究成果、观点视野、管理工具等进行了分享。来自工程设计、工程施工、工程监理、工程咨询以及风险监测与检测领域的 3700 余名建筑设计、建筑工程与项目管理专业人士参与此次论坛活动。

20. 2020 年，PMRC 推荐的 3 个中国项目全部入围全球卓越项目管理大奖，由北京新机场建设指挥部申报的“北京大兴国际机场建设项目”荣获全球卓越项目管理大奖金奖，由中国能建东电一公司申报的“孟加拉 PAYRA 2×660MW 燃煤电站一期工程”荣获银奖，由中国电力工程顾问集团西北电力设计院有限公司和中国能源建设集团天津电力建设有限公司申报的“巴基斯坦 CPHGC 2×660MW 燃煤发电项目”荣获铜奖。

21. 2021 年 5 月 14 日，PMRC 副主任、清华大学王守清教授荣获 IPMA“研究终身成就奖”。

22. 2021 年 6 月，由 PMRC 组织翻译的 IPMP《组织项目管理能力基准》正式公开出版发行，将为助力中国企业提升其项目管理能力发挥积极作用。

23. 在新冠肺炎疫情防疫形势依然严峻的背景下，为深入贯彻国家发展改革委、住房和城乡建设部联合印发的《关于推进全过程工程咨询服务发展的指导意见》（发改投资规〔2019〕515 号）文件精神，进一步推动全过程工程咨询服务在中国的全面发展，助力全过程工程咨询人才成长，在 IPMA、PMRC、中国工程咨询协会工程管理专委会、中咨工程管理咨询有限公司等指导和支持下，由筑龙学社通过在线教育平台举办了“新观察新变革新机遇——2021 全过程工程咨询论坛”公益直播论坛。论坛持续半年时间，从 2021 年 6 月 17 日—2021 年 12 月 30 日，邀请了行业领军人物、资深专家、学者教授、总咨询工程师等，站在行业前沿观察发展动态，汇集专业智慧推动行业发展，围绕全过程工程咨询业务进行深度研讨、经验总结、案例分享等。

6 月 17 日晚举办了公益直播论坛的启动仪式，IPMA 分管会员和青年工作的副主席伊冯娜·肖珀（Yvonne Schoper）教授，分管职业发展工作的副主席姆拉登·武科马诺维奇（Mladen Vukomanović）博士，分管标准与认证工作的副主席奥克萨纳·克利门科（Oxana Klimenko）博士，IPMA 秘书长阿明·赛义顿（Amin

Saidoun）先生，PMRC 常务副主任、IPMP 中国认证委员会主席欧立雄教授出席启动仪式并致辞。

24. 2021 年 7 月 10—11 日，2021（第六届）高等院校项目管理大赛暨国际项目管理锦标赛中国区选拔赛在河北工业大学成功举行。本届大赛由双法研究会、IPMA 主办，河北工业大学和 CYC 承办，上海普华科技发展股份有限公司、西安华鼎项目管理咨询有限责任公司协办，《项目管理评论》杂志、《项目管理技术》杂志等媒体对赛事进行了报道。

在当前新冠肺炎疫情的特殊情况下，本次大赛组委会大胆创新，克服了各方面的困难，以线上、线下相结合的形式同步举行。

本赛事由理论知识竞赛和软件模拟竞赛两个环节构成。理论知识竞赛环节为笔试，选手以个人为单位参加，竞赛试题涉及的项目管理知识范围以 IPMA 发布的 ICB 4.0 为基础，重点考察选手项目管理理论知识的掌握情况，成绩达到 IPMP D 级认证合格标准者，可直接申领 IPMP D 级证书。软件模拟竞赛环节以团队为单位参加比赛，竞赛基于普华项目管理信息平台，通过项目管理实战模拟，重点考察选手项目管理知识的实践应用和团队协作能力。国际项目管理锦标赛（Project Management Championship）是全球成立最早且最具影响力的国际项目管理专业组织——IPMA 主办的面向全球高校学生的全球性项目管理创新性竞赛。全国高等院校项目管理大赛作为国际项目管理锦标赛的中国区选拔赛，本届大赛遴选出中国石油大学（华东）、上海大学、西北工业大学、山东大学、清华大学 5 个团队，进入英文资格预选赛，具备条件的，将作为中国代表队参加国际项目管理锦标赛。今年 6 月，本赛事作为双法研究会大学生科普竞赛工作入选中国科协第十次全国代表大会交流材料。

本届大赛吸引了清华大学、北京大学、北京航空航天大学、北京理工大学、西北工业大学、华东理工大学、天津大学、山东大学、西安交通大学、北京科技大学、中国石油大学（华东）、北京邮电大学等 50 多所高校的 500 余名师生参加比赛。通过激烈竞争，决出了研究生组和本科生组两个组别，包括个人特等奖、个人一等奖、个人二等奖、个人三等奖，团队特等奖、团队一等奖、团队二等奖、团队三等奖 8 个类别奖项，中国石油大学（华东）、上海大学 2 所高校荣获研究生组团队特等奖；西北工业大学、山东大学、清华大学和昆明理工大学 4 所高校荣获本科生组团队特等奖。

25. 2021 年 9 月 25 日，PMRC 副主任、山东大学丁荣贵教授当选 IPMA 副主席，分管全球研究事务。

26. 2021 年 11 月 25 日，以 PMRC 主要开创者之一的钱福培教授为主线，反映 PMRC30 年发展历程的《吾心所向——我亲历的 PMRC 三十年》付梓出版。

27. 2021 年 11 月 30 日,《项目管理评论》杂志纪念 PMRC 成立 30 周年/IPMP 认证进入我国 20 周年增刊正式出版，封面主题：“PMRC：而立之年正芳华”。

附录

项目学——学科未来发展方向

时代的呼唤——论“项目学”的创建

钱福培

↗ 一、前日

时代的发展为项目管理提供了极为广阔的舞台，不管是发达国家还是发展中国家，都围绕着经济建设与文化建设加快着他们的前进步伐。即便是最不发达国家，也都在努力与贫困和疾病作斗争。所有这些都是通过一项一项具体任务来完成的，都是我们所说的“项目”。一位美国学者在他的《项目管理的时代》一文中认为，“战略管理和项目管理在应付全球新的市场变化中扮演着重要角色”。

当代项目管理的特征反映在很多方面；如项目的概念有了很大的变化；以项目形式出现的活动显著增多了；参与或涉及项目活动的人员在激剧增长；项目管理学术界的活动极为频繁；项目管理培训教育的需求也显著增长等。世界上两大项目管理学术组织，IPMA 和 PMI 先后于 1965 年和 1969 年成立，其会员人数都已是逾万人，他们的学术年会吸引着世界各国大量的专家学者。理论界目前已有众多学科介入了项目管理领域，探究着它们自身在项目管理中的应用价值。因此，20 世纪 90 年代项目管理以其强劲的发展势头向人们显示：项目管理的时代已经到来。

↗ 二、时代呼唤项目学

促进项目管理时代到来的根本原因在于项目的激剧变化与发展，项目变化的特征反映在群体方面是项目的类型和项目数量有很大增长，反映在个体方面是项目的规模、周期及复杂程度也有很大变化。正是这些变化促使人们要对项目进行全面而系统的研究。

（一）项目类型的变化

早期的项目概念，一般是指建筑施工项目。人们公认，人类最早、最成功的项目就是埃及的金字塔和中国的长城。现在的项目概念有了很大的变化，从广泛的建筑工程到科学研究、商业贸易及文化教育、社会服务等，各行各业都有自己的项目。例如，1992 年，IPMA 在 Florence 国际会议上安排的主报告——“Barcelona Olympic Games: A Successful Example of Project Management” 是组织巴塞罗那国际奥林匹克运动会的大型体育活动项目，而加拿大伤残人里奇 · 汉森（Rick Hansen）的环球旅行则是一个组织个人活动的项目。中国近年来提出的“863 计划”“211 工程”也都明确地提出要按项目进行管理。所有这些项目都有各自的目标和特性，它们是有别于建筑施工项目的。这就需要人们去研究探索项目的分类和各类项目的特征问题，研究各类项目的共性问题和它们各自的规律性问题。

（二）项目数量的变化

以我国为例，20 世纪 50 年代上马的项目是 156 个，而 1991—1996 年的基本建设项目达 29. 93 万个，其中大型项目达 1154 个。项目的发展是项目主体（国家、地区、或某个单位）发展的具体体现。但是任何一个主体的发展都是力求协调而有序地进行的，因此面对项目数量急速增长的情况，就有必要研究项目与项目之间、项目与环境之间协调发展的问题，项目的投入产出与项目的效益评估问题等。

（三）项目规模的变化

越来越多的迹象表明，随着人类科技水平、经济实力的增长，一些跨行业、跨地区甚至跨国的大型、特大型合作项目也越来越多。中国的长江三峡工程就是代表之一（该项目单是涉及的库区移民就有 100 多万人）。这类项目突出的问题是投资数额大、影响面大，因此，针对这类项目的可行性论证，项目的决策分析理论与方法，项目的风险管理等都是亟待研究的问题。

（四）项目周期的变化

项目周期的变化往往与项目规模和复杂程度的变化成正比，规模越大、越复杂的项目，其周期也越长。对于长周期项目，就需要很好地研究解决其计划跟踪、资源调配、资金投入期、组织机构和人员的有效参与等一系列问题。

（五）项目复杂性的变化

项目的复杂性变化既包括单个项目的复杂性，也包括多个项目的交织结合所带来的问题。因此，在项目管理的理论与方法上也出现了一些新的研究领域，如项目组织与项目型公司，项目文化及交叉文化问题，项目经理与项目主管责权利问题等。

以上各点是为了说明问题的方便而分项分析的。实际上，项目的变化是错综复杂的，常常是集多种变化于一身。但不管如何分析与表示，这些变化向人们提出了一个迫切需要解决的问题：把项目建设作为人类社会活动的一个重要方面来加以研究，探求并掌握其规律性，研究其有效的管理问题，已经是当今科学发展的一项重要而迫切的任务。中国著名科学家钱学森曾经说过：要实施教育就必须掌握教育的规律，而教育的规律从何而来？ 不能靠主观想象，要靠总结经验，也就是要把人类社会的教育事业作为社会活动的一个方面来研究，发现其固有的规律。我想这就是教育学。”作者认为项目学的情况与此极为相似。正是为了适应时代的需求，我们应该开展项目学的研究。这里所说的时代需求包括：对已有项目实践的科学总结，各类项目的属性及其发展规律性研究，项目管理方法与工具的研究等。

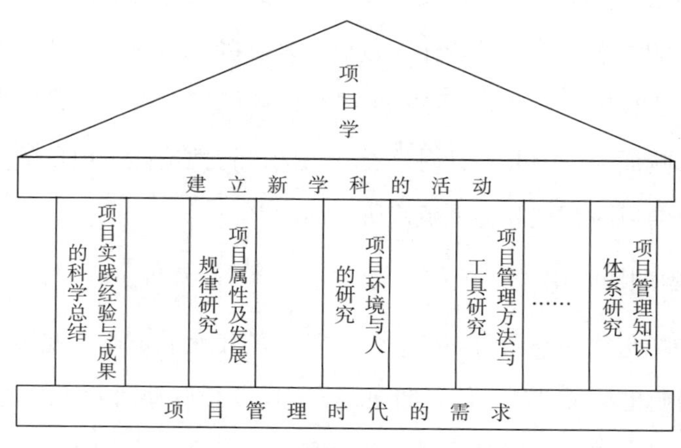

项目管理时代与项目学

三、项目学初探

（一）项目学的目的和任务

项目学是研究项目的形成、分类、特征和成长发展规律性的学科。它既包括个体项目发展规律性的研究，也包括群体与总体项目发展规律性的研究。项目学的任务除了研究探讨这些规律性以外，还应该研究如何开发与管理项目的问题，即以科学的管理理论和方法指导和管理项目的发展。

（二）项目学的基本内容

近年来国内外学术界对项目管理的发展动向均极为关注。综合来看项目学的基本内容可分为以下两个分支：基础项目学和应用项目学。

1．基础项目学

基础项目学研究的是各类项目的共性问题和有关项目发展的理论问题。例如：

（1）项目的定义、属性与特性分析。

（2）项目的分类研究。

（3）项目发展的动力机制及其生命周期研究。

（4）项目学的学科基础和相关学科研究。

（5）项目学的体系结构研究等。

此外，由于项目本身的实践性很强，世界各国均有悠久的历史和丰富的实践经验与成果，因此，项目史的研究也应划入此范围。

2．应用项目学

应用项目学研究的着眼点是在理论研究的基础上如何使项目能协调、健康地发展并按要求完成。从应用角度探讨项目学有极其丰富的内容。从纵向看项目有不同的层次，如国际性项目、国家级项目、地方性项目等；从横向看，项目有不同的规模、复杂程度；从时间段看，项目有不同的生命周期等。因此，应用项目学可从不同层次，不同视角，不同时段提出广泛的研究课题，例如以下几点。

（1）微观项目学研究研究单个项目的组织机构、实施与控制、环境影响、资源利用、效益分析等。

（2）宏观项目学研究可以分项目总体发展规律性研究和项目群体发展规律性研究。总体是指站在国家或某一地区高度研究如何使国民经济建设中的项目协调发展，群体是指从行业角度（如建筑施工、科技、技术改造等）和专业角度（如计划、成本、质量等）研究项目发展的有关问题。

（3）项目管理。项目管理这一分支的内容极其丰富，综合性也极强。例如，为了管理好项目，要用到各种管理理论和方法；为了提高管理水平，要努力提高管理人员的素质，还有项目管理的标准和政策法规研究等。近年来，国际专业学术组织在研究项目管理知识体系及其实施问题的同时，也在研究并推行项目管理证书制度。

其他还有项目文化、项目主管等方面的工作。

综合以上内容，作者提出了一个描述项目学的金字塔模型。

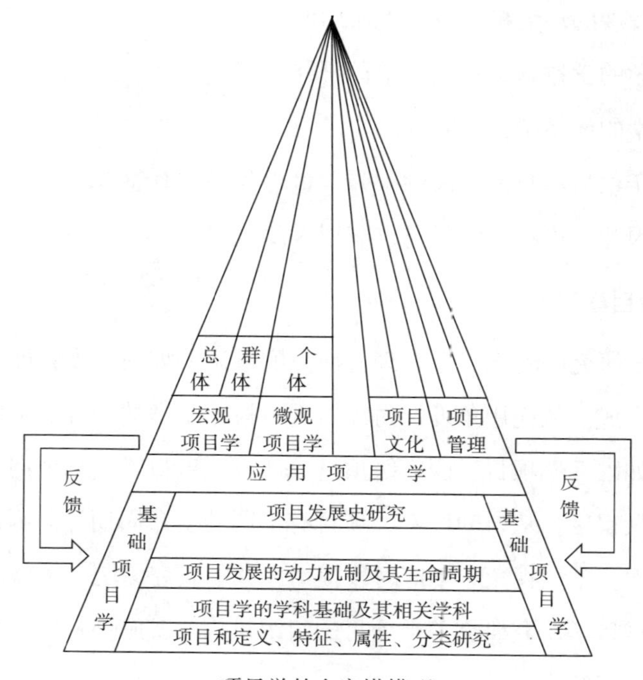

项目学的金字塔模型

在该模型中，项目学分为两个层次：基础层与应用层。应用层是在基础层基础上发展的，而应用中出现的问题又反馈回基础层各有关领域，使项目学的基础研究更加充实和完善。这两个层次中都有一些空白以待补充与发展新的内容。

四、结束语

20 世纪以来，学科运动中的分化与综合速度比以往任何时候都迅速，新学科层出不穷，有些学科高度综合，横跨了许多领域，有些学科则分化到极细微的分支。令人遗憾与不解的是具有广泛的行业覆盖面和悠久实践历史的项目领域至今却没有一门综合性的学科。尽管我们也看到一些论述项目管理的著作，但他们多是从某一特定的行业角度，或是特定的管理角度来研究特定的项目问题，而不是研究项目共性特征的著作。无疑这种状况对于项目及项目管理的发展是极为不利的。为了提高项目管理水平促进项目建设事业的发展，积极创建项目学新学科，已是摆在专业工作者面前的一项重要而又刻不容缓的任务。一门新学科的创建，必须有本学科特有的定义和研究对象；必须有经过细心研究而建立起来的理论体系；必须有能回答新问题、新情况、新挑战的逻辑起点和学科方法，以及展现新的发展领域和科学层次的能力。新学科的建立是一项艰巨而又进程缓慢的任务，也是一个不断探索、逐步完善的过程，要有几代专家学者的辛勤耕耘。这是时代赋予我们的重任，也是我们对时代的贡献。让我们为构筑项目学金字塔而奋斗，使它成为项目发展史中一座闪光的丰碑！

（本文原载于《科技进步与学科发展——“科学技术面向新世纪”学术年会论文集》，1998 年，有删改）

时代呼唤项目学

钱福培

项目学概念的提出已经二十余载，期间项目管理在我国蓬勃发展，以项目为载体的创业创新、发展变革日益成为组织成长、经济发展和社会进步的主导力量。然而，目前国际项目管理学界普遍认为，项目管理没有其自身的基础理论。

作为我国唯一跨行业的全国性项目管理专业组织，PMRC 组织开展项目学的研究、推动项目学科建设就有着重要的现实意义。我们希望通过相关研究，揭示各类项目生成和发展的内在特征和规律，深入认识项目全生命周期各阶段与各学科以及所处发展环境的互动关系，为项目管理学科奠定理论基础的同时，也为相关学科的发展呈现新的视角。

↗ 激变催生项目学

时代的发展为项目管理提供了极其广阔的舞台，不管是发达国家还是发展中国家，都围绕着经济建设与文化建设加快他们的前进步伐。即便最不发达的国家，也努力与贫穷和疾病作斗争。所有这些都是通过一项一项具体任务来完成的，都是我们所说的“项目”。

项目是在限定条件下，为完成特定目标要求的一次性任务。任何项目的设立都有其特定的目标。从广义的角度看，这种目标表现为预期的项目结束之后所形成的“产品”或“服务”。从上述项目的概念可以看到，项目的外延是广泛的，大到长江三峡工程建设，小到组织一次技术改造之类的活动。

“项目”既可以指一个具体的项目，也可以指一组或一群项目；“活动”既可以泛指项目活动，也可以指某个项目生命周期阶段的活动。正因为如此，人们可以从不同的类别、不同的角度来阐述或理解项目管理。

20 世纪 90 年代，项目管理发展强劲。面对项目数量的急速增长，有必要研究项目与项目之间、项目与环境之间协调发展的问题，项目的投入产出与项目的效益评估问题等。

随着全球新的市场竞争格局形成，项目呈现较大的变化，反映在群体方面是项目的类型和数量有很大增长，反映在个体方面是项目的规模、周期及复杂程度等变化。

但令人遗憾的是，具有广泛的行业覆盖面和悠久实践历史的项目领域，至今却没有一门综合性学科。尽管我们也看到一些论述项目管理的著作，但它们多从某一特定的行业、管理角度来研究特定的项目问题，而不是研究项目共性特征。无疑，这种状况对于项目及项目管理的发展是极为不利的。

项目的变化错综复杂，常常集多种变化于一身。正是这些变化使人们面临着巨大挑战，因此，呼吁学者进行项目学研究。

↗ 项目学是什么“学”

项目学是研究项目的属性、分类、特征及项目的形成与发展规律性的学科。它既包括个体项目发展的规律性研究，也包括群体与总体项目发展规律性的研究。

项目学的任务除了研究探讨这些规律性以外，还应该研究如何开发与管理项目的问题，即以科学的管理理论、方法指导和管理项目发展。

近年来，国内外学术界对项目管理的发展动向均极为关注。综合来看，项目学的基本内容可分为以下两个分支：基础项目学和应用项目学。

基础项目学研究各类项目的共性问题和有关项目发展的理论问题，例如，项目的定义、属性、分类、动力机制、生命周期、学科基础和相关学科、体系结构研究。此外，由于项目本身的实践性很强，世界各国均有悠久的历史和丰富的实践经验与成果，因此，项目史的研究也应划入此范围。

应用项目学研究的着眼点，是在理论研究的基础上如何使项目协调、健康发展并按要求完成。从应用角度探讨项目学有极其丰富的内容。从纵向看，项目有不同的层次，如国际性项目、国家级项目、地方性项目等；从横向看，项目有不同的规模、复杂程度；从时间段看，项目有不同的生命周期等。因此，应用项目学可从不同层次、不同视角、不同时段提出广泛的研究课题。

应用层是在基础层基础上发展的，而应用中出现的问题又反馈回基础层各有关领域，使项目学的基础研究更加充实和完善。这两个层次中都有一些空白以待补充与发展新的内容。

一门新学科的创建，必须有本学科特有的定义和研究对象；必须有经过细心研究而建立起来的理论体系；必须有能回答新问题、新情况、新挑战的逻辑起点和学科方法，以及展现新发展领域和科学层次的能力。新学科的建立，是一项艰巨而又进程缓慢的任务，也是一个不断探索、逐步完善的过程，需要几代专家学者的辛勤耕耘。这是时代赋予我们的重任，也是我们对时代应有的贡献。

（本文原载于《项目管理评论》，2017 年第 6 期，有删改）

项目学再思考：分化/聚合的逻辑

欧立雄

学科是一种知识体系。在现有学科体系的基础上，当我们探讨建立一门新学科时，实质意味着对原有学科体系的某种分化。在学科体系中，学科的分化对某一学科层次来讲是“分”，对其下一个层次而言则是“聚”，基于分化 / 聚合的逻辑，项目学的建立最终还得落实到“因何而分”与“何以为聚”上，回答为什么要建立项目学、项目学是什么样的学科等基本问题。

↗ 项目学意义何在?

“因何而分”的问题，实质是“为什么要建立项目学”。在已有项目管理学、系统工程学等学科支撑的情况下，建立项目学的意义何在？为什么在现有学科体系的基础上分化并聚合出项目学这样的新学科？

需求与挑战永远是创新与发展的根本动力，项目学的诞生也不例外。一方面，项目学是研究项目的学科，项目的内在属性、外在功用及时代背景等都对项目学的创建提出日益迫切的要求；另一方面，与项目相关的学科（如项目管理学）发展也对项目学的建设提出需求。

当前国际上主流观点认为，项目指一次性任务。此概念的提出，把人类有组织的活动一分为二，即重复性工作和一次性任务。一次性和独特性是项目的基本属性。重复性工作相对稳定，较易积累经验和探明规律。而整体上非重复性的一次性任务，各具特色且彼此相异，这类任务是否存在共同的固有特性、特征及其形成、发展规律需要深入研究，同时有必要研究不同类型项目存在的共性。因此，项目学应运而生。

随着时代变迁和环境特征的变化，人类社会中的一次性任务日益增多、占比显著增大。在此背景下，1995 年，西北工业大学钱福培教授提出“项目学”概念，并在同年举办的中国首届国际项目管理论坛上，作了题为《时代的呼唤——论“项目学”的创建》主旨报告，标志着“项目学”在学术领域浮现。

当今时代被称为“VUCA 时代”，即我们所处的时代变化更多，不确定性、模糊性和复杂性更高。它意味着，一成不变的重复性工作少了，项目型的一次性任务越来越多，管理的复杂程度越来越高。对项目发生、发展规律的研究显得尤为重要，项目学的重要性应时而升。

项目的目的性、一次性、独特性等内在属性决定其外在功用，项目已成为人类实施个体或群体战略，实现创新、变革与发展的主要载体或手段。着眼于人类发展的大视野，研究如何有效地通过项目实现战略目标、组织变革与创新发展将是项目学研究的重要领域，意义深远。项目不仅是一种管理对象，也是一种管理手段，项目学的外延应需而展。

伴随以项目为载体的创业创新，发展变革日益成为组织成长、经济发展和社会进步的主导力量。一方面，项目管理在过去几十年中长足发展，项目管理学作为一门独立学科得到业界广泛认同，国际学界普遍认为， 项目管理仍是一门应用型交叉学科，缺乏自身的基础理论；另一方面，大量项目型一次性任务的涌现、项目临时性组织的发展对经济、社会及环境等产生巨大影响，传统经济学、法学及社会学的发展面临项目发展的新情境。项目管理学及相关学科的发展，都迫切需要开展项目学研究，揭示各类项目生成和发展的内在特征和规律，深入认识项目全生命周期各阶段与各学科及发展环境的互动关系，为项目管理学科奠定理论基础的同时，也为相关学科发展呈现新视角。

↗　项目学走向何方?

“何以为聚”实质上是“如何聚合成项目学”的问题，也就是“项目学将建成一个什么样学科”的问题，涉及项目学的学科定位、体系框架和核心内容等学科基本问题。

1. 自成体系与分化落地

关于项目学的学科定位，需要界定其概念及在学科体系中的地位。

项目学定义为研究项目属性、分类、特征及项目形成与发展规律性的学科，其中，项目指人类为达成特定目标或者目的而进行的非重复性活动。

关于学科，存在两种含义：一种是指一定科学领域或一门科学的分支，即学科是分化的科学领域，是自然科学、社会科学概念的下位概念；另一种是指高校教学、科研等功能单位，是对高校人才培养、教师教学、科研业务隶属范围的相对界定。

鉴于项目的概念宽泛，不仅与战略、创新、发展、变革的实现密不可分，社会项目化的特征也越来越明显。因此，项目学的定位应兼顾上述两种学科含义，既是关于项目而分化出的科学领域，又是能在高校人才培养中落地的学科分支，既自成体系又分化落地。例如，项目学可以是社会科学下的分支，其下又可分为宏观项目学和微观项目学，而宏观项目学又可下设项目经济学。项目经济学既是项目学的分支，也是经济学的分支，可纳入经济学学科培养体系实现落地。

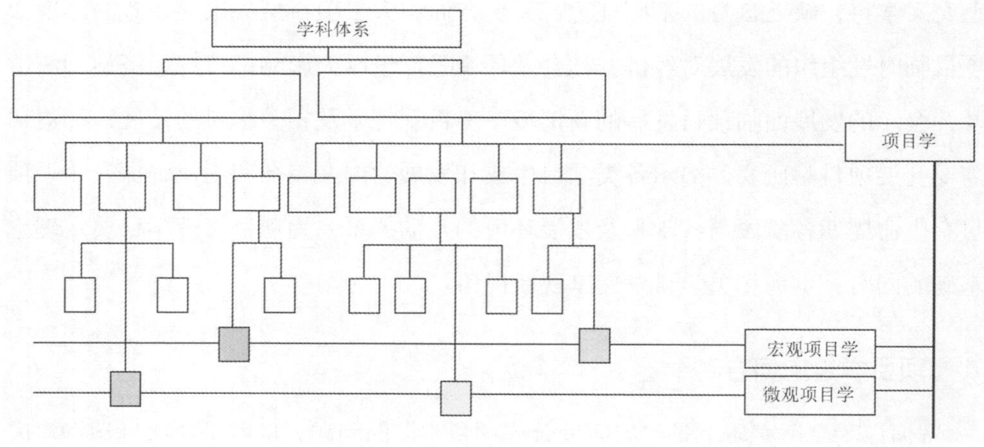

项目学矩阵式学科体系结构

2. 宏观认知与微观考量

关于项目学的体系框架，需要界定项目学的学科范畴、内在组成部分及其相互关系。

作为一门研究项目的科学，项目学的研究范畴取决于对“项目”的定义。目前在国际上，业内普遍接受的项目定义是：项目是指为实现特定目标的一次性任务。这个概念从微观层面的项目管理视角出发，侧重于如何实现特定目标。而项目学应兼顾宏观和微观两个层面。

宏观认知体现在以下几方面：从人类发展的宏观视野定义“项目”，基于项目“发起人”视角考量项目，关注项目从创意到收益实现的生命周期全过程等。

着眼于人类发展的宏观大视野，可就“项目”定义给出一种新的表述：项目是指人类为了达成特定目标或目的而进行的非重复性活动。这一表述强调了项目概念的3个要素，即人、目标和任务。

其一，“人”是项目的关键要素，项目是由“人”发起和定义的，为人类特定目标服务。“人”定义了项目的目标，定义了如何实现这些目标所需的工作（任务）。“人”包括个体和群体，群体又分正式组织和非正式组织。“人”既是项目的相关方，也是项目的资源（人力资源）。

其二，“目标”或“目的”是项目的来源和导向。目标是项目的“初心”所在，虽然做项目要“不忘初心”，但“初心”也可以改变。项目由人类为达成其特定目标或目的发起。关键在于“特定”二字，涉及目标是谁定的？如何定的？根据什么定的？定得是否合适？而目标有战术性或具体的，也有战略性或抽象的；目标有明晰的，也有渐进明晰的；目标有有形的（可交付物），也有无形的（其他收益）。

其三，“任务”是项目的主体。项目驱动于目标，但需落实到具体活动或任务才能实现目标。目标虽是明确的，但实现目标的方法和途径是可选择的，因而项目的任务是需界定的。任务可分为重复性任务和非重复性任务（一次性任务），项目从整体上讲是非重复性任务，但并不排除其中存在重复性工作。

目前，在源自西方的项目管理学科领域，主流观点基于项目“执行人”视角考量项目，聚焦于如何实现项目特定目标并处理好与其他项目的关系。基于这一视角，西方的项目管理（PM，Project Management）已发展为一种广义的项目管理，通常简称为 PP&PM（Project，Programme and Portfolio Management）。Project Management 关注单个项目目标实现，Programme Management and Portfolio Management 关注多个项目间关系的处理（也称“多项目管理”）。这种基于项目“从下往上看”的视角，关注两种多项目管理情境所处理的项目间关系类型的不同，忽视了两种多项目管理情境在目标导向上的差异，容易导致混淆两者概念、处理多项目间关系时迷失方向。

项目学基于项目“发起人”视角考量项目，基于企业作为项目“发起人”“从上往下看”的视角，企业为实现其战略目标发起项目，企业的战略目标可能分解出明确而具体的目标，这类目标可通过定义为项目组织实施，也可能分解出一些抽象且需渐进明晰的目标，它们可通过定义为 Programme 组织落实，逐步细化为具体目标通过项目实现。企业通过定义 Portfolio（项目组合），处理好已定义的 Project 和／或 Programme 的关系，更有效地实现企业战略目标。

项目学基于项目“发起人”视角考量项目。发起项目为达成目标、实现收益，自会关注项目从创意到收益实现的生命周期全过程，包括项目策划、项目执行及项目运营等。

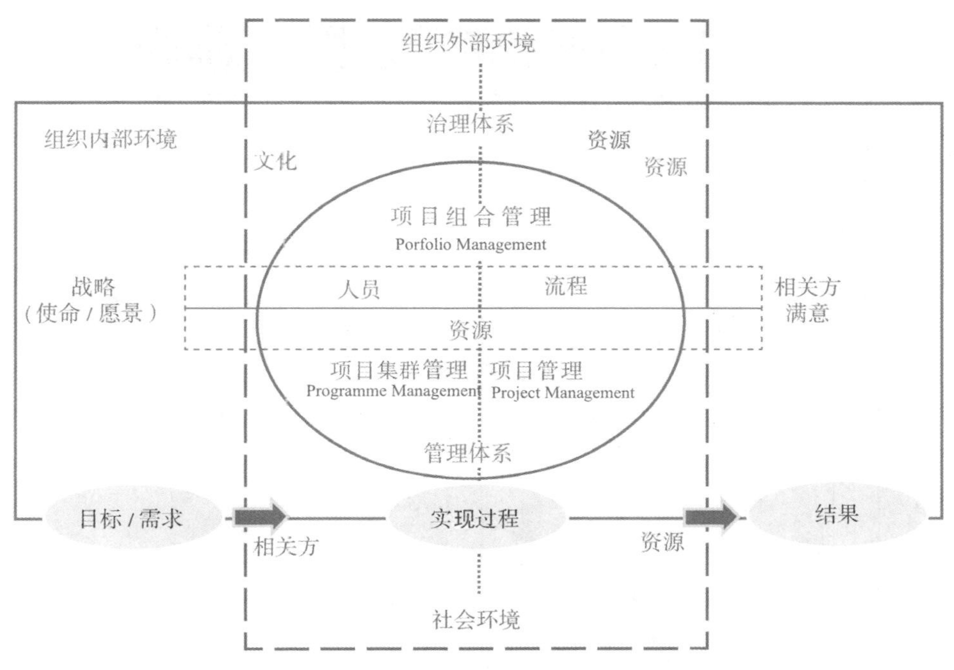

基于宏观视角的企业项目管理体系结构示例

3．交叉融合与开元创新

基于学科分化 / 聚合的逻辑，项目学的学科内容应有两种主要来源：第一种，基于项目学的学科定位和体系框架，由现有学科体系知识交叉融合而来；第二种，基于项目学研究“开元创新”而来。

所谓“开元”，指可基于元理论视角将项目学作为项目管理学科的基础理论研究；所谓“创新”，指基于项目学的学科定位全方位、多视角地探究项目的本质属性、基本特征和发展规律。

项目学的创建源于需求的牵引和时代的呼唤，项目学的建设刚刚起步、任重而道远。以上是一些关于项目学建设的粗浅思考，旨在抛砖引玉，交流探讨。

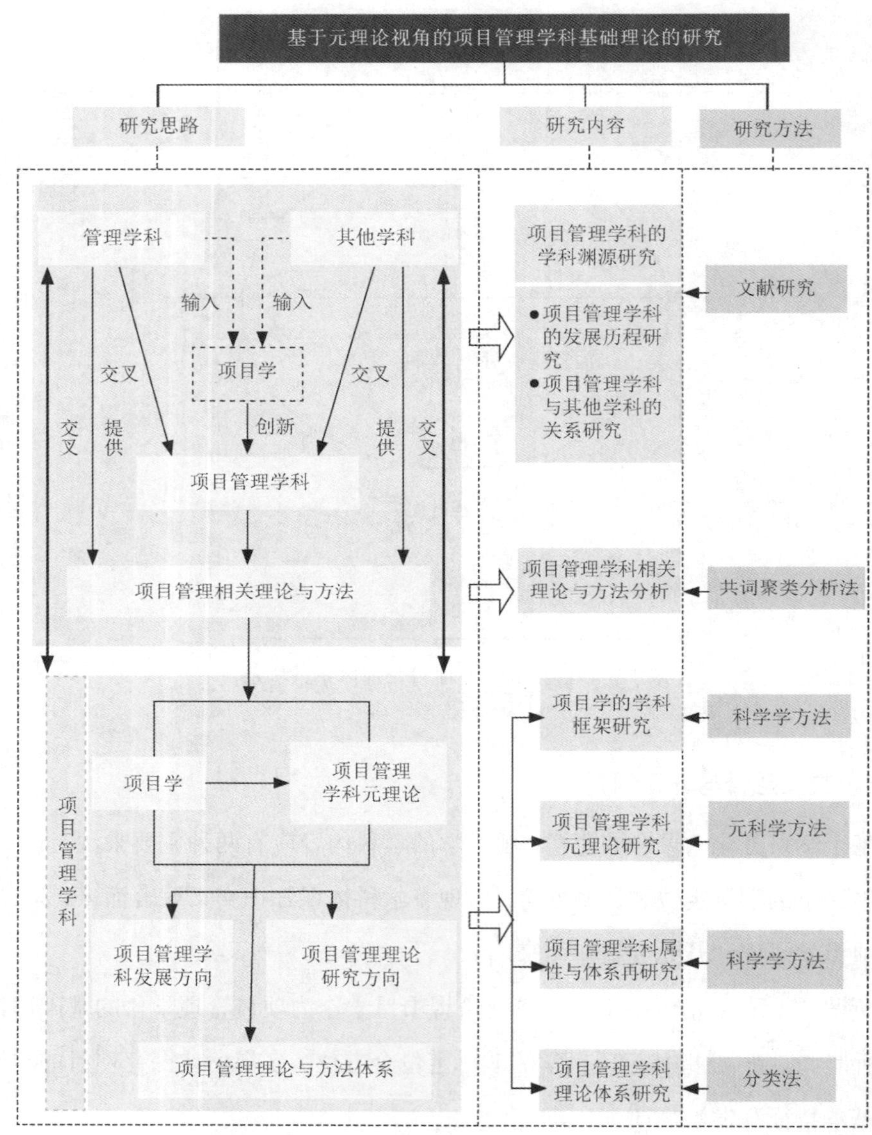

基于元理论视角的项目管理学科基础理论研究技术路线

（本文原载于《项目管理评论》，2017 年第 6 期，有删改）

致　谢

在我们写 PMRC 30 年总结的时候，特别感谢在这 30 年间为 PMRC 做了很多工作的各位，没有大家的齐心协力，PMRC 就不会有今天的 30 年！这就是我们在《吾心所向——我亲历的 PMRC 三十年》最后安排致谢的目的。网络研究是项目管理的起点，我们也会在这一漫漫长路上继续坚持走下去！

感谢在 1990 年年初发起网络计划技术应用与发展研讨会的西北工业大学和 11 个其他单位：中科院科技政策与管理科学研究所、清华大学、北京航空航天大学、大连理工大学、南京航空学院、山东矿业学院、阜新矿业学院、马鞍山钢铁公司、西安飞机工业公司、成都飞机工业公司、中国设备管理培训中心等。

感谢双法研究会的各位领导：陈德泉、计雷、徐伟宣、蔡晨、池宏、傅继良等。

感谢在七届 PMRC 任职的各位同人，你们为了项目管理事业的发展，都在为没有报酬的 PMRC 努力工作着，这是我们共同的事业。谢谢你们！（历届 PMRC 主任、副主任、秘书长名单详见本书下篇——PMRC 三十年光辉历程。）

感谢为 PMRC 做了很多工作并且做得非常好的出版界和传媒界的朋友们，有几位我们认识很早，已是老朋友了：李奇、范兴国、李卫东、常淑茶、张星明、徐文京、师冬平、李静、王兴钊、尉艳娟、罗德尼·特纳、谢小梅等。

感谢 PMRC 的评估师们。大家都知道 IPMA 的认证有四级（A、B、C、D），而且其认证标准（ICB）也是在不断更新的，所以 IPMP 认证是一项很辛苦的工作。而我们的评估师从 2001 年开始到现在，经过层层考试，才获得了各级认证评估师资格，是你们的不懈追求和不辞劳苦让我们的认证事业茁壮成长。

先后获得 IPMP 评估师资格的共有 8 批、114 人。

首席：钱福培、景新海、张玉麟

第一批：白思俊、成虎、戴大双、丁荣贵、符志民、刘荔娟、刘莉、卢向南、欧立雄、邱菀华、苏淼、汤铭端、王祖和、向刚

第二批：陈德泉、郭波、洪显明、黄信良、贾宗元、雷开贵、李大臣、李文、沈建明、王克勤、王明远、王锡岩、吴守荣、薛岩

第三批：揭津荣、石明、宋蕊、孙永同、陶俐言、王宇、吴志东、吴子燕、杨保璋、张鹏（空装）、张鹏（南方电网）、张新彦、周国华

第四批：林智强、马旭晨、沈红、沈建华、苏玉华、王斌、吴涛、袁宗喜、赵允发、周莉

第五批：鲍宇、法月萍、郭道盛、蒋白夫、李敏、陆建彬、尤完、张宝海

第六批：陈光宇、戴华仁、董华、管学锋、李兵、吕萍、孙梅、王进、魏鹏义、肖忠东、詹伟

第七批：程谷辉、傅庆阳、郭云涛、赖化宇、李海鹏、李志山、牛富敏、太萍、严峻、赵青、邹锐、左小德

第八批：柏文杰、曹翠微、曾戈君、陈忠江、邓练兵、冯立法、韩连胜、韩志平、嵇建飞、姜锡肇、李明、罗翼、马健峰、宁环荣、苏广科、孙国岭、孙庆君、谭云刚、尉宏广、文应征、夏明、熊俊波、许征学、杨青、姚激、袁立、赵庆、郑永权、周垂日

感谢充满青春活力的、由国内项目管理领域杰出青年代表组成的 CYC 第一届领导班子成员。

主席：赵丽坤

副主席：邵婧婷、廖斌超、李永奎、何晟赟、郭雅

秘书长：翟磊

副秘书长：贾莉

委员：朱郑州、单伟、黄柯鑫、尹志军、宣晓峰、邵洁、郭鹏

感谢在PMRC发展期间，为PMRC各项工作服务的众多机构及工作人员，你们是PMRC的幕后英雄，是你们的默默付出，使PMRC这棵大树更加枝繁叶茂：西安华鼎公司及各位员工、2006年协助举办上海国际会议的北京东方新力公司、上海普华科技股份有限公司，以及武汉高登公司、瑞和安惠、厦门天和、天津道特、北京基业长青、上海迈思拓华鼎公司、华鼎维赢（北京）公司等诸多公司及各位工作人员。

感谢PMRC多年结识的多位国际友人：比尔、南希、马蒂、罗伯特、克鲁斯、奥托、莫扎尔、凡格尔、拉伊莫、汉斯、吉尔斯、弗罗巴耶夫、阿德施·贾因、布莱恩、拉贾特、米尔斯（Mils）、维科、玛蒂娜、莱因哈德、斯特西、姆拉登、布里吉特等。

感谢为促进我国项目管理事业发展、促进项目学发展的各位专家们所做的各项工作。PMRC于2017年9月在西北工业大学召开了项目学学科发展高端论坛，邀请了几位专家指导，有汪应洛、王众托、徐德明、魏炳波等，关于这次论坛，《项目管理评论》杂志在2017年第6期专门策划了一个封面主题“‘95后’项目学：时代再呼唤”。谢谢各位参会专家：林少培、邱菀华、马旭晨、欧立雄、薛岩、赖化宇、陶磊、赵丽坤、孙梅、董华、范伟、贾志威、陈信祥、戴大双、王明远、宋蕊、梁毅、贾宗元、吕秀玉、孟宪和、曹蕾、苏少颖。

感谢《吾心所向——我亲历的PMRC三十年》项目组，这样一本跨时长、涉及广的项目，从2017年启动到现在4年多了。谢谢项目组常淑茶、吴志东、傅庆阳、王晓真、李静。

最后还要感谢我亲爱的家人。

我前面说过，1983—1987 年，是我压力很大的几年，我爱人桂业英出国工作，七十多岁的岳母主动担负起几乎所有家务。业英退休后专心陪伴我，共同经历和见证了 PMRC 的成长和发展，是我离不开的贤内助。开始着手写这本书时我已经 83 岁了，孩子们帮我梳理文件、整理图片，想方设法带我们去郊游散心。从我写这本书开始，几年来，家里从书房到客厅甚至过道和沙发上，铺满了我的各种资料。因为有了他们的爱和支持，才让我无所顾忌，勇往直前。

回顾过往，几乎每一件事都是靠大家一起完成的，每个人都从各个角度、各个方面尽心尽力，不计回报，虽然很多人的付出不一定都被人看到，但他们依然默默付出，无怨无悔，使我深受感动。

以上的名单里可能没有你，那一定是我的问题，请原谅我这位年轻的“80 后”。在我亲历 PMRC 的这 30 年里，你用自己的方式默默地支持和影响着我，我向你们致敬，向所有为项目管理事业付出的人们致敬！

钱福培

2021 年 10 月

后　记

在《吾心所向——我亲历的 PMRC 三十年》付梓之际，项目组成员感慨万千。从 2017 年立项到即将完成交付，历时 4 年多，其间经历了太多的困难和挑战，作为志愿者的每个成员为此付出了很多，也收获了很多。此时此刻，他们有话要说。

吴志东

PMRC 副秘书长、IPMA 国际高级项目经理

IPMP 中国认证委员会委员、评估师

中国（兵器）北方工业厦门公司原副总经理

《吾心所向——我亲历的 PMRC 三十年》很快就要出版了，我们终于要见到最终成果了，令人激动。这不仅是钱老师人生画卷的展现，更是中国项目管理发展史上一段孜孜耕耘、奋斗不息、精彩纷呈的创业故事。

记得当年项目组成员聚集在一起，为本书出版项目进行筹划、分工。大家怀着崇敬的心情和满腔的热忱要将钱老师为中国项目管理事业的创建和发展，为中国项目管理走向世界而呕心沥血、艰辛奋斗，无私奉献的历史性故事抢救记录下来。

2020 年 2 月，85 岁高龄的钱老师在做了近 2 年的准备工作后开始口述录音。

老人家凭借记忆，翻阅成堆的文稿、照片，在大半年的时间里录制了 32 段音频资料，叙述了他所走过的人生之路。为了更真实地感受钱老师的精神和人格魅力，2020 年 11 月，常淑茶和王晓真在做了充分的文献调研和整理工作的基础上，专程去西安与钱老师面对面访谈，傅庆阳、李静编写约稿函，向有关的项目管理专家发出《纪念文稿征集函》，共收到了 18 位国内外专家的回稿。在此基础上，2021 年 1 月 31 日，王晓真向项目组提交了经过她整理和撰写的本书初稿。

其间，我曾经几次利用在西安开会和授课的机会拜访钱老师。在钱老师的书房里堆满了大量的奖状、荣誉证书、照片、书籍、文稿，从中我仿佛看到了钱老师为中国项目管理事业砥砺前行的脚印和艰辛的历程。深刻地感悟到，一个伟大的事业是有人用点点滴滴的汗水，孜孜不倦的努力，日积月累而铸就的。

记得 2013 年 1 月 23 日，在中国 IPMP 认证委员会工作会议上，我提交了一份《改进我们的工作》的建议，我在其中写道："钱老师是我们学习的榜样，之所以他能够在群龙之中得到拥戴，在非行政关系的组织中，别人愿意遵从他的意见，听从他的领导，是因为他始终保持谦卑谨慎的工作作风和宽容大度的胸怀，从不以自己的业绩和资历作为与人相处的资本。在出现问题时总把责任都归于自己，而对别人的一点进步却赞扬有加，几十年来孜孜不倦，始终如一，'威望'就是这样炼成的"。

钱老师作为中国现代项目管理的开拓者、PMRC 的创始人，中国现代项目管理的领军人物，在国际、国内都享有极高的威望和知名度。几十年来，钱老师为推动中国现代项目管理的发展和走向世界做出了巨大的贡献，他所引进、领导和发展的 IPMP 事业覆盖了全国的各行各业。可以说，他将自己毕生的精力、学识和年华都无私地奉献给了中国的项目管理事业。

"饮水不忘挖井人"，在 PMRC 创建 30 周年、IPMP 走进中国 20 周年之际，我们不能忘记有这样一位老人，一位中国的项目管理事业的开拓者、耕耘者。

历史是发展的基石，无论我们走多远，行多久，永远不能忘记出发时的初心，永远铭记开拓者的丰功伟绩。

谨以《吾心所向——我亲历的 PMRC 三十年》向 PMRC30 周年、IPMP20 周年献礼！

傅庆阳

PMRC 委员、IPMP 评估师、天和国咨集团董事长

《吾心所向——我亲历的 PMRC 三十年》历经 4 年多，即将付梓，其间项目组虽经历了许多曲折，走过了许多弯路，但也收获了许多感悟和欣慰。在此，我由衷感谢给予项目组支持和帮助的各位领导、各界专家和朋友们。

我总是对那些默默无闻、勤勤恳恳、不计名利、甘于奉献的人们异常敬佩，特别是对那些专注科技、执着专业、毕生精力贡献于国家的人们充满敬仰。追随中国项目管理事业二十余年，我心目中认知的钱老师正是属于值得崇敬崇拜的众多老一辈科技工作者的一员。一直以来，钱老师淡泊名利，无怨无悔，在中国项目管理领域执着追梦，正是他一心笃定、坚韧坚守的品格特质，默默耕耘、科技报国的理想信念，温润包容、胸怀国际的高瞻视野，团结了中国项目管理领域各个学派的力量，引领中国的项目管理事业走向世界，向国际项目管理界发出了中国声音，贡献了中国智慧和中国力量。

虽然没有钱学森、华罗庚、袁隆平、钟南山那样的功盖天下，但正是无数的像钱老师这样的科技人才、专业人才、各领域的工作者，筑就了平凡的伟大，共同推动了社会的进步，他们才是时代的楷模，才是真正值得年轻一代追崇的明星、学习的榜样。因此当我得知项目组需要时，我欣然带资带力志愿加盟，全程参与编审，能有机会颂扬这样一种时代精神，弘扬这样一种正气能量，既是心愿，也感心慰。

在中国项目管理领域，钱老师等老一辈项目管理事业的开拓者，引领 PMRC 创立、发展、走向国际，谨以此书纪念 PMRC 成立 30 周年和 IPMP 引进我国 20

周年，并借此致敬礼赞所有为中国项目管理发展做出贡献的人们，同时也将此书献给广大的项目管理践行者，期望后来人以钱老师为代表的老一辈开拓者为楷模，追随他们无私奉献的脚步，为中国项目管理的未来若干个 30 年续写辉煌。

正如钱老师所言："时代的发展不断为我们带来新的机遇与挑战，赋予我们新的使命，项目管理人大有可为！吾心所向，一往无前。"

是的，钱老耄耋之年仍耕耘不辍，始终坚守创立项目学学科的梦想，那么年轻一代咱们大家的梦想呢？

王晓真

社科杂志知名记者、编辑

自古江浙出才子。那里自然条件优越，有着浓厚的人文传统，用"钟灵毓秀"一词来形容似乎再合适不过。江浙钱氏更是有名的人才辈出。钱老便是从这方水土走出的谦谦君子。

人常说，真正的智者应是"知世故而不世故，历圆滑而弥天真"。这正是我对钱老的印象。钱老已年过八旬，人生中经历了多少起起伏伏。但在向我们讲述其经历时，他从未对那些磨炼透露过怨天尤人之情，更没有对成绩的扬扬自得，而是一再强调自己的幸运和对理想的坚持，以及如何感激家人、爱人、友人的支持与陪伴。我想，大概正是他的温润气质和翩翩风度，坚韧品格和理想信念，吸引着那么多志同道合的人聚集到一起，在项目管理发展的道路上不断探索、前进。

阅过千帆，洗尽铅华，童心未泯，一片赤诚。如今的钱老还一如既往地保持着对知识的不懈求索，严谨治学且胸怀天下，令我深受触动。在书稿采访、撰写和编著过程中，他一直努力学习和适应用新技术与我们联络，紧跟时代进步；在听到项目管理人、事、物的新动向时都会兴奋不已，并提出自己的评价与思考。他关心国家命运，强调 PMRC 的远景要与国家发展战略做好对接。他关心 PMRC 可持续发展，强调要注重对青年一代项目管理人的培养，还鼓励我这个项目管理的“门外汉”也可以学习并争取考取 IPMP 证书。在他身上，我看到了老一辈知识分子闪闪发光的情怀。而与此同时，他也会温情款款地谈与夫人桂老师的伉俪之情，幸福洋溢地聊起子女孙辈，兴致勃勃地说起自己看到年轻人玩平衡车后如何跃跃欲试……夫人桂老师在访谈对话过程中则一直陪伴在钱老身边，不仅热情地接待我们，还同钱老一同回忆和梳理过往，并时不时就项目管理发展提出自己的真知灼见。何谓终身学习，何谓热爱生活，这两位自称“80 后”的长者为我上了生动的一课。

希望通过我们的记述，不仅能传播一些有用的知识，更能传承一些来自前辈的人生智慧。

常淑荼

PMRC 副秘书长，PMP、IPMA Level B，《项目管理评论》杂志原主编

岁月不居，时光荏苒。从 2000 年认识钱老师到现在 20 多年了。回首过往，每当遇到困难，听他说得最多、给我留下最深刻印象的一句话就是：再坚持一下，想想还有没有其他办法！我想，如果没有他这样的鼓励，也许就不会有《项目管理技术》这一填补项目管理领域空白的期刊的成功申办；如果没有他的支持，也许就不会有《中国现代项目管理发展报告》的策划与出版，也不会有面向项目管理本科、项目管理工程硕士和项目管理自考 3 套系列教材的规划与出版，更不会有直面数字时代传媒与出版转型考验的《项目管理评论》杂志和全媒体平台的成功创办；如果没有他的激励，也许就没有我专注项目管理 20 年的传媒与出版职业生涯。

“石可破也，而不可夺坚；丹可磨也，而不可夺赤。”钱老师是 PMRC 的发人，也是 PMRC 的重要领导人，他用 30 年的执着和坚守，完美诠释了什么期主义，什么是初心不改，一往无前，带领 PMRC 取得了非凡的成就，收获彩的人生，在中国项目管理和国际项目管理发展史上写下了浓重的一笔。“

的“门外汉”也可以学习并争取考取 IPMP 证书。在他身上，我看到了老一辈知识分子闪闪发光的情怀。而与此同时，他也会温情款款地谈与夫人桂老师的伉俪之情，幸福洋溢地聊起子女孙辈，兴致勃勃地说起自己看到年轻人玩平衡车后如何跃跃欲试……夫人桂老师在访谈对话过程中则一直陪伴在钱老身边，不仅热情地接待我们，还同钱老一同回忆和梳理过往，并时不时就项目管理发展提出自己的真知灼见。何谓终身学习，何谓热爱生活，这两位自称“80 后”的长者为我上了生动的一课。

希望通过我们的记述，不仅能传播一些有用的知识，更能传承一些来自前辈的人生智慧。

常淑茶

PMRC 副秘书长，PMP、IPMA Level B，《项目管理评论》杂志原主编

岁月不居，时光荏苒。从 2000 年认识钱老师到现在 20 多年了。回首过往，每当遇到困难，听他说得最多、给我留下最深刻印象的一句话就是：再坚持一下，想想还有没有其他办法！我想，如果没有他这样的鼓励，也许就不会有《项目管理技术》这一填补项目管理领域空白的期刊的成功申办；如果没有他的支持，也许就不会有《中国现代项目管理发展报告》的策划与出版，也不会有面向项目管理本科、项目管理工程硕士和项目管理自考 3 套系列教材的规划与出版，更不会有直面数字时代传媒与出版转型考验的《项目管理评论》杂志和全媒体平台的成功创办；如果没有他的激励，也许就没有我专注项目管理 20 年的传媒与出版职业生涯。

“石可破也，而不可夺坚；丹可磨也，而不可夺赤。”钱老师是 PMRC 的发起人，也是 PMRC 的重要领导人，他用 30 年的执着和坚守，完美诠释了什么是长期主义，什么是初心不改，一往无前，带领 PMRC 取得了非凡的成就，收获了精彩的人生，在中国项巨管理和国际项目管理发展史上写下了浓重的一笔。“只要有

一线希望，就不能放弃努力!”他这种矢志不渝、知难而进、坚持不懈、奋斗进取的精神和品格，正是我们这个时代需要大力弘扬和学习的。

初心在方寸，咫尺在匠心。值此 PMRC 成立 30 周年和 IPMP 引进我国 20 周年之际，策划与出版《吾心所向——我亲历的 PMRC 三十年》一书，目的就是铭记历史，赓续精神，制心一处，匠心筑梦，坚定地走稳、走好下一个 30 年，相信 PMRC 有一个更加辉煌的未来，为推动中国项目管理的发展贡献更多的力量！并借此向以钱老师为代表的老一辈项目管理事业的开拓者们、向所有项目管理专家学者和从业者们致以崇高的敬意！向一直以来关心本书进展并提供帮助的所有朋友表示诚挚的感谢!

囿于时间和掌握的资料，书中难免有错漏，恳请大家批评指正。

《吾心所向——我亲历的 PMRC 三十年》项目组

2021 年 10 月